高等学校计算机教育信息素养系列教材

大学生 信息素养教程

李伟 钮小萌 ◎ 主编

谢文峰 刘建超 刘扬 ◎ 副主编

人民邮电出版社

北 京

图书在版编目（ＣＩＰ）数据

大学生信息素养教程 / 李伟，钮小萌主编. -- 北京：
人民邮电出版社，2023.1
高等学校计算机教育信息素养系列教材
ISBN 978-7-115-59917-9

Ⅰ. ①大… Ⅱ. ①李… ②钮… Ⅲ. ①信息素养－高
等学校－教材 Ⅳ. ①G254.97

中国版本图书馆CIP数据核字(2022)第156940号

内 容 提 要

本书以 Windows 10+Office 2016 为平台，全面介绍了大学生信息素养的相关知识和操作方法。全
书共 10 章，主要内容包括信息技术与信息素养、计算机基础、文档处理、数据处理、演示文稿制作、
信息检索、计算机网络与 Internet、信息安全、前沿技术和 Python 程序设计基础。为便于读者更好地
学习，本书除了在讲解中提供"提示"栏目补充知识，还附有微课视频，读者扫描二维码即可观看该
知识点的操作步骤演示视频。此外，本书在每节末安排操作任务、在章末安排课后练习，方便读者及
时对所学知识进行练习和巩固。

本书内容全面、条理清晰、结构完整、语言精练，适合作为普通高等学校、高职高专院校信息基
础课程和大学计算机基础课程的教材或参考书，也适合作为零基础读者自学信息基础和计算机基础知
识的参考书。

◆ 主　编　李　伟　钮小萌
　　副主编　谢文峰　刘建超　刘　扬
　　责任编辑　张　斌
　　责任印制　王　郁　陈　犇

◆ 人民邮电出版社出版发行　　北京市丰台区成寿寺路 11 号
　　邮编　100164　电子邮件　315@ptpress.com.cn
　　网址　https://www.ptpress.com.cn
　　固安县铭成印刷有限公司印刷

◆ 开本：787×1092　1/16
　　印张：14　　　　　　　　　　　2023 年 1 月第 1 版
　　字数：384 千字　　　　　　　　2025 年 7 月河北第 5 次印刷

定价：55.00 元

读者服务热线：(010)81055256　印装质量热线：(010)81055316
反盗版热线：(010)81055315

在当今互联网高度发达的信息化社会中，如何获取、筛选、处理、利用各种信息，以及掌握和应用各种信息技术，已经成为高级人才必备的一种基本技能和综合能力。作为信息时代的大学生，需要具备对信息和信息技术的基本认识，并且能够有目的地检索信息、评价和有效利用信息，以及对常见信息技术的运用和操作等能力，这种能力就是信息素养。信息素养是当前社会评价人才综合素质很重要的一项指标，信息素养的提高不仅有助于大学生日常学习和成果转化，学习更多的信息技术技能，提升个人素质；也能帮助大学生获取更多求职就业的信息，快速、精准地找到适合自己的理想工作；还有利于提高大学生的创新和创造能力，有助于大学生在进入社会后，进行终身学习、创新创业等活动。大学生信息素养教育是一种以提升大学生信息意识和信息处理能力为目标的教育，是一种以信息技能教育为基础，以促进大学生终身学习为追求的素质教育。

教学内容

本书共包含以下 10 章内容。

❑ 信息技术与信息素养（第 1 章）：主要讲解数据与信息、信息技术与信息社会、信息素养与未来社会等知识。

❑ 计算机基础（第 2 章）：主要讲解计算机的发展历程、信息的表示、计算机系统结构、计算机系统管理等知识。

❑ 文档处理（第 3 章）：主要讲解 Word 2016 入门、编辑文本、文档排版、文档中表格的应用、文档的图文混排、设置页面格式等知识。

❑ 数据处理（第 4 章）：主要讲解在 Excel 2016 中输入与编辑数据、美化工作表、计算数据、管理数据、应用图表和分析数据等知识。

❑ 演示文稿制作（第 5 章）：主要讲解在 PowerPoint 2016 中编辑与设置幻灯片、丰富幻灯片的内容、放映与导出演示文稿等相关知识。

❑ 信息检索（第 6 章）：主要讲解信息检索概述、搜索引擎、检索各类专业信息等相关知识。

❑ 计算机网络与 Internet（第 7 章）：主要讲解计算机网络入门、计算机网络的组成与分类、网络传输介质和通信设备、局域网、Internet 等知识。

❑ 信息安全（第 8 章）：主要讲解信息安全概述、计算机中的信息安全、信息安全的相关规定等知识。

❑ 前沿技术（第 9 章）：主要讲解人工智能、大数据、物联网、云计算、移动互联网、3D打印、虚拟现实、量子计算机等知识。

❑ Python 程序设计基础（第 10 章）：主要讲解程序设计概述、Python 基础、表达式与运算符、控制流程、函数等知识。

本书特色

本书以本科教育全过程作为信息素养教育的切入点，挖掘大学生在基础学习、专业学习、操作实践等不同阶段的信息需求并给予恰当指导，从而形成系统化、递进式、渗透式信息素养教育框架和教学内容。本书希望对培养大学生的自主学习和终身学习能力，以及在创新创业活动中的主动性和具备信息技术的操作实践能力等方面产生积极影响。除此以外，本书的编写还具有以下特点。

❑ 本书以专业需求为线索，形成学科资源体系，将专业学习与实践活动紧密联系在一起，体现信息素养教育分学科培养的趋势。

❑ 本书注重实际操作能力的培养，通过具体实例、任务和课后练习，循序渐进地指导大学生，逐步提高大学生的信息应用能力。

❑ 本书介绍了近年来的一些信息前沿技术，让大学生可以了解和掌握新的信息技术知识。

❑ 本书介绍了 Python 程序设计的相关知识，意在提升大学生的信息数据处理能力，也在一定程度上提升大学生的职场价值，为大学生就业提供更多的选择。

❑ 本书提供微课视频、素材文件和效果文件等教学资源，读者可扫描书中的二维码随时观看微课视频。此外，读者还可以在人邮教育社区（www.ryjiaoyu.com）下载本书的素材和效果文件等相关教学资源。

由于编写水平有限，书中难免存在不足之处，欢迎广大读者批评和指正。

编　者

2022 年 7 月

目录 CONTENTS

第1章　信息技术与信息素养

【学习目标】
- 了解数据与信息的基础知识。
- 了解信息技术的概念、发展和应用。
- 了解信息社会的概念、特征和发展趋势。
- 了解信息素养的基本概念和要素。
- 了解未来社会的信息发展趋势。

1.1　数据与信息

数据与信息是信息技术的基础内容，它们在社会生产和生活中发挥着重要的作用，并不断推动人类社会向前发展。首先，人工智能、大数据、物联网、云计算、移动互联网、增强现实与虚拟现实等科技前沿技术都是在数据与信息化技术基础上发展起来的科学应用。其次，信息平台与数据库系统的信息集成化被广泛应用到社会民生、城市治理、政府政务、企业经营等领域中，数据与信息已经成为一种非常重要的社会资源。

1.1.1　数据

在数据与信息的关系中，通常认为数据是信息的基础，是信息的原材料和载体。

1. 数据的概念

国际标准化组织（International Organization for Standardization，ISO）定义数据是对事实、概念或指令的一种特殊表达形式。也就是说，数据是人们用于记录和反映客观事物的符号，通常有数字和非数字两种数据类型。日常生活中用于描述客观事实的各种物理符号都是数据，例如，语言、文字、图画和模型等。

2. 数据的演变

数据是随着时代变化和生产力的发展而变化的，其主要经历了以下4个阶段。

（1）图画记事阶段

这一阶段可以追溯到远古时期，人类在岩壁或石头上刻画图画来记录生活中的各种事件，如图 1-1 所示。

（2）结绳记事阶段

这一阶段，人们利用结绳记事的方式来表现数字和文字。结绳也是最早的数据形式，如图 1-2 所示。

图 1-1　远古图画记事

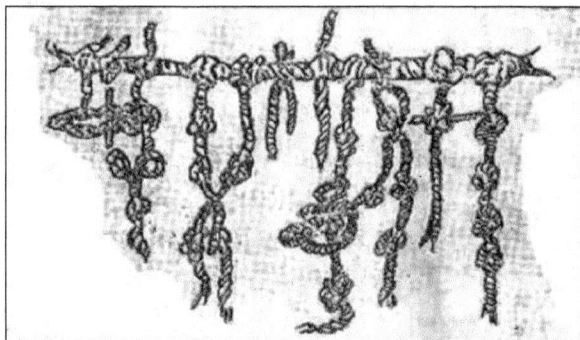

图 1-2　结绳记事

（3）文字符号阶段

这一阶段的人类创造出了文字、拼音和数字，且随着造纸术和印刷术的发明，这些数据被明确地记录下来，并能便捷地传输。

（4）多媒体数据阶段

这一阶段的数据演变成多种方式、多种渠道的记录和传输，包括音频、视频、计算机代码和互联网数据等。同时，从这个阶段开始人类进入大数据时代。

3. 数据的特点

数据具有以下 3 个方面的特点。

- 数据的本质是一种未经过任何加工的原始记录。
- 数据是客观事物的数量、位置、属性及相互关系的抽象表示。
- 数据在形式上存在粗糙、杂乱的现象，却是真实、可靠的，并具有积累价值。

4. 数据的使用过程和生命周期

数据的使用过程包括收集、传输、加工、存储和使用 5 个步骤。数据的生命周期则包括产生、成长、服务和退出 4 个阶段。在数据的生命周期中，处于产生、成长和服务这 3 个阶段中的数据被称为活数据，已退出的数据则被称为历史数据。

5. 数据的性质

根据数据的概念和特点，人们通常从客观性和可鉴别性两个方面归纳数据的性质。

（1）客观性

客观性是指数据是对客观事实的描述，通常表现为数据能描述某一客观事实的属性，即数据需要同时具有属性名和属性值才可以表示客观事实。例如，描述某一个人体重这一客观事实的数据为"体重 60 千克"，其中"体重"是属性名，"60 千克"是属性值。

（2）可鉴别性

可鉴别性是指数据对客观事实的记录为可鉴别的，通常表现为记录是通过某种可以进行鉴别和识别的特定符号来实现的。常用来描述客观事实的符号包括数字、文字、图片、图形、声音、光电、视频和无线电波等。

提示：数据在描述客观事实的过程中通常会产生误差，衡量这一误差的指标是精确度和准确度。精确度是指所测数据重复性的好坏；准确度则是用来表示数据与客观事实之间的重合程度。

1.1.2　信息

与数据相比，信息在客观上反映了某一客观事物的现实情况，在主观上则可以被接受和利用，并会影响人的思想和指导人的行动。下面介绍信息的相关知识。

1. 信息的概念

信息是经过加工后的数据，会对接收者的行为和决策产生影响，具有现实的或潜在的价值。在现阶段，信息具有以下几种形式的定义。

- 信息是构成一定含义的一组数据。
- 国际标准化组织定义信息是对人有用的、影响人们行为的数据。
- 信息是加载在数据之上，并通过数据形式表示的，对数据具体含义的解释。
- 信息是一种将数据加工处理后，能够帮助和指导人类活动的有用资料的集合。

综上所述，从信息技术和信息素养的角度，信息的概念可归纳为：信息是来源于客观世界，由人类按照某种目的对原始数据进行加工处理后的另一种形式的数据。这种数据是指导人类从事某项工作或任务的行为参考。

2. 信息的特点

信息具有以下 4 个方面的特点。

- 信息可以是具有物质载体形式的数据，可以以一定的符号形式表示。
- 信息可以是意识形态中的概念、思想、信仰或愿景等，可以超越距离、时间和空间的约束，可以独立而永久地存在于不同维度的时空中。
- 信息通常包含明确的内容，要向接收者传达一定的事件。
- 信息与接收者进行的决策有关，通常是接收者的决策和行为的依据。

3. 信息的生命周期

信息的生命周期包括需求、获取、使用和退出 4 个阶段。

- 需求是信息生命周期的起始阶段，这一阶段的主要任务是根据实际情况来确定可能需要的信息的种类、范围和结构。
- 获取是信息生命周期的重要阶段，这一阶段的主要任务是对信息进行识别、收集和表达，这一阶段的处理结果将直接影响信息接收者最终决策的结果。
- 使用是信息的利用和发挥作用的阶段，这一阶段包括信息的加工、存储和维护等工作，以此保持信息的最佳状态，以供用户使用。
- 退出是信息生命周期的末期阶段，这一阶段的信息已经失去了使用价值，通常没有再存储的必要，可以将其销毁或者更新后再次利用。

4. 信息的特性

与数据相比，信息既具有物质载体形式，也具有意识形态，因此具备更多的特性。

- 事实性：具有事实的信息才具有价值，因此事实性是信息的基本性质。
- 共享性：使人类都拥有同样的信息。

- 可压缩性：人们在实际工作中不会完全接收全部信息，也没有能力存储全部信息。
- 时效性：信息在生命周期内是有效的，要求尽快得到信息并在其生命周期内使用。
- 扩散性：这是信息的本性，其一方面有利于知识的传播，另一方面造成信息的贬值。
- 增值性：用于某种目的的信息可能随着时间的推移而耗尽其价值，但对于另一目的又可能显示出其用途，这就是信息的增值性。
- 等级性：根据信息接收者对信息的需求和所处管理层次的不同，信息可分为战略级、策略级和执行级 3 个等级。

1.1.3 数据与信息的关系

数据是载荷信息的符号，也是信息的具体表现；信息则是向人们提供现实世界相关数据的知识。数据随着物理载体的变化而改变，信息则不随物理载体的变化而变化。数据与信息的基本关系是既有紧密联系又有本质区别。数据是信息的原材料，按照一定的要求或需要进行加工处理后，数据变成信息，才能满足接收者的需求。数据与信息通常也能相互转换，第一次处理所产生的信息可能成为第二次处理的数据，以此类推，循环往复，如图 1-3 所示。

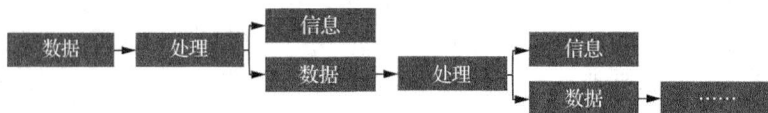

图 1-3　数据与信息的关系

任务 1——区分数据与信息

利用本节所学的知识学会区分数据和信息，然后将表 1-1 左侧的内容选项序号分别填写到表格右侧对应的空格中。

表 1–1　区分数据与信息

内容选项		数据	信息
（1）2022 年；　　　　　　　　（5）2 000；			
（2）北京；　　　　　　　　　　（6）成交金额 2 000 元；			
（3）冬奥会；　　　　　　　　　（7）录像；			
（4）2022 年北京举办了冬奥会；　（8）抖音视频			

1.2　信息技术与信息社会

在信息素养教育过程中，大学生必须清楚地认识信息技术与信息社会的关系：以信息技术为物质基础的信息社会是一种生产力高度发达的技术社会形态。

1.2.1　信息技术

在信息时代中，信息技术不但改变了人们的生活，而且对社会的方方面面产生了极为深远的影响。下面就介绍信息技术的相关知识。

1. 信息技术的概念

信息技术是指在信息科学原理和方法的指导下，扩展人类信息器官功能的技术。人类的信息器官包括感知（获取）信息的感觉器官（包括视觉、听觉、味觉、嗅觉、触觉和平衡感觉等器官）、传递信息的传导神经网络（把感觉器官获得的信息通过导入神经网络传送给思维器官，再把思维器官加工整理后的信息传送给各种效应器官或内部某些器官）、加工和再生信息的思维器官（包括记忆系统、联想系统、分析推理和决策系统等）、使用信息的效应器官等。

不同的发展时期，信息技术又有不同的含义。在现阶段的信息社会中，信息技术（Information Technology，IT）是指以计算机和通信技术为基础，设计、开发、安装和实施信息处理软硬件设备，以及对信息进行收集、存储、加工、显示、传输的技术总和。

2. 信息技术的发展历程

信息技术的发展经历了一个漫长的过程，人类社会已经经历了 6 次信息技术革命。

（1）第 1 次信息技术革命

这次信息技术革命发生在 35 000～50 000 年以前，其标志是语言的发明，不但区分了人类与低级动物，而且让信息可以分享，人类社会也由此构建。

（2）第 2 次信息技术革命

这次信息技术革命发生在约 3 500 年以前，其标志是文字的发明，不但代表了人类文明的起源，而且让信息可以被记录下来。

（3）第 3 次信息技术革命

这次信息技术革命发生在约 1 000 年以前，其标志是纸和印刷术的发明，不但让信息可以以较低的成本进行远距离传输，而且让这种信息传输方式具备无限期使用的能力，即便是现在和未来，也都可以使用纸张传递信息。

（4）第 4 次信息技术革命

这次信息技术革命发生在 19 世纪 30 年代至 20 世纪 40 年代，其标志是无线电的发明，不但可以将信息进行实时的远距离传输，还可以利用电报或广播等信息技术手段，实现语音的同步远程传输。

（5）第 5 次信息技术革命

这次信息技术革命发生在 20 世纪 40 年代至 60 年代，其标志是电视的发明，不但可以将信息进行实时远距离的多媒体传输，同时也成为人类文化和娱乐产业发展的里程碑，以及人类社会进入现代文明的代表之一。

（6）第 6 次信息技术革命

这次信息技术革命发生在 20 世纪 70 年代至 80 年代，其标志是互联网的发明，可以将信息进行实时远距离多媒体的双向交互传输，开启了人类社会信息传输的伟大革命，从而不断地改变着人类的生活。

提示： 第 7 次信息技术革命即将到来，其标志就是第五代移动通信（5st Generation，5G）技术的实现和逐步普及。被誉为"数字经济新引擎"的 5G 技术既是智能互联网、人工智能、大数据、物联网、云计算、增强现实与虚拟现实等前沿技术和新产业的基础，也被认为是第 7 次信息技术革命的基础。

---

3. 信息技术的类型

信息技术有多种分类方法，下面分别进行介绍。

（1）根据信息技术的物化形态分类

根据信息技术的物化形态，信息技术可以分为硬技术（物化技术）与软技术（非物化技术）两种。

- 硬技术：是指已经或即将固化为实物的信息技术，常以设备的形态存在，包含其各项功能。例如，计算机、卫星、手机和智能电器等。
- 软技术：是指信息生命周期中涉及的各种知识、方法和规则。例如，语言文字技术、数据统计分析技术、计算机软件技术等。软技术是支持硬技术运行的基础，为了使用方便，有很多软技术被固化为硬技术。

（2）根据信息的生命周期分类

根据在不同信息生命周期中的应用，信息技术可以分为信息获取、信息传递、信息存储、信息加工和信息标准化等多种技术类型。

- 信息获取技术：包括搜索、感知、接收和过滤信息等应用中使用的技术。例如，网络搜索技术、成像技术、视频拍摄技术和3D扫描技术等。
- 信息传递技术：是指跨越时间和空间分享信息的技术，具体又可以分为单向传递技术、多向传递技术、单通道传递技术和多通道传递技术等。
- 信息存储技术：是指跨越时间保存信息的技术。例如，造纸术、印刷术、录音带技术、磁盘技术、光盘技术、光刻技术和云存储技术等。
- 信息加工技术：是指对信息进行分类、排序、描述、整理、转换、压缩和扩展等的技术，信息加工技术经历了从最早的使用人脑到使用机械设备，再到使用计算机和网络3个主要的发展阶段。
- 信息标准化技术：是一种衔接信息生命周期的各个环节，提升信息交互共享能力的技术。例如，信息管理标准技术、字符编码标准技术和语言文字的规范化技术等。

（3）根据信息技术的用途分类

根据用途不同，信息技术可以分为电话技术、电报技术、广播技术、电视技术、卫星技术、计算机技术和网络技术等类型。

（4）根据信息技术的功能层次分类

根据信息技术功能层次的不同，信息技术可以分为4个层次，如图1-4所示。

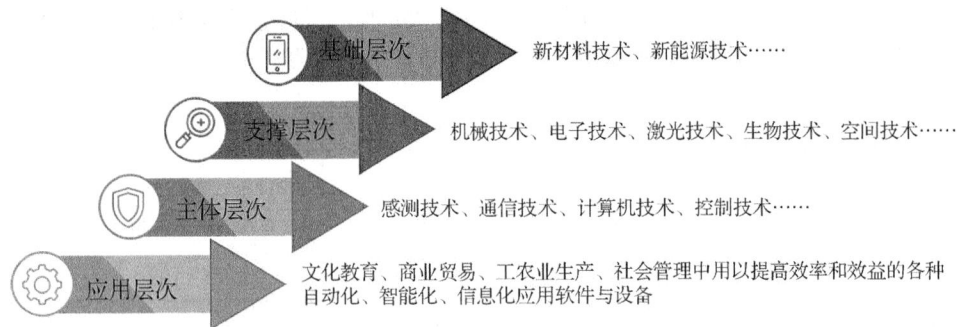

图1-4　信息技术的4个功能层次

（5）根据信息技术的内容分类

根据信息技术的内容分类，通常有1C、2C、3C和4C等类型。

- 1C：计算机（Computer）技术。
- 2C：计算机（Computer）技术+通信（Communication）技术。
- 3C：计算机（Computer）技术+通信（Communication）技术+控制（Control）技术。
- 4C：计算机（Computer）技术+通信（Communication）技术+控制（Control）技术+图形显示

（CRT）技术。

4. 信息技术的特点

信息技术的特点既表现在与机械、电气等其他技术的不同之处，也表现在现代信息技术的应用领域和内容的特性上。信息技术的特点主要有以下4点。

（1）连接能力

在信息技术和信息设备的支持下，信息技术可以将人类、机器和事物连接起来，形成全时空、可追溯、可预测的互连互通的网络。

（2）融合能力

信息技术本身就融合了诸多科学技术，从而产生了不可估量的使用价值。

（3）交互能力

信息技术能够让人类通过设备，并利用符号、命令、文字、语音、图像乃至手势、表情，与其他事物进行"对话"。

（4）渗透能力

信息技术不仅被应用到高科技领域，还被普遍使用在人们的日常生活和工作中，并带来新的生活方式。这种渗透特性也是信息技术的本质之一。

5. 信息技术对社会发展的影响

信息技术的发展和应用对社会的发展产生了极其重大的影响，其影响波及经济、政治、文化、科学研究、企业管理、生活和人类思维等社会的各个领域，使社会的生产方式和人们的生存方式、生活方式发生了根本性的改变。

（1）经济领域

信息技术的发展可以优化配置矿藏等自然资源，减少物质资源和能源等生产资料的消耗，同时也减少了环境污染；信息技术的发展促进了各种生产要素的合理流动，提升了劳动者控制和操作的便捷性和合理性，提高了社会生产力。

（2）政治领域

信息技术的发展可以帮助政府各部门进行实时沟通和组织协调，可以直接、有效和及时地管理政务，提升了宏观调控的效率和政府办公的能力；信息技术的发展也为政府的科学决策提供了实时、全面、可靠的数据和依据，提升了政策和规章制度的准确性和合理性。

（3）文化领域

信息技术的发展可以让人们更加便捷地分享文化知识，从而促进不同类型、国家和民族之间的文化进行交流、学习与借鉴，让文化变得更加大众化和开放化。

（4）科学研究

信息技术的发展可以让科学研究工作更加方便和快捷，例如，更加便捷地获取相关的学术信息，实时准确地与同行或专家进行交流等；信息技术的发展也可以帮助科学研究更快速、准确地处理更多的数据，提升了科研工作效率。

（5）企业管理

信息技术的发展可以增强企业的管理功能，提升管理的效率，更新管理领域中所有人的思想素质，完善管理的科学方法，实现企业管理的最终目标。

（6）生活领域

信息技术的发展改变了人们的生活方式，将人们的生活重心从社会转向家庭，足不出户就能完成购物、娱乐、医疗、教育等日常生活的各种任务。

（7）思维领域

信息技术的发展也开拓了人们的思维方式，加大了人们对信息的摄取量，促进了人们思维方式的变革，使其更具多元化、前瞻性和创造性，更容易产生新的见解和突破。

1.2.2　信息社会

信息技术的飞速发展，迅速而深刻地改变着人们的生活，也引起了人类社会的变革，人类因此迈入"信息社会"新时代。

1. 信息社会的概念

在农业社会和工业社会充分发展的基础上，信息技术蓬勃发展，劳动者具有了较丰富的知识，科技与人文在信息、知识的作用下更加紧密地结合起来，信息已成为社会中最重要的资源之一，以开发和利用信息为目的的信息经济活动则成为国民经济活动的主要内容，信息社会应运而生。信息社会就是在社会的物质、能源和信息三大基本资源中，信息的重要性居于首位，整个社会的经济、政治和文化以信息为核心价值而进行发展的社会。

2. 信息社会的特征

作为一种社会形态，信息社会的特征主要表现在经济、社会生活和社会观念 3 个方面。

（1）经济方面的特征

信息社会中，知识成为经济的基础和最重要的经济因素，并引起政治和社会的全面变革。信息社会诞生了一大批新兴产业及新的就业方式。基于信息技术的智能化、网络化设备被广泛应用在信息社会中，电信、物流等服务性行业成为经济发展的主流。

（2）社会生活方面的特征

数字化的生产工具在社会生活的各个领域被广泛应用。以信息技术为基础的互联网成为重要的通信媒体，以计算机和智能手机为主的各种信息化的终端设备成为必备的生产和生活工具。多样化的生活模式提升了人们生活的个性化水平，高速发展的信息交换扩大了人们的社会生活范围，社会生活的中心也逐渐由一个变成多个。

（3）社会观念方面的特征

信息社会中，信息技术的重要性日益凸显，影响了人们的价值观念、社会道德等的变革。人们的价值取向和行为方式在潜移默化中发生改变，尊重知识、学习知识逐渐成为社会风尚。

3. 信息社会的发展趋势

信息技术的飞速发展能够加快生产力的迅速提升，极大地提高人们的学习效率、工作效率、生活效率及生产效率，在多个领域促进社会生活的变革，从而影响了经济、政治、文化等多方面的变化和进步，主要表现在以下 7 个方面。

（1）新型的社会生产方式

以信息技术为主的信息社会产生了新型的生产方式，主要表现在以下 4 个方面。

- 在社会生产方式中，信息和知识生产的地位在不断提高。
- 社会生产的生产规模方式由大规模集中型转变为规模适中的分散型。
- 在现代信息技术的支持下，逐步实现了全自动、智能化的生产方式，降低了人们从事繁重体力劳动的比例。
- 信息社会可以及时为企业提供最新的市场信息，企业可以根据市场变化及时且灵活地改变和选择产品的生产销售方式，将刚性生产方式转变为柔性生产方式。

（2）新产业的兴起与产业结构形成

信息社会中，各种新型信息技术的应用必然会形成一批新兴产业，并规范其产业结构。

- 以信息技术为基础的一大批新兴产业迅速发展壮大，这样就使得相关行业的产值在社会总产值中的占比迅速上升，并迅速发展成为社会的支柱产业之一。

- 在信息社会中，各种以信息技术为基础的智能设备被广泛应用，进一步提高了社会的劳动生产率，促进了社会的整个产业结构逐步向服务业转型，这样也表明，信息社会将从以前的劳动型经济的社会转变为服务型经济的社会。

- 传统产业已经不适应信息社会的要求，需要在信息技术的支持下进行改造，实现产业结构的信息化升级改造，从而降低生产成本、提升劳动生产率。

（3）新型生产工具普及和应用

在信息技术的支持下，各种新型生产工具在社会各行业、各领域普及和应用。

- 以智能手机和智能消费终端系统为代表的数字化生产工具在生活和服务领域广泛普及与应用。
- 信息技术将各种传统的生产设备改造成智能化设备。
- 工农业生产中大量使用基于信息技术的智能化设备。
- 信息设备成为以通信、银行、物流、娱乐、医疗和保险为代表的服务行业的服务工具。
- 在信息社会中，信息技术支持的智能化设备在政府企业中被广泛应用和普及，促进其行为模式发生积极的变化。

（4）新型就业形态与就业结构的出现

信息社会产生了产业结构的演变，导致就业方式和就业结构将发生新的变化。

- 工作方式由全日制向碎片化、弹性化转变。
- 信息产业就业的劳动者越来越多是社会形态向信息社会转变的重要特征。

（5）新的交易方式

信息具有扩散性的特点也使得信息社会中的交易方式出现新的变化。

- 信息技术的不断扩展促进了市场交换客体的扩大，带动了知识、信息、技术、人才市场迅速发展，为市场交换提供了足够的交易基础。

- 以信息技术为基础的数字化运输和通信工具能够支持人们在不同时间、空间中实现交易，形成了真正意义上的世界市场。

- 以信息技术为基础的电子商务成为市场交易的基本形态，极大扩展了市场空间。

（6）新的城市化特点

信息社会中大量运用新的信息技术，影响了城市中人口的流向，出现了新的城市化特点。

- 信息社会改变了人类以城市聚集为主的居住方式，逐渐向郊区扩散，从而导致城市从传统的单中心向多中心发展。

- 所有城市都通过信息化的交通网络和通信网络连接，形成了各种规模的城市群，这些城市群不仅具有影响整个国民经济发展的地位和作用，同时还能影响世界经济的发展。

（7）新的数字化生活方式

大量的各种信息化终端设备构成了整个信息社会。在人们的生活、工作中，充斥着各种信息终端，方便人们生活的同时，也使得人们对这种生活方式产生了极大的依赖性。

任务 2——对比信息技术发展为日常生活带来的变化

人们已经处于信息技术支持的数字化生活之中，例如，利用计算机和互联网快速获取知识信息；又如，使用智能手机购买日常生活用品，预订电影票、车票，日常缴费，以及处理各种生活事务等。请根据自己的了解，通过今昔对比来描述信息技术给我们带来了哪些变化，并将内容填写到表 1-2 中。

表 1-2　信息技术发展为日常生活带来的变化

日常行为	以前采用的方式	现在采用的方式
通信交流	打电话、收发信件	
购物	商场或超市现场购买	
交易	现金、刷卡	
学习知识	老师传授、通过图书获取	
传达信息	开会、书面通知文件	
娱乐放松	看电视	
出行	到车站买票	
打扫卫生	人工扫地、拖地	
查询信息	去图书馆	
处理缴费等生活事务	到物业或营业厅缴纳水/电/燃气费	

1.3　信息素养与未来社会

　　未来社会对信息资源的需求，要求人们在自我发展的同时具备利用信息技术获取和处理信息的能力，同时培养具备信息素养的优秀高素质人才就成为人才培养的主要方向。下面将介绍信息素养和未来社会信息发展的相关知识。

1.3.1　信息素养

　　我国倡导强化信息技术应用，鼓励学生利用信息手段主动学习、自主学习，增强运用信息技术分析、解决问题的能力。究其原因，是因为信息素养是人们在信息社会和信息时代生存的前提条件。

　　1. 信息素养的概念

　　信息素养的概念最早于 1974 年提出：利用大量的信息工具及主要信息源使问题得到解答的技能。这一概念一经提出，便得到了广泛的传播和使用。

　　1987 年，信息学家帕特里夏·布雷维克（Patricia Breivik）将信息素养进一步概括为：了解提供信息的系统并能鉴别信息价值、选择获取信息的最佳渠道、掌握获取和存储信息的基本技能。他从信息鉴别、选择、获取、存储等方面定义了信息素养的基本概念。

　　1989 年，美国图书馆协会重新将信息素养概括为：要成为一个有信息素养的人，就必须能够确定何时需要信息并且能够有效地查询、评价和使用所需要的信息。

　　1992 年，道尔（Doyle）在《信息素养全美论坛的终结报告》中将信息素养定义为：一个具有信息素养的人，他能够认识到精确的和完整的信息是做出合理决策的基础，明确对信息的需求，形成基于信息需求的问题，确定潜在的信息源，制定成功的检索方案，从包括基于计算机和其他信息源获取信息、评价信息、组织信息于实际的应用，将新信息与原有的知识体系进行融合并在批判性思考和问题解决的过程中使用信息。

综上所述，信息素养主要涉及内容的鉴别与选取、信息的传播与分析等环节，它是一种了解、搜集、评估和利用信息的知识结构。随着社会的不断进步和信息技术的不断发展，信息素养已经成为一种综合能力，它涉及人文、技术、经济、法律等各方面的内容，与许多学科紧密相关，是一种信息能力的体现。

2. 信息素养的要素

下面从信息意识、信息知识、信息能力和信息道德4个方面进一步理解信息素养这个概念。

（1）信息意识

信息意识是指对信息的洞察力和敏感程度，体现的是捕捉、分析、判断信息的能力。判断一个人有没有信息素养、有多高的信息素养，首先就要看他具备多高的信息意识。例如，在学习上遇到困难时，有的同学会主动去网上查找资料、寻求老师或同学的帮助，而有的同学则会听之任之或放弃，后者便是缺乏信息意识的直观表现。

> **提示**：在个性化推荐如此普及的环境中，如何正确理解所接受到的各种推荐信息，"信息意识"就显得尤为重要。良好的信息意识能够帮助同学们在第一时间准确地判断所获得的推荐信息的真伪与价值。例如，同学们在某个网站寻找商品时，推荐列表中可能会夹带着需额外付费的商品，此时就需要在良好的信息意识基础上了解、理解、从容面对这样的推荐列表，再做出有利于自己的选择。

（2）信息知识

信息知识是信息活动的基础，它一方面包括信息基础知识，另一方面包括信息技术知识。前者主要是指信息的概念、内涵、特征，信息源的类型、特点，组织信息的理论和基本方法，搜索和管理信息的基础知识，分析信息的方法和原则等理论知识；后者则主要是指信息技术的基本常识、信息系统结构及工作原理、信息技术的应用等知识。

（3）信息能力

信息能力是指人们有效利用信息知识、技术和工具来获取信息、分析与处理信息，以及创新和交流信息的能力。它是信息素养最核心的组成部分，主要包括对信息知识的获取、信息资源的评价、信息技术及其工具的选择和使用、信息处理过程的创新等能力。

- 信息知识的获取能力：它是指用户根据自身的需求并通过各种途径和信息工具，熟练运用阅读、访问、检索等方法获取信息的能力。
- 信息资源的评价能力：互联网中的信息资源不可计量，因此用户需要对所搜索到的信息价值进行评估，并取其精华，去其糟粕。评价信息的主要指标包括准确性、权威性、时效性、易获取性等。
- 信息处理与利用能力：它是指用户通过网络找到自己所需信息后，能够利用一些工具对其进行归纳、分类、整理的能力。例如，将搜索到的信息分门别类地存储到百度云工具中，并注明时间和主题，待需要时再使用。
- 信息的创新能力：用户对已有信息进行分析和总结，结合自己所学的知识，发现创新之处并进行研究，最后实现知识创新。

（4）信息道德

信息技术为我们的生活、学习和工作带来改变的同时，个人信息隐私、软件知识产权、网络黑客等方面问题也层出不穷，这些问题就涉及了信息道德。一个人信息素养的高低，与其信息伦理、道德水平的高低密不可分。我们能不能在利用信息解决实际问题的过程中遵守伦理道德，最终决定了我们是否能成为一位高素养的信息化人才。

1.3.2　未来社会的信息发展

在现代社会中，信息技术已经成为促进经济发展的新动能，也是促进社会生产力发展的重要手段。在未来社会中，信息发展将会进入一个新阶段，并呈现以下一些特征。

1. 支持国家基础设施建设

在任何国家的基础设施建设中，新型数字信息技术将起到更多的支撑作用，为数字生活、智慧社会和网络强国建设和数字经济的发展提供强大的技术基础，主要表现在以下4个方面。

- 进一步加速部署新一代移动通信网络，极大提升万物互连和网络接入服务能力。
- 信息技术组成的新型数字基础设施帮助建设多种行业的产业互联网，支持多个行业进行智能化转型，例如，车联网、远程医疗网络等。
- 建立一大批以大数据、物联网和人工智能为技术支撑的各类技术开放平台，有力支持产业共性应用和创新创业工作。
- 进一步推进卫星定位的全球服务，探索和实验太空互联网技术，建设覆盖太空、蓝天和大海等特殊场景下的信息基础设施。

2. 提升信息技术产业的价值

加大信息技术产业的投资力度，加强关键信息技术的研发攻关，进一步提升信息技术产业的价值，主要表现在以下3个方面。

- 尽量投入更多的资金和科研人力，积极进入信息技术相关的关键核心技术研发领域，争取弥补技术短板，缓解技术落后的情况。
- 继续在云服务、手机芯片、物联网操作系统、网络数据库、5G智能终端、语音图像识别技术等领域加大投入，争取突破。
- 全面提升信息技术产品高端综合集成能力和品牌知名度，建立高、中、低端全覆盖的信息产业链。

3. 推动经济社会数字化转型

在各种新型数字信息技术的支持下，经济社会将进入全面数字化转型发展的新阶段。

- 电子商务、在线服务、共享经济、智能制造和移动应用等信息社会的主流经济形态将会全面融入传统实体经济产业发展的各个环节，提升产业的数据信息使用能力，推动实体经济的组织、服务和商业模式的全面创新发展，逐步实现实体经济与数字经济的完美融合。
- 信息技术将社会信息全面互连，并通过综合集成、智慧应用，全面推进城市建设和社会服务，建设智能化、数字化和信息化的社会城市。

4. 重塑经济社会发展模式

未来经济社会对数据信息的依赖性将会更强，更加需要在信息技术的支持下发展新型的、适合生产力发展需求的模式，主要表现在以下3个方面。

- 大力发展各个产业和企业的信息化建设，实现实时数据的获取、加工和应用，保证所有信息的顺畅流通。
- 在各个行业中构建信息技术交流的服务平台，创建行业或产业网络，帮助企业掌握经济发展和竞争的主动权。

- 深化行业和企业对大数据、人工智能等信息技术的应用，提升企业在本行业中的竞争力。

5. 提升政府信息化水平

未来社会将通过数字信息化建设，提升政府各项工作的处理能力，提高办公效率，主要表现在以下 3 个方面。

- 加快政务服务终端系统的集成设施建设，将各种政务工作集成到政务信息处理系统中，并通过信息技术小程序来处理各种政务工作，例如，电子签章、电子认证和政务自助处理等。
- 加快多项政府服务的集成工作，通过建设一体化政务服务平台，共享政务信息，实现跨部门、跨层级的政务办理目标。
- 通过网络信息的收集和整理，为政府的各项行政工作提供数据支持和决策参考，提升政府在实时感知、在线服务和监管、预警预测等方面的能力，推动数字政务建设。

6. 互联网进入新的发展阶段

在未来信息社会，互联网的开发和利用将进入新的发展阶段。世界上的各个国家将围绕数字贸易、数据跨境流动、网络安全等信息问题进行博弈，为制作各种互联网规则而展开更加激烈的竞争。互联网也会对人类的经济、政治和文化，以及国家间的竞争格局产生深远的影响。

7. 网络科技企业成为国家综合实力的代表

以信息技术为基础的网络科技企业将进一步发展壮大，从而加速推动国家创新驱动发展和竞争力全面跃升，主要表现在以下 4 个方面。

- 以操作系统、数据库、服务器和核心芯片等为关键技术和产品的网络科技企业将成为世界各国信息社会的主要企业类型，以此加强各国对信息技术相关产业的安全可控能力。
- 网络科技企业将信息技术研发的重心转移到对生产力发展有重要推动作用的重要数字基础设施的创新上。例如，移动支付、电子商务等应用服务平台和云计算、物联网、大数据、人工智能等前沿信息技术。
- 网络科技企业将成为推动信息社会各种产业实现数字化、网络化和智能化转型的先锋，为社会进步提供信息化前进的方向。
- 在我国，网络科技企业将成为"互联网+""大数据+""人工智能+"等国家战略实施的主力军，并将互联网、大数据和人工智能等信息技术与实体经济融合，向其他国家进行先进生产力输出，提升我国在国际社会的竞争力和影响力。

8. 信息安全成为关系国家安全的核心内容

信息技术的飞速发展使网络数据安全问题成为国家网络信息安全的核心问题，全世界各国将围绕信息的生命周期进行安全维护和整理，主要表现在以下 3 个方面。

- 在信息社会中，对个人数据和环境数据的采集与存储将会受到更为严格的管理，国家或企业将会通过制定法律、法规的方式，全面规范相关数据的使用。
- 在信息技术的使用过程中，违反信息数据使用规则、将信息数据的使用与经济效益直接挂钩的运作方式将被限制。例如，利用大数据影响个人或企业的生活、生产活动，滥用数据信息进行非法商业活动等。
- 在信息社会中，政府会进一步加强对各种信息数据传输的管理，特别是对政务数据、企业交易数据等与社会生活、经济发展，甚至是国家安全相关的信息数据，通过提升信息技术水平以保证这些信息数据的安全、有序流通。

任务 3——分析旅行计划过程中的信息技术和相关素养

随着人们生活水平和交通便利性的提高，旅行已经成为人们日常的生活方式。在信息社会中，信息技术的便捷性也为人们在制订旅行计划及旅行过程中都提供了帮助。下面请大家根据自己的了解和亲身经历，将旅行过程中使用到的信息技术进行总结归纳，然后填写到表 1-3 中，并思考和填写对应项目中所涉及的信息素养问题。

表 1-3　制订旅行计划技术表

计划项目	实施方法	运用的信息技术	运用的信息素养
选定旅行目的地	通过计算机或手机搜索当前适合旅行的目的地，并选择一个	互联网技术、信息检索技术	信息资源评价、处理和筛选能力
查看旅行攻略			
设计行程路线			
查看天气预报			
预定交通工具			
安排住宿			
安排饮食			
准备服装和用具			
资金预算			
行程安全保障			
其他事务			

课后练习

1. **列表说明我国先进的信息技术**

请大家收集我国在信息技术方面拥有核心技术的项目，并将其列表说明，内容包括项目名称、基本介绍、产生背景、发展方向、受益领域、评价。

2. **制作网络防诈骗宣传卡片**

利用本章所学信息素养方面的相关知识，收集有关网络信息真伪判别的相关内容，制作网络防诈骗小卡片，宣传网络防诈骗的知识和技巧。

第 2 章　计算机基础

【学习目标】

- 了解计算机的发展历程。
- 了解计算机中信息的表示方式。
- 了解计算机的系统结构。
- 掌握计算机操作系统的常用操作方法。

2.1　计算机的发展历程

现代计算机的发展是经过了漫长的历史时期，从简单到复杂、从低级到高级，不断衍变和孕育而成的。例如，从结绳记事中的绳结到后来的算筹、算盘、计算尺、机械计算机等，它们出现在不同的历史时期，并发挥了各自的功能。下面将对计算机的发展历程进行详细介绍。

2.1.1　计算机的发展雏形

在计算工具的发展史上，按时间的先后顺序，可将早期的计算工具分为小石头、算筹、算盘、计算尺。

1. 小石头

人们最早使用手指来计算，但手指计算会使手被占用，为了避免这样的情况，人们采用小石头代替手指进行计算。因此，小石头是最早的计算工具。

2. 算筹

随着人类生产力水平的提高，记数和计算变得更为复杂，人们随之发明了新的计算工具——算筹。古代的算筹实际上是一根根同样长短和粗细的小棍子，多用竹子制作而成，也有以木头、象牙、兽骨等为原料的，大约几百根为一束，放在一个布袋里，系在腰间。人们需要记数和计算时，就把它们取出来，放在桌上或地上摆弄。数学家祖冲之计算圆周率时所使用的工具就是算筹。

3. 算盘

人们在使用算筹进行计算时需要慢慢摆放，这样不仅操作麻烦，使用也很不方便，于是人们发明了更好的计算工具——算盘，如图 2-1 所示。

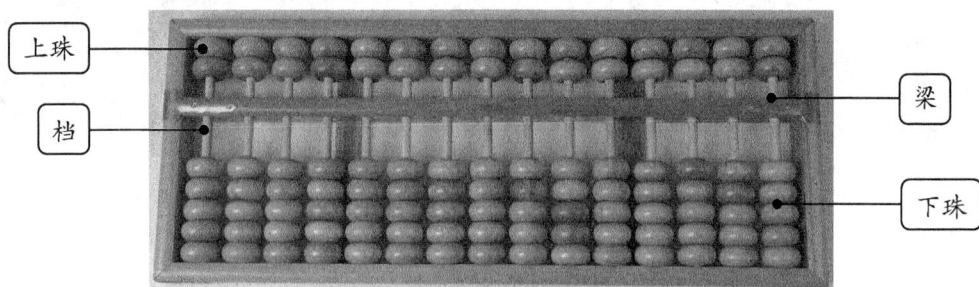

图 2-1　算盘

算盘由算筹演变而来。算盘的上方有一道横梁，梁上部的每根档上有两粒珠子，梁下部的每根档上有五粒珠子。运算时算盘上档一珠当五，下档一珠当一。由于人们在进行拨珠计算时会遇到某位数字等于或超过 10 的情况，因此算盘采用上二珠下五珠的形式。算盘利用进位制记数，通过拨动算珠进行运算，而且算盘本身能存储数字，因此操作者可以边算边记录结果。

4. 计算尺

15 世纪，随着天文和航海的发展，计算工作越来越繁重，当时的计算工具已不能满足人们的需求。为了解决复杂的计算问题，人们发明了计算尺。计算尺分为直算尺和圆算尺两种。直算尺是英国的甘特于 1620 年发明的，圆算尺是英国的奥特雷德于 1632 年发明的。

2.1.2　机械计算机和机电计算机

机械计算机，顾名思义是由杠杆、齿轮等机械部件组成的计算机。机械计算机的发展历程中有 3 位代表人物，分别是帕斯卡、莱布尼茨和巴贝奇。

1642 年，法国数学家帕斯卡发明了人类历史上第一台机械计算机——帕斯卡加法器。它是一种由一系列齿轮组成的装置，利用一个有 10 个齿的齿轮表示 1 位数字，几个齿轮并排起来表示一个数，通过齿轮与齿轮之间的关系来表示数的进位，该机器只能够做加法和减法运算。

1674 年，德国数学家莱布尼茨在帕斯卡加法器的基础上，用齿轮改造发明了能直接进行乘法运算的机械计算机——乘法器。莱布尼茨发明的乘法器约有 1 米长，内部安装了一系列齿轮机构。其以手柄转动周数代表被乘倍数，长轴不同位置对应齿数不同，可完成乘法的计算。

1822 年，巴贝奇在当时政府的支持下开始研制差分机。该差分机大约有 25 000 个零件，主要零件的误差不得超过每英寸（1 英寸=2.54 厘米）的千分之一，由于当时加工设备和技术的限制，很难造出这种高精度的机械，加之研发进度缓慢，政府停止对巴贝奇的一切资助，但巴贝奇并未放弃。在大型差分机研发受挫的 1834 年，巴贝奇提出了一个更新、更大胆的设计——通用的数学计算机，巴贝奇称它为"分析机"；它能够自动解算 100 个变量的复杂算题，每个数字可以达 25 位，速度为每秒 1 次。

机电计算机的发展历程较短，主要代表人物有楚泽和艾肯。1938 年，楚泽设计出一台纯机械结构的计算机 Z-1，它采用了二进制；1939 年，楚泽用继电器改进 Z-1 计算机，设计了 Z-2 计算机；1941 年，楚泽研制出 Z-3 计算机；1944 年，楚泽研制出 Z-4 计算机。艾肯于 1937 年发现了巴贝奇的差分机，在 IBM 的资助下，于 1944 年研制出马克一号计算机；1947 年，艾肯研制出马克二号计算机，它采用继电器为主要元器件；1949 年，艾肯研制出马克三号计算机，它部分采用电子元件；1952 年，艾肯研制出马克四号计算机，它是全电子元件的计算机。

2.1.3　电子计算机

电子计算机的发展经历了探索奠基期和蓬勃发展期两个主要阶段。

1. 电子计算机的探索奠基期

电子计算机又称计算机或电脑，它是一种利用电子学原理，根据一系列指令来对数据进行处理的机器，其探索奠基期的主要事件包括技术基础的建立、理论基础的建立，主要诞生了阿塔纳索夫-贝瑞计算机（Atanasoff-Berry Computer，ABC）、巨人（Colossus）计算机、离散变量自动电子计算机（Electronic Discrete Variable Automatic Computer，EDVAC）。

（1）技术基础的建立

1883 年，美国发明家爱迪生发现了热电子效应。1904 年，英国电气工程师弗莱明发明了真空二极管。1906 年，美国发明家德福雷斯特发明了真空三极管。1906 年后，具有各种性能的多极真空电子管、复合真空电子管相继被发明。

（2）理论基础的建立

1847 年，英国数学家布尔发表了《逻辑的数学分析》，建立了"布尔代数"，并创造了一套符号系统。1936 年，英国数学家图灵发表了《论数字计算在决断难题中的应用》，论文中提出了被称为"图灵机"的抽象计算机模型，为现代计算机的逻辑工作方式奠定了基础。

（3）ABC 计算机

1940 年，阿塔纳索夫和贝瑞成功研制了有 300 个电子管、能做加法和减法运算的计算机 ABC，它是有史以来第一台以电子管为元件的有记忆功能的数字计算机。

（4）Colossus 计算机

1936 年，图灵研制出译码计算机，该计算机破解了部分德国军事通信密码。1943 年，弗劳尔斯设计出更先进的译码计算机 Colossus，这台计算机共有 1 500 个电子管。

（5）ENIAC

1943 年，为快速计算炮弹的弹道，美国军方出资研制电子数字积分计算机（Electronic Numerical Integrator And Computer，ENIAC），由莫希利和埃克特负责研制；1945 年研制成功，1946 年 2 月举行了典礼。ENIAC 拥有近 18 000 个真空电子管、1 500 多个继电器、70 000 多个电阻、10 000 多个电容，重量达 27 吨，占地 167 平方米，耗电量 150 千瓦。ENIAC 每秒可完成 5 000 次加法或 400 次乘法计算。ENIAC 是计算机发展史上的一座里程碑，它标志着电子计算机时代的到来。ENIAC 有两个问题：一是内部信息采用十进制表示，导致其硬件线路十分复杂，工作状态不稳定；二是通过开关连线方式控制计算机工作，操作十分麻烦。

提示：针对 ENIAC 的不足，冯·诺依曼提出了 EDVAC 方案。EDVAC 方案做了两项重大改进：第一，机内数制由原来的十进制改为二进制；第二，采用了"存储程序"方式控制计算机的运行过程。现代计算机的基本结构仍然采用冯·诺依曼提出的原理和思想，因此，人们将冯·诺依曼称为"现代电子计算机之父"。

2. 电子计算机的蓬勃发展期

1946 年 2 月 14 日，人类历史上公认的第一台现代电子计算机 ENIAC 在宾夕法尼亚大学诞生。自世界上第一台现代电子计算机诞生后，计算机技术成为发展最快的现代技术之一。电子计算机的蓬勃发展期经历了 70 多年的时间，共分为 4 个阶段，如表 2-1 所示。

表 2-1　电子计算机发展的 4 个阶段

年代划分	采用的元器件	运算速度（每秒指令数）	主要特点	应用领域
1946—1957 年（第一阶段）	电子管	数千条	主存储器采用磁鼓，体积庞大、耗电量大、运行速度慢、内存容量小	国防及科学研究
1958—1964 年（第二阶段）	晶体管	数万至数十万条	主存储器采用磁芯，使用高级程序及操作系统，运算速度提升、体积减小	工程设计、数据处理
1965—1970 年（第三阶段）	小、中规模集成电路	数十万至数百万条	主存储器采用半导体存储器，集成度高、功能增强、价格下降	工业控制、数据处理
1971 年至今（第四阶段）	大规模、超大规模集成电路	上千万至万亿条	计算机走向微型化，性能大幅度提升，为网络化创造了条件；同时计算机逐渐走向人工智能化，并采用多媒体技术，具有多种功能	工业、生活等各个方面

2.1.4　未来的计算机

下面将从计算机的发展趋势和未来新型计算机的发展趋势两个方面来介绍未来的计算机。

1. 计算机的发展趋势

从计算机的类型来看，计算机正在向巨型化、微型化、网络化和智能化方向发展。

● 巨型化：巨型化指计算机的计算速度更快、存储容量更大、功能更强大、可靠性更高。巨型化计算机主要应用于航空航天、军事、气象、电子、人工智能等几十个学科领域。

● 微型化：随着超大规模集成电路的进一步发展，个人计算机将更加微型化。膝上型、书本型、笔记本型、掌上型等微型化计算机不断涌现，并受到越来越多用户的喜爱。

● 网络化：网络是计算机技术与通信技术紧密结合的产物。随着因特网（Internet）的飞速发展，计算机网络已被广泛应用于学校、企业、政府和家庭等各个领域。计算机网络可以连接地球上分散的计算机，实现网络中的计算机之间共享资源、交换信息、协同工作。现在，计算机网络也是人们工作和生活中不可或缺的事物。计算机网络化让人们足不出户就能获得大量的信息，与世界各地的亲友通信、进行网上贸易等。

● 智能化：早期的计算机按照人的意愿和指令去处理数据，而智能化的计算机能够模拟人类的智力活动，具备一定程度的学习、判断、推理、感知等能力。未来的智能化计算机有可能会代替甚至超越人类某些方面的脑力劳动。目前，已研制成功的机器人有的可以代替人从事危险环境中的劳动，有的能与人进行简单交流，这些都有赖于从本质上扩充了计算机的能力，使计算机成为可能越来越多地替代人脑思维活动和脑力劳动的智能化计算机。

2. 未来新型计算机的发展趋势

未来新型计算机的发展主要体现在新原理和新元器件方面，其有以下 3 种类型。

（1）量子计算机

量子计算机是遵循物理学的量子规律来进行高速数学和逻辑运算，并进行信息处理的计算机。量子计算机具有运算速度快、存储量大、功耗低等优点。

（2）生物计算机

脱氧核糖核酸（Deoxyribo Nucleic Acid，DNA）分子在酶的作用下，可以从某种基因代码通过生物化学反应后转变为另一种基因代码，转变前的基因代码将作为输入数据，反应后的基因代码将作为运算结果。利用该过程，人们可以将 DNA 作为基本的运算单元，通过控制 DNA 分子间的生物化学反应来完成运算，从而制成新型的生物计算机。生物计算机的优点是生物芯片能够跟人体的组织结合在一起，尤其是可以和人的大脑、神经系统进行有机连接，使人机接口自然吻合，免除了烦琐的人机对话。

（3）光子计算机

光子计算机是用光子代替半导体芯片中的电子，以光互连来代替导线制成的数字计算机。光子计算机是"光"导计算机，它具有以下优点：信息在传输中畸变或失真小；光器件的带宽非常大，传输和处理的信息量极大；光传输和转换时，能量消耗极低。

任务 1——看图识别计算机

图 2-2 所示为几种计算机的图片，请识别并根据计算机的类型将标号填入表 2-2 中。

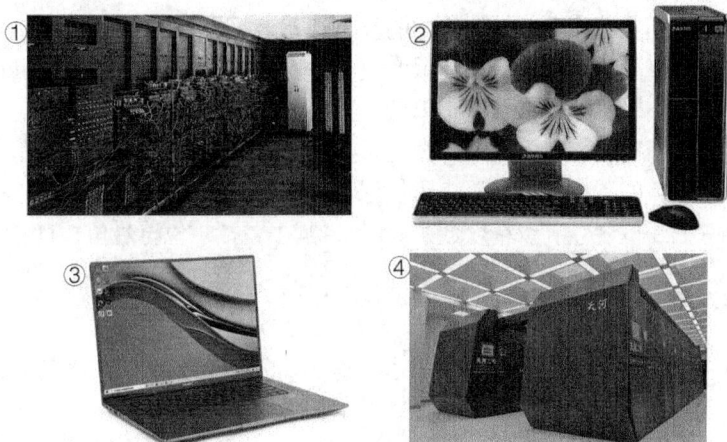

图 2-2　计算机

表 2-2　看图识别计算机

编号	计算机类型
	巨型计算机
	ENIAC
	台式机
	笔记本电脑

操作提示：解答时可以先根据表中提供的计算机类型名称，在网上搜索和查阅对应的资料。

2.2　信息的表示

计算机的主要功能就是处理信息，既可以采集、存储和处理用户信息，也可将用户信息转换成用户可以识别的文字、声音或视频进行输出。下面介绍计算机中信息的表示方式。

2.2.1　计算机中数的表示

计算机中的信息都是用二进制数表示的。在二进制中进行数的编码时，将数分为定点数和浮点数。在计算过程中小数点位置固定的数叫定点数，小数点位置浮动的数叫浮点数。

定点数常用的编码方案有原码、反码、补码、移码 4 种。

- 原码：原码的编码原则是，正数符号位为 0，数据部分照抄；负数符号位为 1，数据部分照抄。0 既可以看成正数，也可以看成负数。
- 反码：反码的编码原则是，正数符号位为 0，数据部分照抄；负数符号位为 1，数据部分求反（0 变 1，1 变 0）。0 既可以看成正数，也可以看成负数。反码有两个特点。一是 0 有两种表示方法；二是在进行反码加法运算时，符号位可以作为数值参与运算，但运算后，某些情况下需要调整符号位。
- 补码：补码的编码原则是，正数符号位为 0，数据部分照抄；负数符号位为 1，数据部分求反（0 变 1，1 变 0），在最后一位上加 1。
- 移码：不管是什么数，都统一加上一个数（称偏移值），通常 n 位的移码，偏移值为 $2^{n-1}-1$。用移码表示浮点数的阶码时，方便了浮点数中指数的比较，简化了浮点运算部件的设计。

一个浮点数用两个定点数表示。计算机中的浮点数普遍采用 IEEE 754 标准，该标准定义了两种基本类型的浮点数：单精度浮点数（简称单精度数）和双精度浮点数（简称双精度数）。双精度数所表示的数的范围要比单精度数大，其精度比单精度数高（有效位数多），所占用的存储空间是单精度数的 2 倍。

单精度数和双精度数的阶码采用移码表示，尾数采用原码表示。单精度数共 32 位，其中包括 1 位符号位、8 位阶码、23 位尾数。双精度数共 64 位，其中包括 1 位符号位、11 位阶码、52 位尾数。

2.2.2　计算机中非数值数据的表示

信息一般表示为数据、图形、声音、文本和图像，计算机只能识别二进制数，因此需要对信息进行编码。

- 字母和常用符号的编码：常用的英文字母有大、小写字母各 26 个，数码 10 个，数学运算符号、标点符号及其他无图形符号等共 128 个。这些符号所采用的编码方案不同，而 ASCII 方案是使用最广泛的。ASCII 初期主要在远距离和无线通信中使用，人们为及时发现传输中因电磁干扰导致的代码错误，设计了几种校验的方法，其中采用最多的是奇偶校验，即在 7 位 ASCII 前加 1 位作为校验位，形成 8 位编码。偶校验是选择校验位的状态，让包括校验位在内的编码所有为 "1" 的位数的和是偶数。
- 汉字编码：汉字编码处理与西文的区别很大，根据处理阶段的不同，汉字编码分为输入码、显示字形码、机内码和交换码。汉字输入码如今已经有数百种，广泛应用的包括自然码、全/双拼音码、五笔字型码等。目前，常用矢量法与点阵字形法表示汉字字形。汉字的输入码、字形码、机内码均不是唯一的，不方便进行不同计算机系统之间的汉字信息交换。

2.2.3　进位记数制

数制是指用一组固定的符号和统一的规则来表示数值的方法。其中，按照进位方式记数的数制称为进位记数制。在日常生活中，人们习惯用的进位记数制是十进制，而计算机则使用二进制，除此以外，还包括八进制和十六进制等。顾名思义，二进制就是逢二进一的数字表示方法；以此类推，十进制就是逢十进一、八进制就是逢八进一等。

进位记数制中每个数码的数值不仅取决于数码本身，其数值的大小还取决于该数码在数中的位置，如十进制数 828.41，整数部分的第 1 个数码 "8" 处在百位，表示 800；第 2 个数码 "2" 处在十位，表示 20；第 3 个数码 "8" 处在个位，表示 8；小数点后第 1 个数码 "4" 处在十分位，表示 0.4；

小数点后第 2 个数码 "1" 处在百分位,表示 0.01。也就是说,处在不同位置的数码所代表的数值不相同,不同的位置分别具有不同的位权值。数制中数码的个数称为数制的基数,十进制数有 0、1、2、3、4、5、6、7、8、9 共 10 个数码,其基数为 10。

无论在何种进位记数制中,数都可写成按位权展开的形式,如十进制数 828.41 可写成下式:

$$828.41=8×100+2×10+8×1+4×0.1+1×0.01$$

或者如下所示:

$$828.41=8×10^2+2×10^1+8×10^0+4×10^{-1}+1×10^{-2}$$

上式称为数值的按位权展开式,其中 10^i 称为十进制数的位权数,其基数为 10。使用不同的基数,便可得到不同的进位记数制。设 R 表示基数,则称为 R 进制。该进制可使用 R 个基本的数码,R^i 就是位权,其加法运算规则是 "逢 R 进一",任意一个 R 进制数 D 均可以表示成下式:

$$(D)_R = \sum_{i=-m}^{n-1} K_i × R^i$$

上式中的 K_i 为第 i 位的系数,i 可以为 $0,1,2,\cdots,R-1$ 中的任何一个数,R^i 表示第 i 位的权。表 2-3 所示为计算机中常用的几种进位记数制的表示。

表 2-3　计算机中常用的几种进位记数制的表示

进位制	基数	基本符号(采用的数码)	权	表示形式
二进制	2	0,1	2^1	B
八进制	8	0,1,2,3,4,5,6,7	8^1	O
十进制	10	0,1,2,3,4,5,6,7,8,9	10^1	D
十六进制	16	0,1,2,3,4,5,6,7,8,9,A,B,C,D,E,F	16^1	H

由表 2-3 可知,十六进制的符号除了数字 0~9 外,还增加了 6 个英文字母:A、B、C、D、E、F,它们分别表示十进制中的 10、11、12、13、14、15。

2.2.4　不同数制之间的相互转换

下面介绍常用数制之间的转换方法。

1. 非十进制数转换为十进制数

将二进制数、八进制数和十六进制数转换为十进制数时,只需用该数制的各位数乘以各自位权数,然后将乘积相加,用按权展开的方法即可得到对应的结果。

【例 1】将二进制数 111001 转换成十进制数。

先将二进制数 111001 按位权展开,再将乘积相加,转换过程如下所示:

$$(111001)_2=(1×2^5+1×2^4+1×2^3+0×2^2+0×2^1+1×2^0)_{10}$$
$$=(32+16+8+1)_{10}$$
$$=(57)_{10}$$

【例 2】将八进制数 266 转换成十进制数。

先将八进制数 266 按位权展开,再将乘积相加,转换过程如下所示:

$$(266)_8=(2×8^2+6×8^1+6×8^0)_{10}$$
$$=(128+48+6)_{10}$$
$$=(182)_{10}$$

【例 3】将十六进制数 266 转换成十进制数。

先将十六进制数 266 按位权展开,再将乘积相加,转换过程如下所示:

$$(266)_{16}=(2\times16^2+6\times16^1+6\times16^0)_{10}$$
$$=(512+96+6)_{10}$$
$$=(614)_{10}$$

2. 十进制数转换为其他进制数

将十进制数转换成二进制数、八进制数和十六进制数时，可先将数字分成整数和小数分别转换，再拼接起来。

例如，将十进制数转换成二进制数时，整数部分采用"除 2 取余倒读"法，即将该十进制数除以 2，得到一个商和余数（K_0），再将商除以 2，又得到一个新的商和余数（K_1），如此反复，直到商是 0 时得到余数（K_{n-1}），然后将得到的各次余数，以最后余数为最高位、最初余数为最低位依次排列，即 $K_{n-1}\cdots K_1 K_0$，这就是该十进制数对应的二进制数的整数部分。

小数部分采用"乘 2 取整正读"法，即将十进制的小数乘 2，取乘积中的整数部分作为相应二进制小数点后最高位 K_{-1}，取乘积中的小数部分反复乘 2，逐次得到 $K_{-2}K_{-3}\cdots K_m$，直到乘积的小数部分为 0 或位数达到所需的精确度要求为止，然后把每次乘积所得的整数部分由上而下（即从小数点自左往右）依次排列起来（$K_{-1}K_{-2}\cdots K_m$），即为所求的二进制数的小数部分。

同理，将十进制数转换成八进制数时，整数部分除以 8 取余，小数部分乘 8 取整；将十进制数转换成十六进制数时，整数部分除以 16 取余，小数部分乘 16 取整。

【例 4】将十进制数 168.125 转换成二进制数。

用"除 2 取余倒读"法进行整数部分转换，再用"乘 2 取整正读"法进行小数部分转换，具体转换过程如图 2-3 所示。

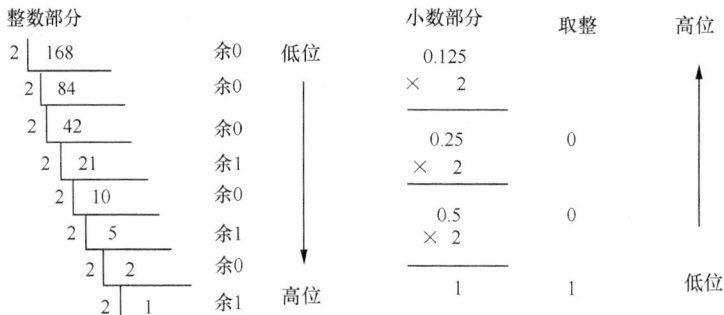

图 2-3　十进制数转换为二进制数过程

即 $(168.125)_{10}=(10101000.001)_2$

提示：在进行小数部分的转换时，有些十进制小数不能转换为有限位的二进制小数，此时只能用近似值表示。例如，$(0.57)_{10}$ 不能用有限位二进制数表示，如果要求 5 位小数近似值，则得到 $(0.57)_{10}\approx(0.10010)_2$。

---

3. 二进制数转换为八进制、十六进制数

二进制数转换成八进制数所采用的转换原则是"3 位分一组"，即以小数点为界，整数部分从右向左每 3 位为一组，若最后一组不足 3 位，则在最高位前面添 0 补足 3 位；小数部分从左向右每 3 位分为一组，最后一组不足 3 位时，尾部用 0 补足 3 位，然后将每组中的二进制数按权相加得到对应的八进制数。

【例 5】将二进制数 110011010.00101 转换成八进制数。

二进制数　　　　110　　　011　　　010 . 001　　　010

八进制数　　　　 6　　　 3　　　 2 . 1　　　 2

得到的结果：$(110011010.00101)_2=(632.12)_8$

二进制数转换成十六进制数所采用的转换原则与上面的类似，为"4 位分一组"，即以小数点为界，整数部分从右向左、小数部分从左向右每 4 位一组，不足 4 位用 0 补齐即可。

【例 6】将二进制数 1100100110100010111.010111 转换成十六进制数。

二进制数　　　0110　　 0100　　 1101　　 0001　　 0111 . 0101　　 1100

十六进制数　　 6　　　 4　　　 D　　　 1　　　 7 . 5　　　 C

得到的结果：$(1100100110100010111.010111)_2=(64D17.5C)_{16}$

4. 八进制、十六进制数转换为二进制数

八进制数转换成二进制数的转换原则是"一分为三"，即从八进制数的低位开始，将每一位上的八进制数写成对应的 3 位二进制数即可。如有小数部分，则从小数点开始，分别向左、右两边按上述方法进行转换即可。

【例 7】将八进制数转换成二进制数。

八进制数　　　　 2　　　 3　　　 6 . 1

二进制数　　　　010　　 011　　 110 . 001

得到的结果：$(236.1)_8=(10011110.001)_2$

【例 8】将十六进制数 6AE8 转换成二进制数。

十六进制数　　　 6　　　 A　　　 E　　　 8

二进制数　　　　0110　　 1010　　 1110　　 1000

得到的结果：$(6AE8)_{16}=(110101011101000)_2$

任务 2——转换数制

利用本节所学的知识进行数制之间的转换，并将转换结果填写到横线上。

（1）二进制数 10110 转换成十进制数是＿＿＿＿＿＿＿＿。

（2）八进制数 747 转换成十进制数是＿＿＿＿＿＿＿＿。

（3）十六进制数 159 转换成十进制数是＿＿＿＿＿＿＿。

（4）十进制数 225.625 转换成二进制数是＿＿＿＿＿＿＿＿＿＿。

（5）十六进制数 A87F 转换成二进制数是＿＿＿＿＿＿＿＿＿。

（6）与二进制数 1001101110 等值的十六进制数是＿＿＿＿＿＿。

（7）十六进制数 AB.5C 转换为八进制数是＿＿＿＿＿＿＿。

（8）八进制数 367.9 转换为二进制数是＿＿＿＿＿＿＿＿＿＿。

2.3　计算机系统结构

下面介绍计算机系统结构的相关知识，主要内容包括计算机的结构和工作原理，以及计算机的硬件系统和软件系统等。

2.3.1 计算机的结构

计算机的工作原理基本沿用了冯·诺依曼体系结构的思想，其结构的基本特点如下。

* 采用二进制数的形式表示数据和指令。
* 将指令和数据存放在存储器中。
* 计算机硬件由控制器、运算器、存储器、输入设备和输出设备五大部分组成。

冯·诺依曼体系结构的工作原理就是"顺序存储程序"，其核心是"程序存储"和"程序控制"。按照"顺序存储程序"原理设计的计算机被称为"冯·诺依曼型计算机"。计算机的结构就是计算机各功能部件之间的相互连接关系。计算机的结构是不断发展与完善的，其经历了 3 个发展阶段：以运算器为核心的结构、以存储器为核心的结构和以总线为核心的结构。

* 以运算器为核心的结构：如图 2-4 所示，运算器是整个系统的核心，控制器、存储器、输入设备和输出设备都与运算器相连。这种结构具有两个特点：输入/输出都要经过运算器；运算器承载过多的负载，利用率低。
* 以存储器为核心的结构：如图 2-5 所示，存储器是整个系统的核心，运算器、控制器、输入设备和输出设备都与存储器相连。这种结构具有两个特点：输入/输出不经过运算器；各部件各司其职，利用率高。

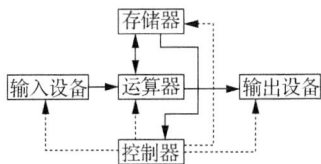

图 2-4　以运算器为核心的结构　　　　图 2-5　以存储器为核心的结构

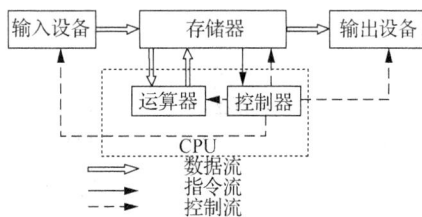

* 以总线为核心的结构：总线（Bus）是计算机各种功能部件之间传送信息的公共通信干线，它是由导线组成的传输线束。总线传送 4 类信息：数据、指令、地址和控制信息。计算机的总线有 3 种：数据总线、地址总线和控制总线。计算机读写内存时必须指定内存单元的地址，地址信息就是内存单元的地址。总线结构有 4 个特点：各部件都与总线相连接或通过接口与总线相连接；总线结构便于模块化结构设计，简化了系统设计；总线结构便于系统的扩充和升级；总线结构便于故障的诊断和维修。

2.3.2 计算机的工作原理

计算机的工作原理是"存储程序"原理，是冯·诺依曼在 EDVAC 方案中提出的，包括以下两个方面。

* 将编写好的程序和原始的数据存储在计算机的存储器中，即"存储程序"。
* 计算机按照存储的程序逐条取出指令加以分析，并执行指令所规定的操作，即"程序控制"。

指令是由控制器执行的，控制器执行一条指令时有取指令、分析指令、执行指令 3 个周期。控制器根据程序计数器的内容（即指令在内存中的地址），把指令从内存中取出，保存到控制器的指令寄存器中，然后程序计数器的内容自动加"1"形成下一条指令的地址。控制器将指令寄存器中的指令送到指令译码器，指令译码器翻译出该指令对应的操作，把操作控制信号传输给操作控制器。

2.3.3　计算机的硬件系统

计算机硬件系统是指计算机中看得见、摸得着的一些实体设备。从计算机外观上看，计算机硬件系统主要由主机箱、显示器、鼠标和键盘等部分组成。主机箱背面有许多插孔和接口，用于接通电源和连接键盘、鼠标等外部设备，而主机箱内包括 CPU、主板、内存和硬盘等硬件。

1. 微处理器

微处理器是包含了计算机的中央处理单元、高速缓存及接口逻辑的集成电路，执行控制部件和算术逻辑部件的功能。微处理器中不仅有运算器、控制器，还有一些寄存器。一个微处理器可包含几个甚至几十个内部寄存器，包括数据寄存库、地址寄存器和状态寄存器等类型。运算器和控制器是计算机的核心部件。

- 运算器：运算器是计算机中进行算术运算和逻辑运算的部件，它通常由算术逻辑运算部件（Arithmetic Logic Unit，ALU）、累加器和通用寄存器组成。进行算术、逻辑运算的运算器以加法器为核心，能根据二进制法则进行补码的加法运算，可传送、移位和比较数据。
- 控制器：控制器用以控制和协调计算机各部件自动、连续地执行各条指令，它由程序计数器、指令译码器、指令寄存器与定时控制逻辑电路组成。

由控制器和运算器组成的计算机核心部分称为 CPU（Central Processing Unit，中央处理器）。

通常情况下，我们将微处理器也称为 CPU，如图 2-6 所示。

CPU 既是计算机的指令中枢，也是系统的最高执行单位。CPU 主要负责指令的执行；作为计算机系统的核心组件，其在计算机系统中占有举足轻重的地位，也是影响计算机系统运算速度的重要因素。

图 2-6　CPU

目前，市场上销售的 CPU 主要有英特尔（Intel）和超威（AMD）。CPU 的主要性能指标是时钟频率（主频）和字长。时钟频率主要以 MHz 为单位来度量，通常时钟频率越高，其处理速度越快；字长表示 CPU 每次计算数据的能力，目前主流的 CPU 都可以处理 64 位二进制数据。

2. 存储器

存储器的主要作用是保存各类程序的数据信息。计算机中的存储器分为内存储器和外存储器两种。其中，内存储器也叫主存储器（简称"内存"），它属于主机的一部分，主要用于存放系统当前正在执行的数据和程序，属于临时存储器；外存储器属于外部设备，它用于存放暂不使用的数据和程序，属于永久存储器。

（1）内存储器

内存是 CPU 处理数据的中转站，内存的容量和存取速度直接影响 CPU 处理数据的速度，通常容量越大、存取时间越短，性能就越好。内存主要由内存芯片、印制电路板等部分组成。

① 内存按其工作方式可分为随机存储器（Random Access Memory，RAM）和只读存储器（Read-Only Memory，ROM）两大类。

- 随机存储器（RAM）：在计算机工作时，既可从中读取信息，也可随时写入信息，因此，RAM 是一种在计算机正常工作时可读写的存储器。目前，计算机大多使用半导体随机存储器。半导体随机存储器是一种集成电路，其中有成千上万个存储单元。RAM 用于存储当前使用的程序和数据，一旦计算机断电，数据就会丢失，而且无法恢复。
- 只读存储器（ROM）：只能做读取操作，一般不能进行写入操作。ROM 中的信息是在制造时用专门的设备一次性写入的，所以 ROM 主要用来存放固定不变、重复执行的程序。ROM 的内容是永久性的，即使停电，这些数据也不会丢失。

② 内存按工作性能分类，主要有双倍数据速率（Double Data Rate，DDR）同步动态随机存取内存（Synchronous Dynamic Random-Access Memory，SDRAM）、DDR2、DDR3、DDR4、DDR5 等几种，目前市场上的主流内存为 DDR4 和 DDR5，如图 2-7 所示。一般而言，内存容量越大越有利于系统的运行。

（a）DDR4　　　　　　　　　　　　　　　（b）DDR5

图 2-7　内存

（2）外存储器

外存储器与内存相比，优点是存储容量大，价格较低，而且在断电的情况下也可以长期保存信息；缺点是存取速度比内存慢，常见的外存储器有硬盘、U 盘、移动硬盘等。

3．主板

主板（Mainboard）也称为母板（Motherboard）或系统板（Systemboard），它是主机箱中最重要的部件之一，如图 2-8 所示。主板上布满了各种电子元器件、插座、插槽和各种外部接口，它可以为计算机的所有部件提供插槽和接口，并通过其中的线路统一协调所有部件的工作。

主板上的重要芯片包括 BIOS 芯片和芯片组等。

● BIOS 芯片：BIOS 芯片是一块矩形的存储器，里面存有与该主板搭配的基本输入/输出系统程序，能够让主板识别各种硬件，还能够设置引导系统的设备和调整 CPU 外频等。BIOS 芯片是可以进行程序写入的，这样方便了用户更新 BIOS 的版本。

● 芯片组：芯片组（Chipset）是主板的核心组成部分，通常由南桥（South Bridge）芯片和北桥（North Bridge）芯片组成。现在大部分主板都将南北桥芯片封装到一起形成一个芯片组，称为主芯片组。图 2-8 所示的主芯片组被散热装置保护着，图 2-9 所示为封装的主芯片组（这里拆卸了主芯片组上面的散热装置）。

图 2-8　主板　　　　　　　　　　　　图 2-9　主芯片组

4. 硬盘

硬盘是微型计算机上主要的外部存储设备，通常用于存放永久性的数据和程序。硬盘的盘符通常为"C:"。若系统配有多个硬盘或将一个物理硬盘划分为多个逻辑分区，则盘符可依次为"C:""D:""E:""F:"等。目前，常用的硬盘有机械硬盘和固态硬盘两种。

- 机械硬盘的内部结构由主轴电机、盘片、磁头和传动臂等部件组成，如图 2-10 所示。通常将磁性物质附着在盘片上，并将盘片安装在主轴电机上。当硬盘开始工作时，主轴电机将带动盘片一起转动，在盘片表面的磁头将在电路和传动臂的控制下移动，并将指定位置的数据读取出来或将数据写入指定的位置。机械硬盘的可靠性较高，存储容量大。

- 固态硬盘（Solid State Drives，SSD）是用固态电子存储芯片阵列而制成的硬盘，其没有机械硬盘的磁盘、磁头等机械部件，全部由电子芯片及电路板组成。图 2-11 所示为使用 M.2 接口的固态硬盘。固态硬盘在功能及使用方法上与机械硬盘基本相同。其读写速度远远高于机械硬盘，且功耗比机械硬盘低，比机械硬盘轻便，防震抗摔，目前通常作为计算机的系统盘进行选购和安装。

图 2-10 机械硬盘

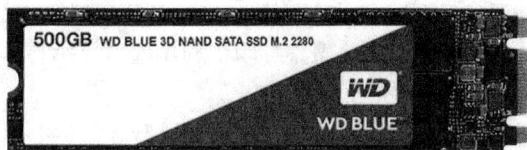

图 2-11 使用 M.2 接口的固态硬盘

硬盘容量是硬盘的主要性能指标之一，表示硬盘能够存储多少数据，通常以 GB 和 TB 为单位。目前，市场上销售的主流硬盘容量从 500GB～18TB（1TB=1024GB）不等。

5. 鼠标和键盘

虽然现在输入的方式有多种，如语音输入、手写输入、自动扫描识别等，但键盘与鼠标仍然是最常用的输入设备之一。

- 鼠标：鼠标因其外形与老鼠类似，所以得名"鼠标"。根据鼠标按键来分，鼠标可以分为 3 键鼠标和 2 键鼠标；根据工作原理，鼠标又可分为机械鼠标（已基本被淘汰）和光电鼠标；另外，其还可分为无线鼠标和有线鼠标等。

- 键盘：键盘是用户和计算机进行交流的工具，用户可以直接利用它向计算机输入各种字符和命令，简化计算机的操作。不同生产厂商所生产出的键盘型号各不相同，标准键盘为 104 键，现在市场上还有 87 键、107 键和 108 键等类型。

6. 显卡与显示器

显卡是 CPU 与显示器之间的接口电路，显示器则是人机交互的重要界面。下面具体进行讲解。

- 显卡：显卡又称显示适配器或图形加速卡，如图 2-12 所示。其主要功能是将计算机中的数字信号转换成显示器能够识别的信号，再将要显示的数据进行处理和输出，可分担 CPU 的图形处理工作。对于进行专业图形设计的计算机而言，显卡十分重要。

- 显示器：显示器是计算机的主要输出设备，其作用是将显卡输出的信号（如数字信号）以肉眼可见的形式表现出来。现在市面上的显示器大多是液晶显示器（Liquid Crystal Display，LCD），其具有无辐射危害、屏幕不会闪烁、工作电压低、功耗小等优点，如图 2-13 所示。

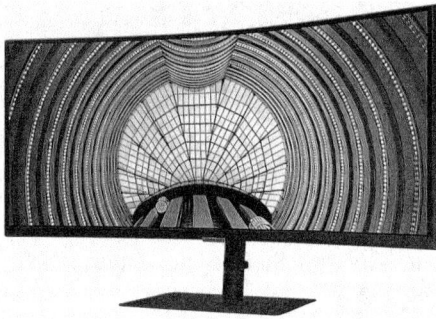

图 2-12　显卡　　　　　　　　　　　　　　图 2-13　液晶显示器

7. 打印机

打印机也是一种常见的输出设备，在办公中经常会用到，其主要功能是对文字和图像进行打印输出。衡量打印机好坏的指标有 3 项：打印分辨率、打印速度、噪声。目前，微型计算机使用的打印机类型有针式打印机、喷墨打印机和激光打印机。

- 针式打印机：用打印针和色带以机械冲击的方式在纸张上印字的打印机就是针式打印机。针式打印机能够完成其他打印机无法实现的多联纸一次性打印操作。
- 喷墨打印机：喷墨打印机利用墨水显示打印内容。其优点是技术成熟，可选产品种类丰富、功能配置相对全面。
- 激光打印机：激光打印机通过激光产生静电吸附效应，利用硒鼓将碳粉转印到打印纸上。激光打印机具有速度快、噪声小、分辨率高的特点。

2.3.4　计算机的软件系统

计算机的软件系统是计算机中运行的各种程序、数据及其相关的文档资料的总称。计算机软件系统由系统软件和应用软件组成。

1. 软件的概念

软件是一系列按照特定顺序组织的计算机数据和指令的集合。国家标准中对软件的定义为：软件是与计算机系统操作有关的计算机程序、规程、规则，以及可能有的文件、文档和数据。按照应用范围来划分，软件通常划分为系统软件、应用软件和介于这两者之间的中间件。

2. 系统软件

系统软件指控制和协调计算机及外部设备，支持应用软件开发和运行的系统。它是无须用户干预的各种程序的集合。一般情况下，系统软件包括操作系统和一系列基本工具。常用的系统软件包括操作系统、编译程序和数据库管理系统等。

- 操作系统：操作系统（Operating System，OS）是管理和控制计算机硬件与软件资源的计算机程序。例如，Windows XP/7/10/11、UNIX、Linux 等。
- 编译程序：用高级语言编写的程序必须要经过翻译变成机器指令后才能被计算机执行，而负责这种翻译的程序称为编译程序。例如，机器语言、汇编语言和高级语言等。
- 数据库管理系统：主要用于档案管理、财务管理、图书资料管理及仓库管理等的数据处理。例如，FoxPro、Access、DB2 和 Informix 等。

3. 应用软件

应用软件是指为特定领域开发，并为特定目的服务的一类软件。应用软件是直接面向用户需要的，它们可以直接帮助用户提高工作质量和效率，甚至可以帮助用户解决某些难题。应用软件一般不能独立地在计算机上运行，必须要有系统软件的支持。应用软件种类繁多，常见的主要有办公、多媒体设计、计算机辅助设计、实时控制、图形图像处理等类型。

任务 3——组装一台计算机

利用本节所学的知识试着组装一台计算机，组装好的计算机外观如图 2-14 所示。

操作提示：

（1）安装机箱内部的各种硬件，包括安装 CPU 和散热风扇、内存、主板、电源、硬盘（固态硬盘和机械硬盘）和其他硬件，例如，安装独立的显卡、声卡和网卡。

（2）连接机箱内的各种线缆，包括连接主板电源线、连接内部控制线和信号线、连接机械硬盘数据线和电源线。

（3）连接主要的外部设备，包括连接显示器、连接键盘和鼠标、连接主机电源。

图 2-14　组装好的计算机外观

2.4　计算机系统管理

计算机系统管理是指在计算机中安装操作系统软件，实现对计算机的控制和操作。下面介绍操作系统的基础知识，以及目前主流的操作系统——Windows 10 的基本操作。

2.4.1　操作系统的含义、功能和分类

操作系统是计算机软件系统中最基础、最重要的系统。没有它，计算机就无法运行。我们学习计算机的操作也需要从使用操作系统开始。

1. 操作系统的含义

操作系统是一种系统软件，它负责管理计算机系统的硬件与软件资源、控制程序的运行、改善人机操作界面、为其他应用软件提供支持等，从而使计算机系统所有资源的作用得到最大限度的发挥，并为用户提供方便、有效、友善的服务界面。它是计算机系统软件的核心。

2. 操作系统的功能

操作系统的功能是通过控制和管理计算机的硬件资源和软件资源，提高计算机的利用率，方便用户使用。具体来说，操作系统具有以下 6 个方面的管理功能。

● 进程与处理机管理：通过操作系统处理机管理模块来确定对调度（作业调度、进程调度）、进程控制、进程同步和进程通信等处理机制的分配策略，实施对进程或线程的调度和管理。

● 存储管理：存储管理的实质是对存储空间的管理，即对内存的管理。操作系统的存储管理负责将内存单元分配给需要内存的程序以便让它执行，在程序执行结束后再将程序占用的内存单元收回以便再使用。此外，存储管理还要为各用户进程提供内存保护。

- 设备管理：设备管理指通过操作系统对硬件设备的管理，其中包括对各种输入/输出设备的分配、启动、完成和回收。
- 文件管理：文件管理又称信息管理，它指利用操作系统的文件管理子系统，为用户提供文件存储空间管理、文件操作、目录管理、读写管理和存取控制等文件使用环境。
- 网络管理：随着计算机网络功能的不断加强，网络应用不断深入人们生活的各个方面，因此操作系统必须具备让计算机与网络进行数据传输的功能并保护网络安全。
- 提供良好的用户界面：操作系统是计算机与用户之间的接口。为了方便用户的操作，操作系统必须为用户提供良好的用户界面。

3. 操作系统的分类

根据不同的分类方法，操作系统可分为以下不同的类型。

- 根据使用界面分类：操作系统分为命令行界面操作系统和图形界面操作系统。目前以 Windows 操作系统为代表的图形界面操作系统为主。
- 根据使用环境进行分类：操作系统分为批处理操作系统、分时操作系统、实时操作系统。
- 根据硬件结构进行分类：操作系统分为网络操作系统、分布式操作系统、多媒体操作系统。
- 根据用户数量进行分类：操作系统分为单用户操作系统和多用户操作系统。
- 根据允许的任务数量进行分类：操作系统分为单任务操作系统和多任务操作系统。

2.4.2 Windows 10 的基础知识

了解 Windows 10 操作系统的基础知识，应该认识其桌面和掌握启动与退出等操作。

1. 启动 Windows 10

开启计算机主机箱和显示器的电源开关，Windows 10 将自动启动，完成后将进入 Windows 10 欢迎界面。该操作系统若只有一个用户账号且没有设置用户账号密码，则直接进入系统桌面。如果操作系统存在多个用户账号且设置了用户账号密码，则需要选择用户账号并输入正确的密码才能进入操作系统。

2. 认识 Windows 10 的桌面

启动 Windows 10 后，用户在屏幕上即可看到 Windows 10 桌面。Windows 10 有 7 种不同的版本，其桌面样式也有所不同。下面将以 Windows 10 专业版为例来介绍其桌面组成。在默认情况下，Windows 10 的桌面是由桌面图标、鼠标指针和任务栏 3 个部分组成，如图 2-15 所示。

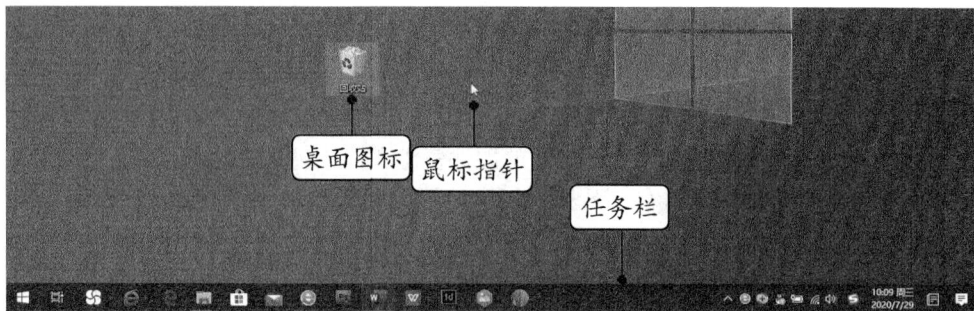

图 2-15 Windows 10 的桌面组成

- 桌面图标：桌面图标一般是程序或文件的快捷方式，程序或文件的快捷图标左下角有一个小箭头。双击桌面上的某个图标可以打开该图标对应的窗口或程序。

- 鼠标指针：在 Windows 10 操作系统中，鼠标指针在不同的状态下有不同的形状，直观地告诉用户当前可进行的操作或系统状态。常见的鼠标指针形态与含义如表 2-4 所示。

表 2-4　常见的鼠标指针形态与含义

形态	含义	形态	含义	形态	含义
↖	正常	I	文本选择	↘	沿对角线调整对象 2
↕	调整对象垂直大小		后台运行		手写状态
+	精确选择	↘	沿对角线调整对象 1	✛	移动对象
↖?	帮助选择	⊘	禁用状态	↑	候选
↔	调整对象水平大小	○	忙碌状态		链接状态

- 任务栏：任务栏默认情况下位于桌面的最下方，由"开始"按钮、"Cortana 搜索"按钮、"任务视图"按钮、任务区、通知区域和"显示桌面"按钮（单击可快速显示桌面）6 个部分组成，如图 2-16 所示。其中，"Cortana 搜索"和"任务视图"是 Windows 10 的新增功能。单击"Cortana 搜索"按钮，展开图 2-17 所示的搜索界面。在该界面中，用户可以通过打字或语音输入方式快速打开某一个应用，也可以实现聊天、看新闻、设置提醒等操作。单击"任务视图"按钮，可以让一台计算机同时拥有多个桌面，如图 2-18 所示。其中"桌面 1"将显示当前桌面运行的应用窗口；如果想要使用一个干净的桌面，可直接单击"桌面 2"图标。

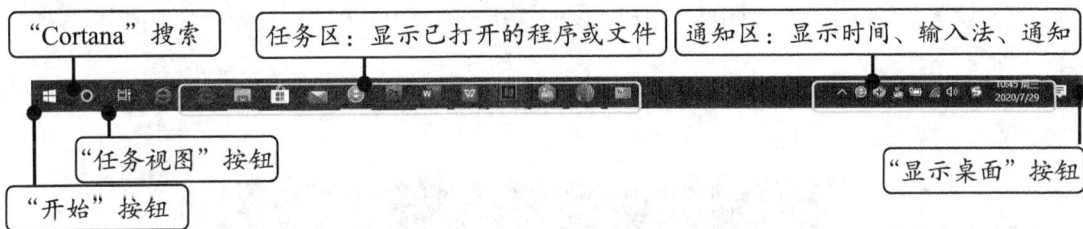

图 2-16　Windows 10 的任务栏

图 2-17　"Cortana"搜索

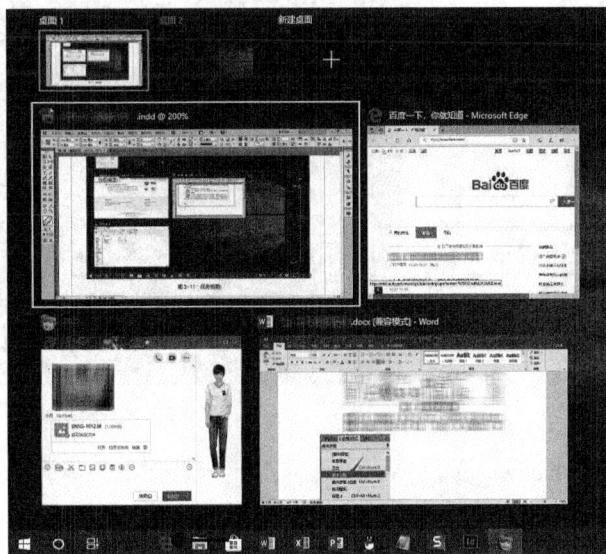

图 2-18　任务视图

3. 退出 Windows 10

计算机操作结束后需要退出 Windows 10,即关闭计算机。其方法是:保存文件或数据,然后关闭所有已打开的应用程序,单击"开始"按钮 ⊞,在打开的"开始"菜单中单击"电源"按钮⏻,然后在打开的列表中选择"关机"选项即可,如图 2-19 所示。

图 2-19　退出 Windows 10

2.4.3　Windows 10 的程序启动与窗口操作

对于普通用户而言,计算机的功能主要是通过各种程序来实现的。因此,用户在使用计算机时,首先应该掌握 Windows 10 程序启动的知识,以及在窗口中的各种操作。

1. Windows 10 的程序启动

启动应用程序有多种方法,比较常用的是在桌面上双击应用程序的快捷方式图标和在"开始"菜单中选择要启动的程序。单击桌面任务栏左下角的"开始"按钮⊞,即可打开"开始"菜单,计算机中几乎所有的应用都可在"开始"菜单中启动。"开始"菜单是操作计算机的重要"门户",即使是桌面上没有显示的文件或程序,通过"开始"菜单也能轻松找到。"开始"菜单的主要组成部分如图 2-20 所示。

● 高频使用区:Windows 10 会自动将用户使用频率较高的程序显示在该区域中,以便用户能快速地启动。

● 所有程序区:选择"所有程序"命令,所有程序区将显示计算机中已安装所有程序的启动图标或程序文件夹,选择某个选项可启动相应的程序。

● 账户设置:单击"账户"图标,用户可以在打开的列表中进行账户注销、账户锁定和更改账户设置 3 种操作。

● 文件资源管理器:文件资源管理器主要用来组织和操作系统中的文件和文件夹,它主要由"文档"和"图片"两个按钮组成。

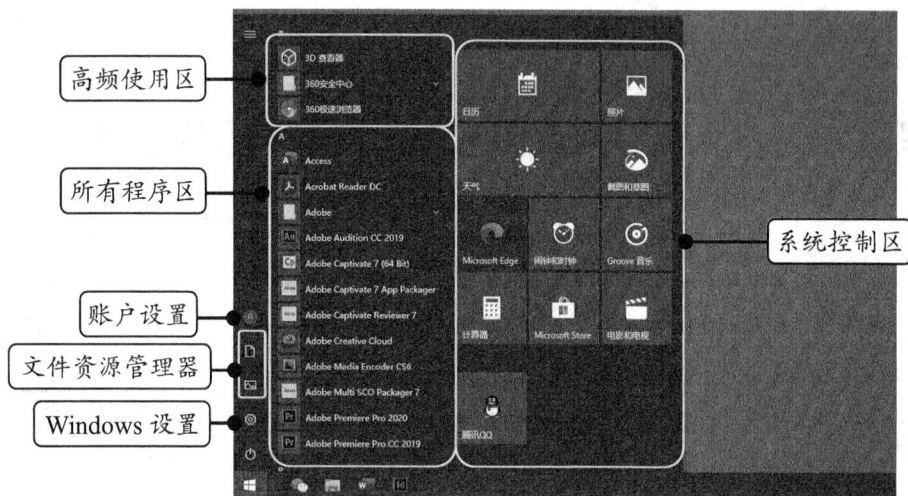

图 2-20　"开始"菜单

● Windows 设置:Windows 设置用于设置系统信息,其中包括网络和 Internet、个性化、更新和安全、Cortana、设备、隐私以及应用等。

● 系统控制区:显示系统选项和程序选项,选择相应的选项可以快速打开或运行程序,便于用户管理计算机中的资源。

2．Windows 10 的窗口操作

在 Windows 10 中，绝大多数的操作都要在窗口中完成，一般是通过鼠标和键盘来进行的。下面以"此电脑"窗口为例来介绍窗口的组成及其操作的方法。

（1）Windows 10 的窗口组成

用户双击桌面上的"此电脑"图标，将打开"此电脑"窗口，如图 2-21 所示。这是一个典型的 Windows 10 窗口，各个组成部分的作用介绍如下。

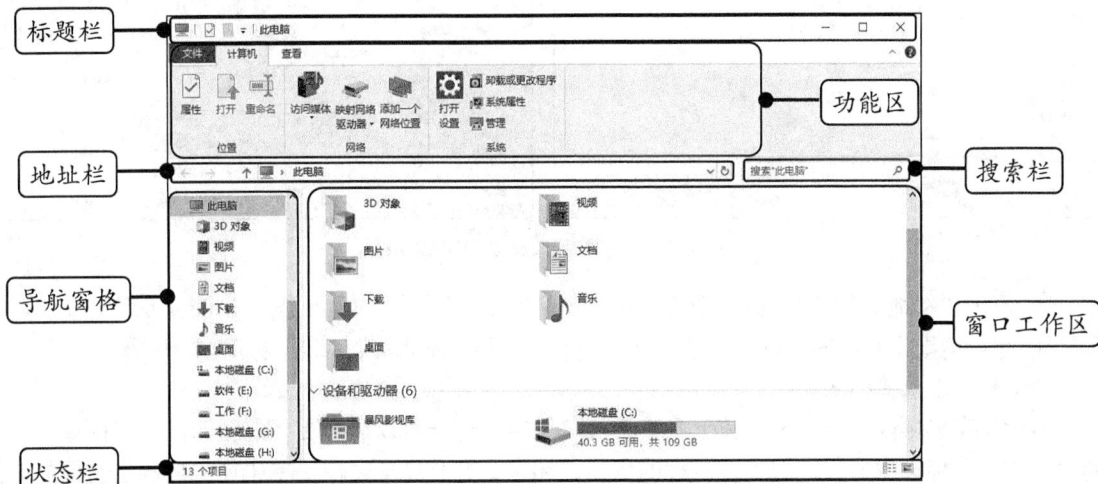

图 2-21　"此电脑"窗口

- 标题栏：标题栏位于窗口顶部，左侧有一个控制窗口大小和关闭窗口的"文件资源管理器"按钮，紧邻该按钮右侧的是一个快速访问工具栏。通过该工具栏可以快速实现设置所选项目属性和新建文件夹等操作，最右侧是窗口最小化、窗口最大化和关闭窗口的按钮。
- 功能区：功能区是以选项卡的方式显示的，其中存放了各种操作命令。用户要执行功能区中的操作命令，只需单击对应的操作名称即可。
- 地址栏：显示当前窗口文件在系统中的位置。其左侧包括"返回"按钮←、"前进"按钮→和"上移"按钮↑，用于打开最近浏览过的窗口。
- 搜索栏：搜索栏用于快速搜索计算机中的文件。
- 导航窗格：在导航窗格中单击可快速切换或打开其他窗口。
- 窗口工作区：窗口工作区用于显示当前窗口中存放的文件和文件夹内容。
- 状态栏：状态栏用于显示当前窗口所包含项目的个数和项目的排列方式。

提示： Windows 10 的桌面上默认只有一个"回收站"图标。添加"此电脑"图标的方法为：在操作系统桌面上的空白区域单击鼠标右键，在弹出的快捷菜单中选择"个性化"命令，打开"个性化"窗口，单击"主题"选项卡，在右侧的"相关的设置"栏中单击"桌面图标设置"超链接，在打开的"桌面图标设置"对话框中选中"计算机"复选框，最后单击"确定"按钮。

（2）打开窗口及窗口中的对象

每当用户启动一个程序、打开一个文件或文件夹时都将打开一个窗口，而一个窗口中包括多个对象，打开某个对象又可能打开相应的窗口，该窗口中可能又包括其他不同的对象。这里打开"此电脑"窗口中"本地磁盘(C:)"下的 Windows 目录，其具体操作如下。

打开窗口及窗口中的对象

33

① 双击桌面上的"此电脑"图标或在"此电脑"图标上单击鼠标右键，在弹出的快捷菜单中选择"打开"命令，打开"此电脑"窗口。

② 双击"此电脑"窗口中的"本地磁盘(C:)"图标或选择"本地磁盘(C:)"图标后按"Enter"键，打开"本地磁盘(C:)"窗口，如图 2-22 所示。

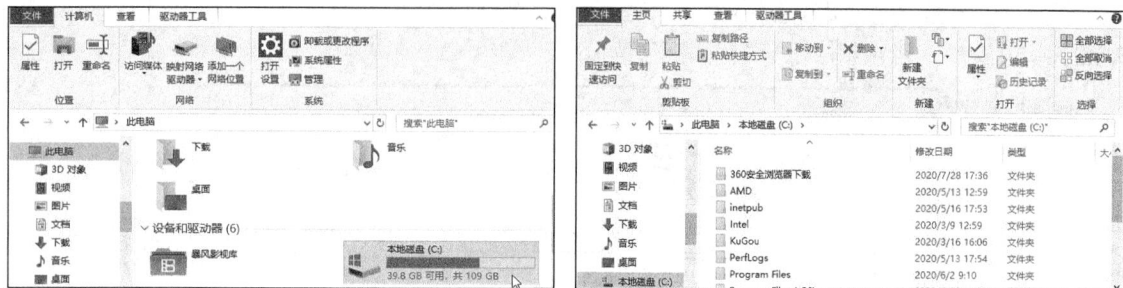

图 2-22　打开窗口及窗口中的对象

③ 双击"本地磁盘(C:)"窗口中的"Windows"文件夹图标，即可进入 Windows 目录查看。

④ 单击地址栏左侧的"返回"按钮，将返回上一级"本地磁盘(C:)"窗口。

（3）最大化或最小化窗口

最大化窗口可以将当前窗口放大到整个屏幕显示，这样可以显示更多的窗口内容，而最小化后的窗口将以图标按钮形式缩放到任务栏的程序按钮区。打开任意窗口，单击窗口标题栏右侧的"最大化"按钮，此时窗口将铺满整个显示屏幕，同时"最大化"按钮变成"向下还原"按钮；单击"向下还原"按钮即可将窗口还原成原始大小；单击窗口右上角的"最小化"按钮，该窗口将隐藏显示，并在任务栏的程序区域中显示一个图标，用户单击该图标，窗口将还原到屏幕显示状态。

（4）移动和调整窗口大小

打开窗口后，有些窗口会遮盖屏幕上的其他窗口内容。为了查看被遮盖的部分，用户需要适当移动窗口的位置或调整窗口大小。这里将桌面上的当前窗口移至桌面的左侧位置，呈半屏显示，再调整窗口宽度，其具体操作如下。

移动和调整窗口大小

① 单击窗口标题栏，使窗口处于还原状态时，在窗口标题栏上按住鼠标左键拖动窗口，将窗口向上拖动到屏幕顶部时，窗口会最大化显示；向屏幕最左侧或最右侧拖动当前窗口时，窗口会半屏显示在桌面左侧或右侧。这时释放鼠标，窗口会以半屏状态显示在桌面上，如图 2-23 所示。

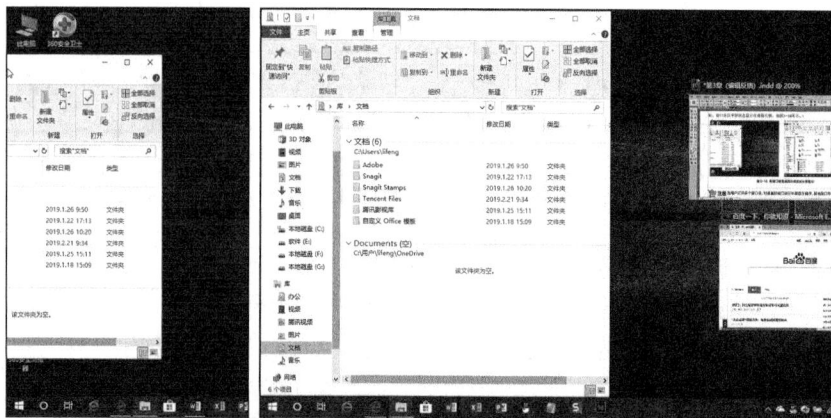

图 2-23　将窗口移至桌面最右侧变成半屏显示

② 将鼠标指针移至窗口的外边框上，当鼠标指针变为↖形状时，按住鼠标左键拖动，将窗口调整到所需大小时释放鼠标，即可调整窗口大小。

（5）切换窗口

当前窗口只有一个，且所有的操作都是针对当前窗口进行的。如果要将某个窗口切换成当前窗口，除了通过单击窗口进行切换外，Windows 10 中还提供了以下 3 种切换方法。

- 通过任务栏中的按钮切换：将鼠标指针移至任务栏左侧按钮区中的某个任务图标上，此时将展开所有打开的该类型文件的缩略图，用户单击某个缩略图即可切换到该窗口，切换时其他同时打开的窗口将自动变为透明效果。
- 按"Alt+Tab"组合键切换：按"Alt+Tab"组合键后，屏幕上将出现任务切换栏，系统当前打开的窗口都以缩略图的形式在任务切换栏中排列出来，此时按住"Alt"键，再反复按"Tab"键，将显示一个白色方框，并在所有图标之间轮流切换；当白色方框移动到需要的窗口图标上后释放"Alt"键，即可切换到该窗口。
- 按"Win+Tab"组合键切换：按"Win+Tab"组合键后，屏幕上将出现操作记录时间线，系统当前和稍早前的操作记录都以缩略图的形式在时间线中排列出来；用户若想打开某一个窗口，将鼠标指针定位至要打开的窗口中，当窗口呈现白色边框显示后单击即可打开该窗口。

（6）排列窗口

在使用计算机的过程中常常需要打开多个窗口，如既要用 Word 编辑文档，又要打开 Microsoft Edge 浏览器查询资料等。当打开多个窗口后，为了使桌面更加整洁，用户可以对打开的窗口进行层叠、堆叠和并排等操作。这里将打开的所有窗口以层叠和并排两种方式进行显示，其具体操作如下。

排列窗口

① 在任务栏空白处单击鼠标右键，在弹出的快捷菜单中选择"层叠窗口"命令，即可以层叠的方式排列窗口，如图 2-24 所示。

② 在任务栏空白处单击鼠标右键，在弹出的快捷菜单中选择"并排显示窗口"命令，即可以并排的方式排列窗口，如图 2-25 所示。

图 2-24　层叠显示窗口效果

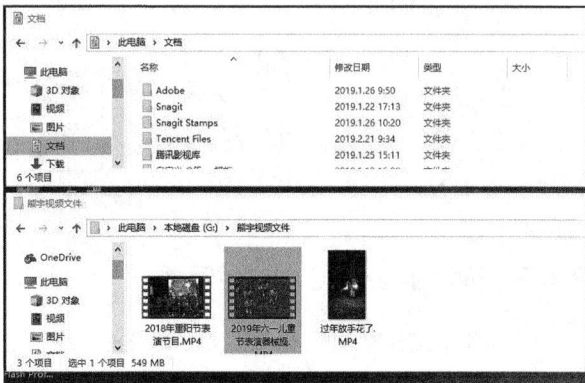

图 2-25　并排显示窗口效果

（7）关闭窗口

对窗口的操作结束后应关闭窗口，关闭窗口有以下 5 种方法。

- 单击窗口标题栏右上角的"关闭"按钮。
- 在窗口的标题栏上单击鼠标右键，在弹出的快捷菜单中选择"关闭"命令。
- 将鼠标指针移动到任务栏中的某个任务缩略图上，单击其右上角的按钮。

- 将鼠标指针移动到任务栏中需要关闭窗口的任务图标上，单击鼠标右键，在弹出的快捷菜单中选择"关闭窗口"命令或"关闭所有窗口"命令。
- 按"Alt+F4"组合键。

2.4.4　Windows 10 的中文输入

在计算机中输入中文时，用户需要使用中文输入法。常用的中文输入法有微软拼音输入法、搜狗拼音输入法和五笔字型输入法等。用户选择输入法后，即可进行中文的输入。

1. 中文输入法的选择

在 Windows 10 中，一般通过任务栏右侧的通知区域来选择输入法，其方法为：单击语言栏中的"输入法"按钮▦，在打开的列表中可以选择需切换的输入法，如图 2-26 所示。选择相应的输入法后，该图标将变成所选输入法的图标。

图 2-26　选择输入法

2. 使用搜狗拼音输入法输入特殊字符

通过搜狗拼音输入法的软键盘，用户还可输入特殊字符。这里将在刚刚建立的文档中输入"三角形"特殊字符，其具体操作如下。

① 在"提醒事项"文档的"比赛"文本右侧单击定位文本光标，再单击搜狗拼音输入法状态栏上的"输入方式"图标▦，在打开的列表中选择"特殊符号"选项。

② 在打开的"符号大全"窗口中选择"三角形"选项，如图 2-27 所示。

③ 单击"符号大全"窗口右上角的"关闭"按钮✕，关闭窗口，然后在记事本程序中选择"文件"/"保存"命令，保存文档内容。关闭记事本程序，完成操作。

使用搜狗拼音输入法输入特殊字符

图 2-27　选择特殊符号

2.4.5　Windows 10 的文件管理

下面介绍文件管理的概念及文件管理的相关操作。

1. 文件管理的概念

文件管理是指对文件进行存储、检索、读写、复制等操作，主要在"资源管理器"中进行。在此之前，用户需要了解硬盘分区与盘符、文件、文件夹、文件路径等相关含义。

- 硬盘分区与盘符：硬盘分区是指将硬盘划分为几个独立的区域，一般在安装系统时对硬盘进行分区；盘符是 Windows 操作系统对于磁盘存储设备的标识符，一般使用一个英文字符加上一个冒号":"来标识，如"本地磁盘(C:)"，"C:"就是该盘的盘符。
- 文件：文件是指保存在计算机中的各种信息和数据。文件在计算机中以图标的形式显示，它由文件图标和文件名称两个部分组成，如 📄 参考答案.docx 即为一个 Word 文件。

- 文件夹：文件夹用于保存和管理计算机中的文件，可放置多个文件和子文件夹，让用户能够管理文件并可快速地找到需要的文件。文件夹一般由文件夹图标和文件夹名称两个部分组成。

- 文件路径：文件路径是标记文件在计算机中位置的一系列字符，它包括相对路径和绝对路径两种。其中，相对路径是以"."（表示当前文件夹）、".."（表示上级文件夹）或文件夹名称（表示当前文件夹中的子文件名）开头；绝对路径是指文件或目录在硬盘上存放的绝对位置，如"D:\图片\标志.jpg"，表示"标志.jpg"文件是在 D 盘的"图片"文件夹中。

2. 文件管理窗口

文件管理主要是在资源管理器窗口中实现的。资源管理器是指"此电脑"窗口左侧的导航窗格，它将计算机资源分为快速访问、OneDrive、此电脑、网络 4 个类别。打开资源管理器的方法为：双击桌面上的"此电脑"图标或单击任务栏上的"文件资源管理器"按钮📁。打开"文件资源管理器"对话框，单击导航窗格中各类别图标左侧的图标可依次按层级展开文件夹，选择某个需要的文件夹后，其右侧将显示相应的文件内容。

用户还可以根据当前窗口中文件和文件夹的多少、文件的类型来更改当前窗口中文件和文件夹的显示方式。其具体方法是：在打开的文件夹窗口中单击右下角的按钮📊，将在窗口工作区中显示每一项的相关信息；若是单击📷按钮，则会以大缩略图方式在窗口中显示每一项内容。

3. 文件/文件夹操作

文件/文件夹操作包括选择、新建、移动、复制、重命名、删除、还原等。

（1）选择文件或文件夹

选择文件或文件夹的方法主要有以下 3 种。

- 选择单个文件或文件夹。用户使用鼠标直接单击文件或文件夹图标即可将其选择，被选择的文件或文件夹的周围将呈蓝色透明状显示。

- 选择多个文件或文件夹。在窗口空白处按住鼠标左键，并拖动鼠标框选所需的多个对象；按住"Ctrl"键，再依次单击所要选择的文件或文件夹可选择多个不连续的文件或文件夹。

- 选择所有文件或文件夹。直接按"Ctrl+A"组合键或选择"编辑"/"全选"命令可以选择当前窗口中的所有文件或文件夹。

（2）新建文件和文件夹

新建文件是指根据计算机中已安装的程序类别，新建一个相应类型的空白文件。用户如果想要将一些文件分类整理在一个文件夹中以便日后管理，就需要新建文件夹。下面新建文本文档、Excel 文件与文件夹，其具体操作如下。

新建文件和文件夹

① 双击桌面上的"此电脑"图标，打开"此电脑"窗口，双击"本地磁盘(G:)"图标，打开"G:\"目录窗口。

② 在"主页"/"新建"组中单击"新建项目"下拉按钮📄新建项目▾，在打开的下拉列表中选择"文本文档"选项，或者在窗口的空白处单击鼠标右键，在弹出的快捷菜单中选择"新建"/"文本文档"命令，如图 2-28 所示。

③ 系统将在文件夹中新建一个默认名为"新建文本文档"的文件，且文件名呈可编辑状态。此时切换到汉字输入法，输入"公司简介"，然后单击空白处或按"Enter"键，效果如图 2-29 所示。

④ 在"主页"/"新建"组中单击"新建项目"下拉按钮📄新建项目▾，在打开的下拉列表中选择"Microsoft Excel 工作表"选项，或者在窗口的空白处单击鼠标右键，在弹出的快捷菜单中选择"新建"/"Microsoft Excel 工作表"命令，此时将新建一个 Excel 文件，输入文件名"公司员工名单"，按"Enter"键。

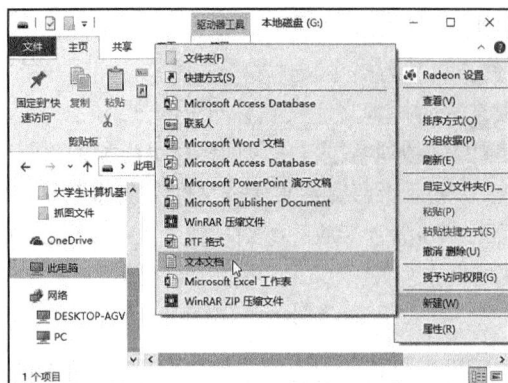

图 2-28　选择"新建"/"文本文档"命令

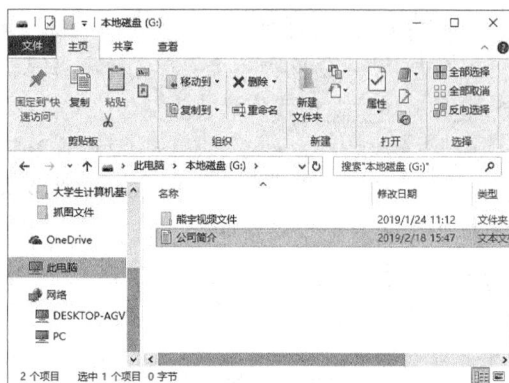

图 2-29　新建的文本文档

⑤ 在"主页"/"新建"组中单击"新建文件夹"按钮，或者在右侧文件显示区中的空白处单击鼠标右键，在弹出的快捷菜单中选择"新建"/"文件夹"命令，输入文件夹的名称"办公"后，按"Enter"键，完成新文件夹的创建。

⑥ 双击新建的"办公"文件夹，在"主页"选项卡的"新建"组中单击"新建文件夹"按钮，输入子文件夹名称"表格"后按"Enter"键，然后新建一个名为"文档"的子文件夹。

⑦ 单击地址栏左侧的按钮←，返回上一级窗口。

（3）移动、复制、重命名文件或文件夹

移动文件是将文件移动到另一个文件夹中；复制文件则是为文件做一个备份，原文件夹下的文件仍然存在；重命名文件即为更换文件的名称。文件夹的操作同理。下面移动"公司员工名单"文件，复制"公司简介"文件，并重命名复制的文件为"招聘信息"，其具体操作如下。

移动、复制、重命名
文件或文件夹

① 在导航窗格中选择"此电脑"选项，然后在展开的列表中选择"本地磁盘(G:)"选项。

② 在右侧窗口中单击"公司员工名单"文件，在其上单击鼠标右键，在弹出的快捷菜单中选择"剪切"命令，或者在"主页"选项卡的"剪贴板"组中单击"剪切"按钮（可直接按"Ctrl+X"组合键），将选择的文件剪切到剪贴板中，此时文件呈灰色透明显示效果。

③ 在导航窗格中单击展开"办公"文件夹，再选择其下的"表格"子文件夹选项，在右侧打开的"表格"窗口中单击鼠标右键，在弹出的快捷菜单中选择"粘贴"命令，或者在"主页"选项卡的"剪贴板"组中单击"粘贴"按钮（可直接按"Ctrl+V"组合键），即可将剪切到剪贴板中的"公司员工名单"文件粘贴到"表格"窗口中。

④ 单击地址栏左侧的按钮，返回上一级窗口，即可看到窗口中没有"公司员工名单"文件了。

⑤ 单击"公司简介"文件，在其上单击鼠标右键，在弹出的快捷菜单中选择"复制"命令，或者在"剪贴板"组中单击"复制"按钮（可直接按"Ctrl+C"组合键），将选择的文件复制到剪贴板中，此时窗口中的文件不会发生任何变化。

⑥ 在导航窗格中选择"文档"文件夹选项，在右侧打开的"文档"窗口中单击鼠标右键，在弹出的快捷菜单中选择"粘贴"命令，或者在"剪贴板"组中单击"粘贴"按钮（可直接按"Ctrl+V"组合键），即可将所复制的"公司简介"文件粘贴到该窗口中。

⑦ 选择复制后的"公司简介"文件，在其上单击鼠标右键，在弹出的快捷菜单中选择"重命名"命令，此时要重命名的文件名称呈可编辑状态，在其中输入新的名称"招聘信息"后，按"Enter"

键即可。

⑧ 在导航窗格中选择"本地磁盘(G:)"选项，可看到根目录中存在"公司简介"文件。

（4）删除并还原文件或文件夹

删除一些没有用的文件或文件夹可以减少磁盘上的多余文件，释放磁盘空间，同时也便于管理。删除的文件或文件夹实际上是移动到"回收站"中；若误删除了文件，还可以通过还原操作将其还原。这里先删除"公司简介"文件，再将其还原，其具体操作如下。

删除并还原文件或
文件夹

① 在导航窗格中选择"本地磁盘(G:)"选项，然后在右侧窗口中选择"公司简介"文件。

② 在选择的文件图标上单击鼠标右键，在弹出的快捷菜单中选择"删除"命令，即可将所选文件放入回收站。

③ 单击任务栏最右侧的"显示桌面"按钮，切换至桌面，双击"回收站"图标，在打开的窗口中可查看最近删除的文件和文件夹等对象。

④ 在需要还原的"公司简介"文件上单击鼠标右键，在弹出的快捷菜单中选择"还原"命令，即可将其还原到被删除前的位置。

2.4.6　Windows 10 的系统管理

Windows 10 中可以进行系统个性化设置、安装和卸载应用程序、管理磁盘等系统操作。

1. 个性化设置

为了让系统操作起来更加方便、快捷，用户可以根据自己使用计算机的习惯对系统进行个性化设置，如设置桌面背景、颜色、锁屏界面、"开始"菜单等。在系统桌面上的空白区域上单击鼠标右键，在弹出的快捷菜单中选择"个性化"命令，进入个性化设置界面，如图 2-30 所示，选择相应的选项便可进行个性化设置。

图 2-30　个性化设置界面

• 选择"背景"选项：在"背景"界面中，用户可以更改图片，选择图片契合度，设置纯色或者幻灯片放映等参数。

• 选择"颜色"选项：在"颜色"界面中，用户可以为 Windows 操作系统选择不同的颜色，也可以单击"自定义颜色"按钮，在打开的对话框中自定义喜欢的主题颜色。

- 选择"锁屏界面"选项：在"锁屏界面"界面中，用户可以选择系统默认的图片，也可以单击"浏览"按钮，将本地图片设置为锁屏界面。
- 选择"主题"选项：在"主题"界面中，用户可以自定义主题的背景、颜色、声音及鼠标指针样式等项目，最后保存主题。
- 选择"字体"选项：在"字体"界面中，用户可以根据"筛选条件"中的语言选项查看可用字体，并可以在"Microsoft Store"中选择字体并拖放到"添加字体"框中进行安装。
- 选择"开始"选项：在"开始"界面中，用户可以设置"开始"菜单栏显示的应用。
- 选择"任务栏"选项：在"任务栏"界面中，用户可以设置任务栏在屏幕上的显示位置和显示内容等。

2. 安装和卸载应用程序

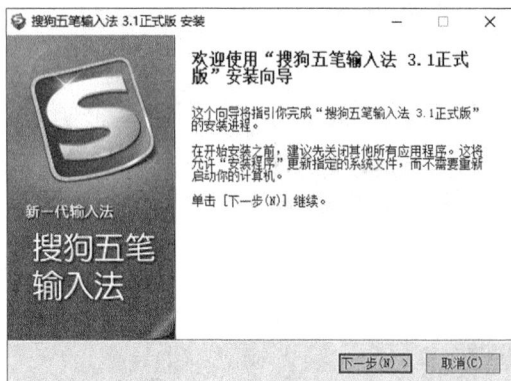

下面将安装搜狗五笔输入法，并卸载计算机中的"搜狗输入法 9.3 正式版"软件，其具体操作如下。

① 利用 Microsoft Edge 浏览器下载搜狗五笔输入法的安装程序，打开安装程序所在的文件夹，找到并双击"sogou_wubi_31a.exe"文件。

② 在打开的"搜狗五笔输入法 3.1 正式版 安装"对话框中，根据对话框中的提示进行安装，这里单击"下一步"按钮，如图 2-31 所示。

③ 在打开的"许可证协议"界面中，对其中条款内容进行认真阅读，单击"我接受"按钮。

④ 在打开的"选择安装位置"界面中，这里保持默认设置，单击"下一步"按钮。如果想更改软件的安装路径，用户可单击该对话框中的"浏览"按钮，在打开的"浏览文件夹"对话框中自定义搜狗五笔输入法的安装位置。

⑤ 在打开的界面中单击"安装"按钮。稍后，搜狗五笔输入法将成功安装到 Windows 10 操作系统中，最后单击"完成"按钮。

⑥ 选择"开始"/"Windows 系统"/"控制面板"命令，打开"控制面板"窗口的主页，在"程序"栏中单击"卸载程序"超链接，打开"程序和功能"窗口，其中的"卸载或更改程序"列表框中显示了当前计算机中安装的所有程序，这里选择"搜狗输入法 9.3 正式版"选项，单击"卸载/更改"按钮，如图 2-32 所示。

图 2-31　安装应用程序　　　　图 2-32　卸载应用程序

⑦ 在打开的卸载向导对话框中，根据对话框中的提示信息完成搜狗输入法的卸载操作。

3. 格式化磁盘

格式化磁盘是将磁盘中的数据全部清除。其方法是：在"资源管理器"窗口中选择需要格式化的磁盘，单击鼠标右键；在弹出的快捷菜单中选择"格式化"命令，打开"格式化"对话框，进行格式化设置后单击"开始"按钮即可。

4. 清理磁盘

用户在使用计算机进行读写与安装操作时，会留下大量的临时文件和没用的文件。这些文件不仅会占用磁盘空间，还会降低系统的处理速度。因此，用户需要定期进行磁盘清理，以释放磁盘空间。这里将清理 C 盘中已下载的程序文件和 Internet 临时文件，其具体操作如下。

清理磁盘

① 选择"开始"/"Windows 管理工具"/"磁盘清理"命令，打开"磁盘清理：驱动器选择"对话框。

② 在对话框中选择需要进行清理的 C 盘，单击"确定"按钮，系统计算可释放的空间后打开 C 盘的"磁盘清理"对话框，在该对话框中的"要删除的文件"列表框中选中"已下载的程序文件"和"Internet 临时文件"复选框，单击"确定"按钮。

2.4.7 Windows 10 的网络功能

如今网络技术应用越来越广泛。通过网络功能，用户可以实现文件、外部设备和应用程序的共享，还可以在网上与其他用户进行交流等。

1. 设置 IP 地址

设置 IP 地址可以为计算机提供唯一的标识，有利于网络中计算机的管理。这里为计算机设置 IP 地址为"192.168.0.5"，其具体操作如下。

① 单击 Windows 10 桌面左下角的"开始"按钮，在打开的"开始"菜单中选择"Windows 系统"/"控制面板"命令，打开"控制面板"窗口，单击"网络和 Internet"超链接，在打开的界面中单击"网络和共享中心"超链接。

② 在打开的"网络和共享中心"窗口中，单击窗口左侧的"更改适配器设置"超链接，在打开的窗口中选择"以太网"选项，在其上单击鼠标右键，在弹出的快捷菜单中选择"属性"命令。

③ 在打开的"以太网 属性"对话框中，选中"Internet 协议版本 4（TCP/IPv4）"复选框，单击"属性"按钮，打开"Internet 协议版本 4（TCP/IPv4）属性"对话框，选中"使用下面的 IP 地址"单选按钮，在"IP 地址"栏中输入"192.168.0.5"，在"子网掩码"文本框中输入"255.255.255.0"，在"默认网关"和"首选 DNS 服务器"文本框中输入"192.168.0.1"，单击"确定"按钮，如图 2-33 所示。

2. 查看网络中其他计算机

当同一网络中的计算机较多时，查找自己所需访问的计算机十分麻烦，因此，Windows 10 操作系统提供了快速查找计算机的方法。打开任意窗口，选择左侧窗格中的"网络"选项，即可完成网络中计算机的搜索，在右侧可双击所需访问的计算机。

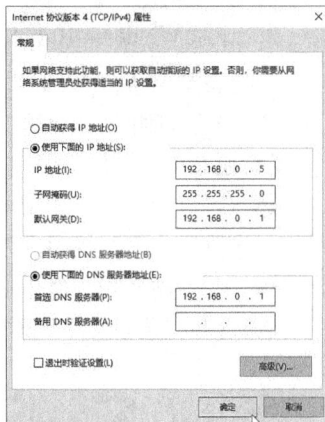

图 2-33 设置 IP 地址

2.4.8 Windows 10 的备份与还原

一旦 Windows 10 操作系统出现问题，用户可以利用做好的备份进行系统恢复，以避免重装系统的麻烦。本小节将介绍 Windows 10 操作系统的备份和还原方法。

1. 备份 Windows 10 操作系统

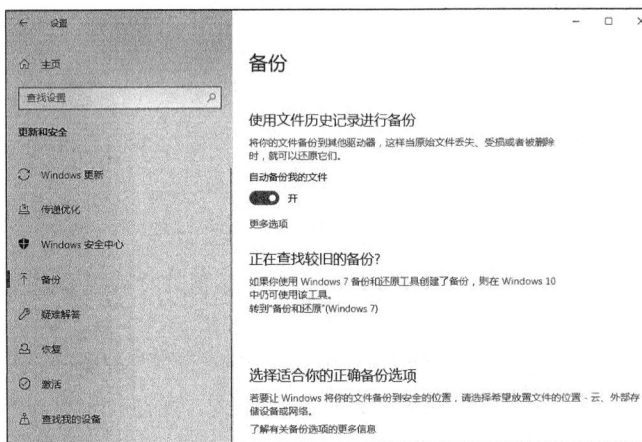

这里将对 Windows 10 操作系统进行备份操作，其具体操作如下。

① 选择"开始"/"设置"命令，打开"Windows 设置"窗口，单击"更新和安全"按钮。

② 在"设置"窗口中，单击左侧的"备份"按钮，然后在右侧单击"自动备份我的文件"开关按钮，使其处于"开"状态，如图 2-34 所示。

③ 单击"更多选项"超链接，打开"备份选项"窗口，在"备份我的文件"下拉列表中可以设置备份的频率，在"保留我的备份"下拉列表中可以设置备份文件的保留时间，如图 2-35 所示。

备份 Windows 10 操作系统

图 2-34 开启"自动备份我的文件"功能

图 2-35 "备份选项"窗口

④ 单击"添加文件夹"按钮，在打开的"选择文件夹"对话框中可以设置要备份的文件夹，单击"立即备份"按钮即可开始备份。

2. 还原 Windows 10 操作系统

这里将对 Windows 10 操作系统进行还原操作，其具体操作如下。

① 在"控制面板"窗口中单击"系统和安全"超链接，在打开的界面中单击"从备份还原文件"超链接。

② 在打开的界面中单击"还原我的文件"按钮，打开"还原文件"对话框，单击"浏览文件夹"按钮，在打开的"浏览文件夹或驱动器的备份"对话框中选择已保存的 C 盘备份，然后单击"添加文件夹"按钮。

③ 返回"还原文件"对话框，其中显示了需要还原的文件夹，单击"下一步"按钮，如图 2-36 所示。

④ 在打开的窗口中选择还原文件的保存位置后，单击"还原"按钮，如图 2-37 所示。稍后，系统将开始执行还原操作，并显示成功还原文件的信息，最后单击"完成"按钮。

还原 Windows 10 操作系统

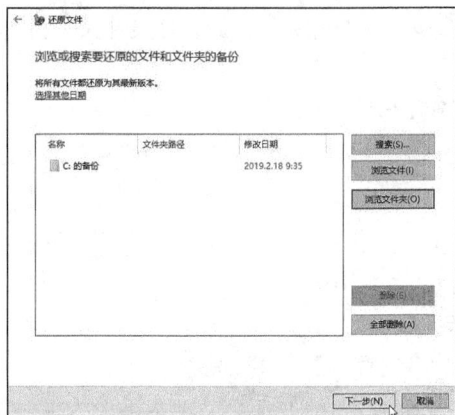

图 2-36　添加要还原的文件夹

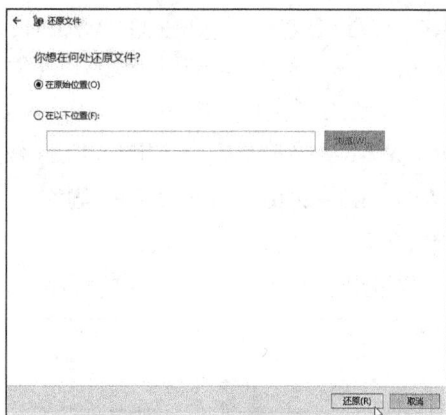

图 2-37　在原始位置还原

任务 4——创建文件夹的快捷方式

利用本节所学的知识为 D 盘中的"工作"文件夹创建快捷方式，效果如图 2-38 所示。

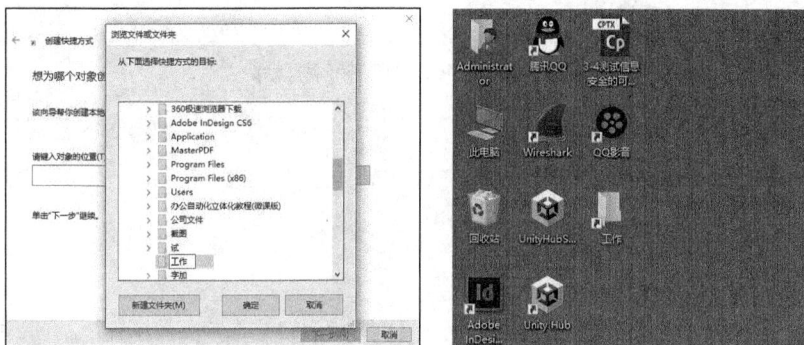

图 2-38　创建文件夹的快捷方式

操作提示：

（1）在桌面空白处单击鼠标右键，在弹出的快捷菜单中选择"新建"/"快捷方式"命令。

（2）在打开的"创建快捷方式"对话框中，单击"请键入对象的位置"文本框右侧的"浏览"按钮，打开"浏览文件或文件夹"对话框，在"从下面选择快捷方式的目标"列表框中选择 E 盘中的"工作"文件夹，然后单击"确定"按钮。

（3）返回"创建快捷方式"对话框，单击"下一步"按钮。

（4）在"键入该快捷方式的名称"文本框中输入快捷方式的名称，这里保持默认设置，单击"完成"按钮完成添加。

（5）返回操作系统桌面，可看到桌面中创建的"工作"文件夹的快捷方式图标。双击该图标即可快速打开"工作"文件夹。

课后练习

1. 管理文件和文件夹

管理文件和文件夹，具体要求如下。

（1）在计算机 D 盘中新建 FENG、WARM 和 SEED 这 3 个文件夹，在 FENG 文件夹中新建 WANG 子文件夹，在该子文件夹中新建一个 JIM.txt 文件。

（2）将 WANG 子文件夹中的 JIM.txt 文件复制到 WARM 文件夹中。

（3）将 WARM 文件夹中的"JIM.txt"文件删除。

2. 安装 Office 2016 并卸载多余的程序

利用本章所学的知识，从 Office 的官方网站下载 Office 2016 的安装程序，并将其安装到 C 盘中，然后通过"控制面板"窗口卸载多余的程序，效果如图 2-39 所示。

图 2-39　安装 Office 2016 并卸载多余的程序

第 3 章　文档处理

【学习目标】
- 了解 Word 2016 的入门知识。
- 掌握 Word 2016 文本编辑和文档排版操作的方法。
- 掌握 Word 2016 表格应用的方法。
- 掌握 Word 2016 图文混排操作的方法。
- 掌握 Word 2016 页面格式设置操作的方法。

3.1　Word 2016 入门

Word 2016 是目前应用最广泛的文字处理软件之一。它提供了许多便于操作的文档创建和编辑功能，在文件办公等领域发挥着重要的作用。

3.1.1　Word 2016 的启动与退出

下面介绍启动与退出 Word 2016 的方法。

1. 启动 Word 2016

启动 Word 2016 的方法主要有以下几种。

- 通过"开始"菜单启动：单击桌面左下角的"开始"按钮，在打开的"开始"菜单中选择"所有程序"/"Word"命令，如图 3-1 所示。

- 通过任务栏图标启动：在"开始"菜单中的"所有程序"/"Word"命令上单击鼠标右键，在弹出的快捷菜单中选择"固定到任务栏"命令，此时单击任务栏中的 Word 图标，即可启动程序。

- 双击文档启动：若计算机中保存了 Word 生成的文档，双击该文档即可启动 Word 并打开该文档。

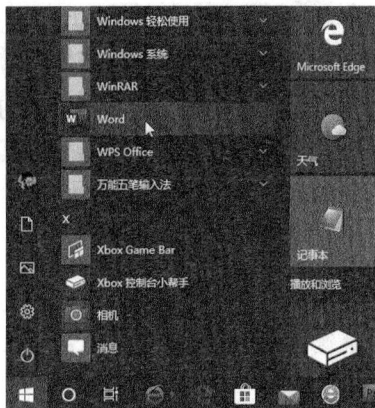

图 3-1　通过"开始"菜单启动 Word

2. 退出 Word 2016

退出 Word 2016 的方法主要有以下几种。

- 单击标题栏右侧的"关闭"按钮。
- 确认 Word 2016 操作界面为当前活动窗口，然后按"Alt+F4"组合键。
- 在 Word 2016 的标题栏上单击鼠标右键，在弹出的快捷菜单中选择"关闭"命令。

3.1.2 Word 2016 的操作界面

启动 Word 2016 后，在打开的界面中将显示最近使用的文档信息并提示用户创建一个新文档。用户选择要创建的文档类型后，此时进入 Word 2016 的操作界面，如图 3-2 所示。

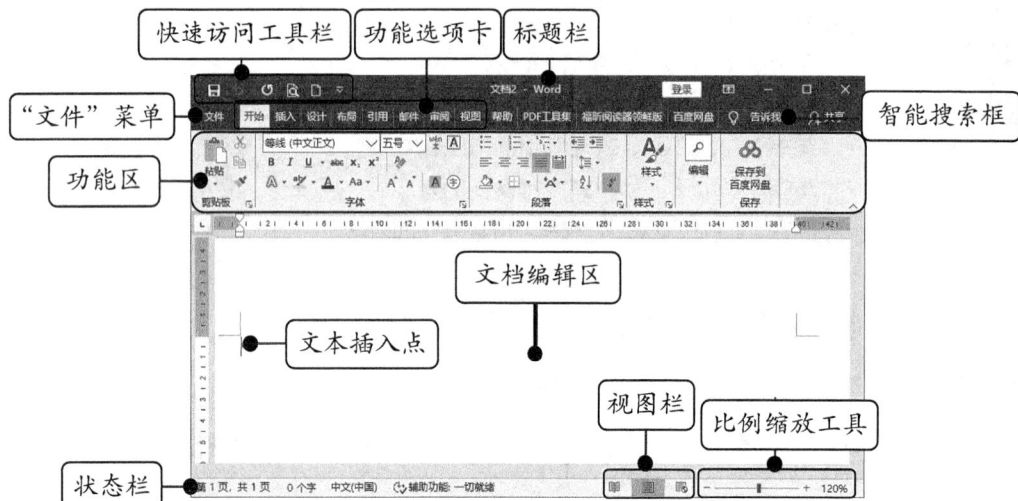

图 3-2　Word 2016 的操作界面

1. 标题栏

标题栏位于 Word 2016 操作界面的顶端，其包括文档名称、"功能区显示选项"按钮（可对功能选项卡和功能区进行显示和隐藏操作）和右侧的"窗口控制"按钮组（包含"最小化"按钮、"最大化"按钮和"关闭"按钮，它们可依次最小化、最大化和关闭窗口）。

2. 快速访问工具栏

快速访问工具栏中显示了一些常用的工具按钮，默认按钮有"保存"按钮、"撤销键入"按钮、"重复键入"按钮。用户还可自定义按钮，只需单击该工具栏右侧的"自定义快速访问工具栏"按钮，在打开的下拉列表中选择相应选项即可。

提示：默认情况下，Word 2016 的快速访问工具栏显示在功能选项卡的上方。用户可单击"自定义快速访问工具栏"按钮，在打开的下拉列表中选择"在功能区下方显示"选项，此时快速访问工具栏将显示在功能区的下方。

3. "文件"菜单

该菜单中的内容与 Office 其他版本中的"文件"菜单类似，主要用于执行与该组件相关文档的新建、打开、保存、共享等基本命令。用户选择该菜单最下方的"选项"命令打开"Word 选项"对话框，在其中可对 Word 组件进行常规、显示、校对、自定义功能区等多项设置。

4. 功能选项卡

Word 2016 默认包含了 9 个功能选项卡。用户单击任一选项卡可打开对应的功能区，每个功能区中又分别包含了相应功能的集合。

5. 智能搜索框

智能搜索框是 Word 2016 软件新增的一项功能。通过该搜索框，用户可轻松地找到相关的操作说明。例如，用户想知道在文档中插入页码的操作方法，便可以直接在智能搜索框中输入关键字"页码"，此时会显示一些关于页码的信息，再将鼠标指针定位至"添加页码"选项上，在打开的子列表中就可以选择页码的添加位置、设置页码格式等，如图 3-3 所示。

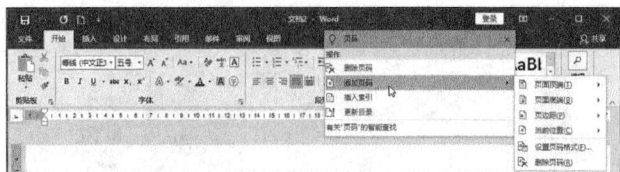

图 3-3　使用智能搜索框

6. 文档编辑区

文档编辑区是指输入与编辑文本的区域。用户对文本进行的各种操作都显示在该区域中。新建一个空白文档后，文档编辑区的左上角将显示一个闪烁的光标，此处称为文本插入点。该光标所在位置便是文本的起始输入位置。

7. 状态栏

状态栏位于操作界面的底端，主要用于显示当前文档的工作状态，其中包括当前页数、字数、输入状态等；其右侧依次显示视图栏中视图切换按钮和比例缩放工具。

8. 视图栏

Word 2016 有 5 种视图模式，分别为阅读视图、页面视图、Web 版式视图、人纲视图和草稿视图。用户可在"视图"选项卡中选择所需的视图，也可在状态栏右侧进行选择。

3.1.3　Word 2016 的文档操作

Word 2016 的文档操作主要包括新建、保存、打开和关闭文档等。

1. 新建文档

新建文档主要可分为新建空白文档和根据模板新建文档两种方式。下面分别进行介绍。

（1）新建空白文档

启动 Word 2016 后，软件会自动进入"新建"界面，此时用户选择"空白文档"选项，即可新建一个名为"文档 1"的空白文档。除此之外，新建空白文档还有以下几种方法。

● 通过"新建"命令新建：选择"文件"/"新建"命令，在界面右侧显示空白文档和带模板的文档样式，这里直接选择"空白文档"选项新建文档，如图 3-4 所示。

● 通过快速访问工具栏新建：单击"自定义快速访问工具栏"按钮，在打开的下拉列表中选择"新建"选项，然后单击快速访问工具栏中的"新建"按钮。

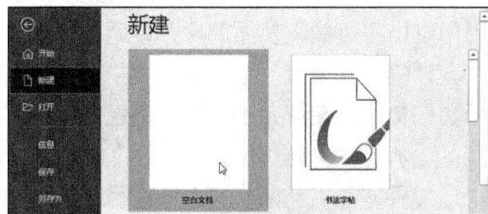

图 3-4　新建空白文档

- 通过快捷键新建：直接按"Ctrl+N"组合键。

（2）根据模板新建文档

根据模板新建文档指利用 Word 2016 提供的某种模板来创建具有一定内容和样式的文档。这里将根据 Word 2016 提供的"蓝灰色简历"模板创建文档，其具体操作如下。

① 选择"文件"/"新建"命令，在界面右侧选择"蓝灰色简历"选项，如图 3-5 所示。

② 在打开的界面中单击"创建"按钮，如图 3-6 所示。

根据模板新建文档

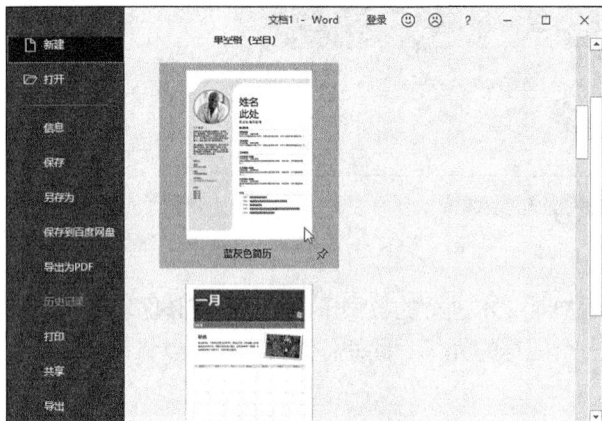

图 3-5　选择样本模板

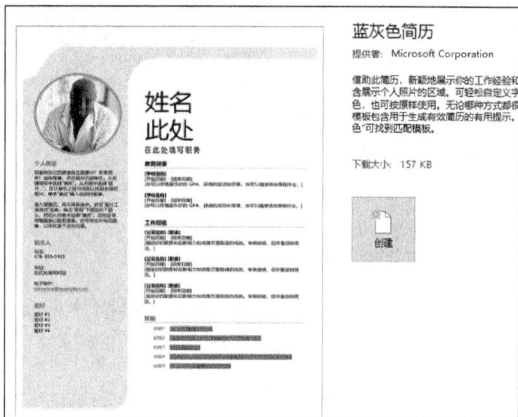

图 3-6　创建文档

③ 此时，Word 2016 将自动从网络中下载所选的模板，稍后将根据所选模板创建一个新的 Word 文档，且模板中包含已设置好的内容和样式。

2. 保存文档

保存文档是指将新建的文档或编辑过的文档保存在计算机中。Word 2016 中保存文档的方法有直接保存已有文档、保存新建的文档、另存文档及自动保存文档等。直接保存已有文档就是执行"保存"命令将修改内容直接保存到当前文档中。下面介绍其他几种保存方法。

（1）保存新建的文档

保存新建的文档主要有以下 3 种方法。

- 通过"保存"命令保存：选择"文件"/"保存"命令。
- 通过快速访问工具栏保存：单击快速访问工具栏中的"保存"按钮。
- 通过快捷键保存：按"Ctrl+S"组合键。

新建文档没有确定的文件名时，执行以上保存命令都将打开"另存为"界面，如图 3-7 所示。该界面提供了"最近""OneDrive""这台电脑""浏览"4 种保存方式，默认选择"最近"保存位置，用户单击右侧最近使用的文件便可打开"另存为"对话框。用户在该对话框的地址栏中可选择和设置文档的保存位置，在"文件名"下拉列表框中可输入文档名称，在"保存类型"下拉列表中可选择文档类型，设置完成后单击 保存(S) 按钮，如图 3-8 所示。

（2）另存文档

如果需要对已保存的文档进行备份，则可以选择另存操作。其方法为：选择"文件"/"另存为"命令，在打开的"另存为"对话框中按保存新建文档的方法操作即可。

图 3-7 选择保存方式

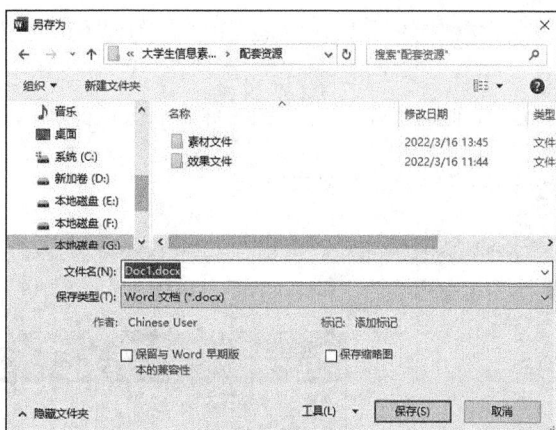

图 3-8 保存文档

（3）自动保存文档

设置自动保存后，Word 将按设置的时间间隔自动保存文档，以避免遇到死机或突然断电等意外情况时丢失文档数据。其方法是：选择"文件"/"选项"命令，打开"Word 选项"对话框，单击"保存"选项卡，单击选中"保存自动恢复信息时间间隔"复选框，并在右侧的数值框中设置自动保存的时间间隔，如 10 分钟，完成后确认操作即可。

3. 打开文档

打开文档有以下几种常用方法。

- 选择"文件"/"打开"命令。
- 单击快速访问工具栏中的"打开"按钮（需要将该按钮添加到快速访问工具栏中）。
- 按"Ctrl+O"组合键。

执行以上任意操作后都将打开"打开"界面，如图 3-9 所示。该界面提供了"最近""OneDrive""这台电脑""浏览"4 种打开方式，默认显示"最近"打开过的文档。用户也可以单击"浏览"按钮，打开"打开"对话框，在其中选择当前计算机中所保存的文档，然后单击 打开(O) 按钮将其打开，如图 3-10 所示。

图 3-9 选择打开方式

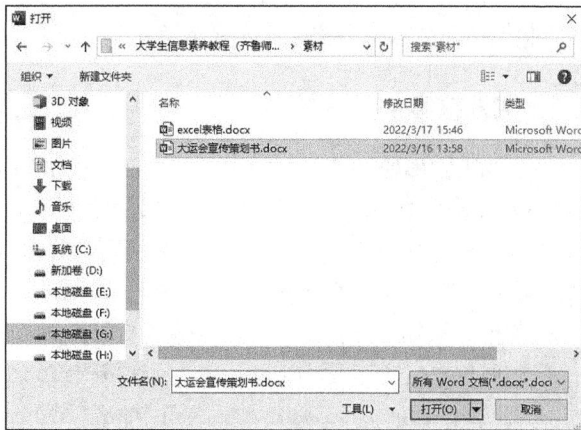

图 3-10 选择要打开的文档

4. 关闭文档

关闭文档指在不退出 Word 2016 的前提下，关闭当前正在编辑的文档。其方法为：选择"文件"/"关闭"命令。当关闭未保存的文档时，Word 2016 会自动打开相应的提示对话框，询问关闭前是否保存文档，此时单击 保存(S) 按钮可保存后关闭文档，单击 不保存(N) 按钮可不保存而直接关闭文档。

任务 1——创建学生报告文档

利用本节所学的知识创建"学生报告.docx"文档（配套资源：\效果文件\第 3 章\学生报告.docx），效果如图 3-11 所示。

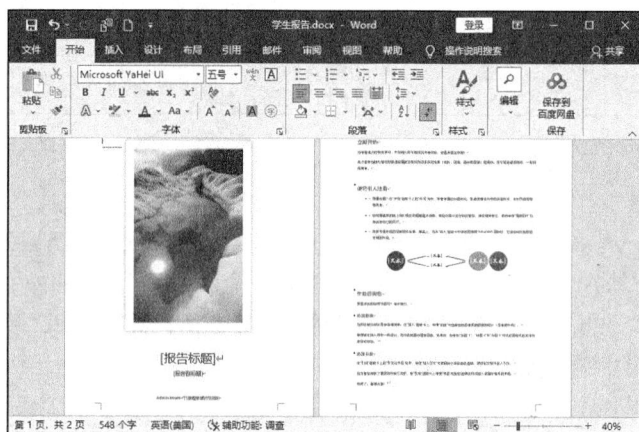

图 3-11　学生报告

操作提示：

（1）启动 Word 2016，在新建文档的模板中选择"学生报告"模板。

（2）保存新建的学生报告文档，将其命名为"学生报告"。

3.2　编辑文本

创建文档或打开一篇文档后，用户可在其中对文档内容进行编辑，如输入文本、插入与删除文本、复制与移动文本、查找与替换文本等。

3.2.1　输入文本

Word 的即点即输功能可帮助用户轻松在文档中的不同位置输入需要的文本。这里在 Word 2016 中输入"学习计划"等文本，其具体操作如下。

① 将鼠标指针移至文档上方的中间位置，当鼠标指针变成I形状时单击鼠标左键，将文本插入点定位到此处。

② 将输入法切换至中文输入法，输入文档标题"学习计划"。

输入文本

③ 将鼠标指针移至文档标题下方左侧需要输入文本的位置，此时鼠标指针变成I形状，单击鼠标左键，将文本插入点定位到此处，如图 3-12 所示。

④ 输入正文文本，按"Enter"键换行。使用相同的方法完成学习计划等文本的输入，效果如图 3-13 所示。

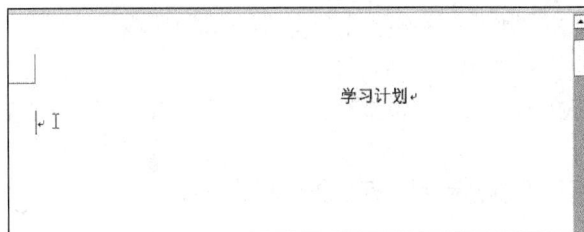

图 3-12　定位文本插入点

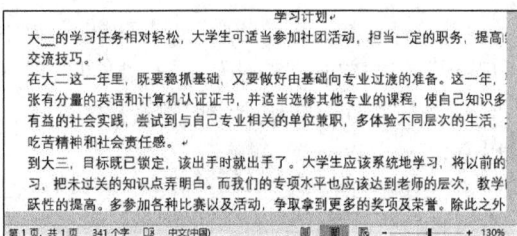

图 3-13　输入正文

3.2.2　插入与删除文本

用户将光标定位至 Word 文档后，光标将呈现不断闪烁的状态，表示当前文档处于插入状态。此时直接在插入点处输入文本，该处文本后面的内容将随光标自动向后移动，如图 3-14 所示。

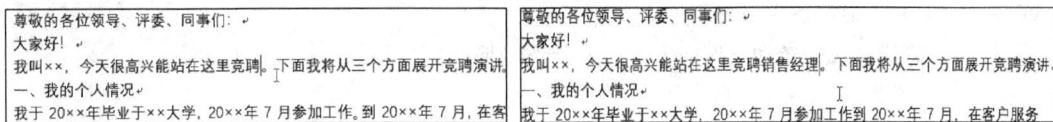

图 3-14　插入文本

如果文档中输入了多余或重复的文本，用户可使用删除操作将其删除。其主要有以下两种方法。

- 选择需要删除的文本，按"Backspace"键可删除选择的文本。定位文本插入点后，按"Backspace"键则可删除文本插入点前面的字符。

- 选择需要删除的文本，按"Delete"键也可删除选择的文本。定位文本插入点后，按"Delete"键则可删除文本插入点后面的字符。

3.2.3　复制与移动文本

若要输入与文档中已有内容相同的文本，用户可使用复制操作。若要将所需文本内容从一个位置移动到另一个位置，用户可使用移动操作。下面对复制与移动文本进行具体介绍。

1. 复制文本

复制文本是指在目标位置为原位置的文本创建一个副本，复制文本后，原位置和目标位置都将存在该文本。复制文本主要有以下 4 种方法。

- 选择所需文本后，在其上单击鼠标右键，从弹出的快捷菜单中选择"复制"命令，定位到目标位置后单击鼠标右键，从弹出的快捷菜单中单击"粘贴选项"中的"保留源格式"选项粘贴文本。

- 按住鼠标左键并拖动到文本结束处释放鼠标，即可选择所需文本，然后在"开始"/"剪贴板"组中单击"复制"按钮复制文本，定位到目标位置后，在"开始"/"剪贴板"组中单击"粘贴"按钮粘贴文本。

- 选择文本，按"Ctrl+C"组合键复制，定位到目标位置后按"Ctrl+V"组合键粘贴文本。

- 选择所需文本后，按住"Ctrl"键，将其拖动到目标位置即可。

2. 移动文本

移动文本是指将选择的文本移动到另一个位置。其主要有以下 4 种方法。

- 在选择的文本上单击鼠标右键，在弹出的快捷菜单中选择"剪切"命令，定位文本插入点后，单击鼠标右键，在弹出的快捷菜单中单击"粘贴选项"中的"保留源格式"选项粘贴文本。

- 选择文本，在"开始"/"剪贴板"组中单击"剪切"按钮，定位文本插入点后，在"开始"/"剪贴板"组中单击"粘贴"按钮，即可发现原位置的文本在粘贴处显示。
- 按"Ctrl+X"组合键剪切选择的文本，将文本插入点定位到目标位置，按"Ctrl+V"组合键粘贴文本。
- 将鼠标指针移动到选择的文本上，按住鼠标左键拖动到目标位置后释放鼠标。

3.2.4 查找与替换文本

当文档中出现某个多次使用的文字或短句错误时，用户可使用查找与替换功能来检查和修改错误部分，以节省时间并避免遗漏。这里将"招聘启事"文档中的"赵萍"替换为"招聘"，其具体操作如下。

① 将文本插入点定位到文档中，在"开始"/"编辑"组中选择"替换"命令（或按"Ctrl+H"组合键），如图 3-15 所示。

② 在打开的"查找和替换"对话框中，在"查找内容"文本框中输入"赵萍"，在"替换为"文本框中输入"招聘"。

③ 单击"查找下一处"按钮，如图 3-16 所示，即可看到文档中所找到的第一个"赵萍"文本呈选中状态显示。

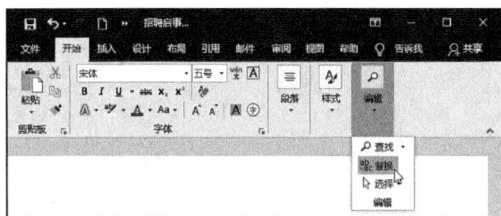

图 3-15　选择"替换"命令

图 3-16　"查找和替换"对话框

④ 继续单击"查找下一处"按钮，直至出现对话框提示"已完成对 文档 的搜索"，单击"确定"按钮，如图 3-17 所示。

⑤ 返回"查找和替换"对话框，单击"全部替换"按钮，在打开的对话框中会提示完成替换的次数，直接单击"确定"按钮，即可完成文本的替换操作，如图 3-18 所示。

图 3-17　提示完成文档的搜索

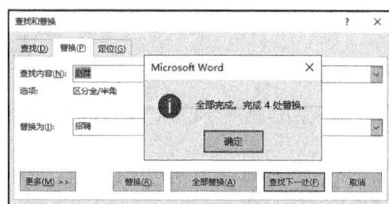

图 3-18　提示完成替换

提示：Word 2016 有自动记录功能，用户在编辑文档时执行了错误操作后，单击快速访问工具栏中的"撤销键入"按钮可进行撤销，同时也可单击"恢复"按钮或按"Ctrl+Y"组合键恢复被撤销的操作。

任务 2——输入与编辑工作计划

利用本节所学的知识输入与编辑"工作计划.docx"文档（配套资源：\效果文件\第 3 章\工作计划.docx），效果如图 3-19 所示。

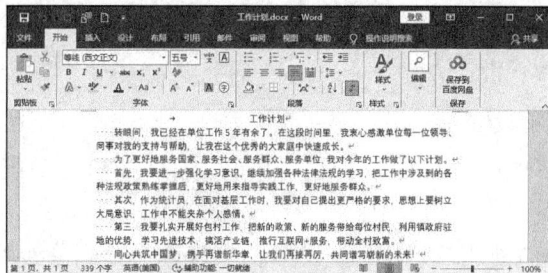

图 3-19　工作计划

操作提示：

（1）新建一个"工作计划.docx"文档，并将其保存。

（2）输入工作计划的正文内容，注意每一段的段落开头处要输入"0"，并结合按"Enter"键实现分段效果，正文内容参考"工作计划.txt"（配套资源：\素材文件\第 3 章\工作计划.txt）。

（3）将第 8 行的错误文本"无能"修改为"不能"，只需将插入点定位到"无"字右侧，按"Backspace"键，输入"不"。

（4）将第 2 段中的"服务群众"文本复制到正文第 3 段段末的"。"左侧。

（5）将所有的"0"替换为 4 个空格。

3.3　文档排版

对文档进行排版的主要操作是设置 Word 的文档格式，如设置字符和段落格式，设置边框、底纹、项目符号和编号，以及复制与取消格式、应用样式等。

3.3.1　设置字符格式

设置字符格式包括更改文本的字体、字号、颜色、字形等。这些设置可以使文字效果更突出、文档更美观。在 Word 2016 中设置字符格式可通过以下方法完成。

1．通过功能区设置

在 Word 2016 默认"开始"功能区的"字体"组中，用户可直接设置文本的字符格式，如图 3-20 所示。

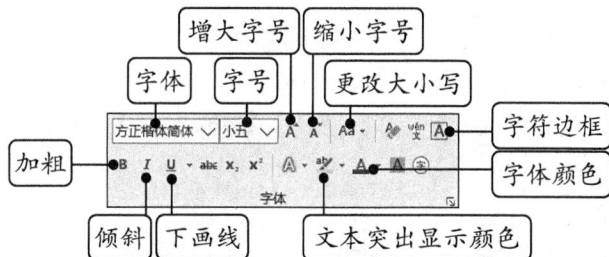

图 3-20　功能区中的"字体"组

53

2. 通过浮动工具栏设置

选择一段文本后，所选文本的右上角将会自动显示一个浮动工具栏，如图 3-21 所示。该浮动工具栏最初为半透明状态显示，用户将鼠标指针指向该工具栏时其会清晰地显示。其中包含常用的字符格式设置选项，用户单击相应的按钮或在下拉列表框中选择相应的选项即可对文本的字符格式进行设置。

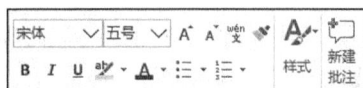

图 3-21 浮动工具栏

3. 通过"字体"对话框设置

单击"开始"/"字体"组右下角的"展开"按钮 ⤢ 或按"Ctrl+D"组合键，打开"字体"对话框，如图 3-22 所示。在"字体"选项卡中，用户可设置字符格式，如字体、字形、字号、字体颜色、下画线等，还可即时预览设置后的效果。在"字体"对话框中单击"高级"选项卡，用户可以在其中设置字符间距、缩放、位置等，如图 3-23 所示。

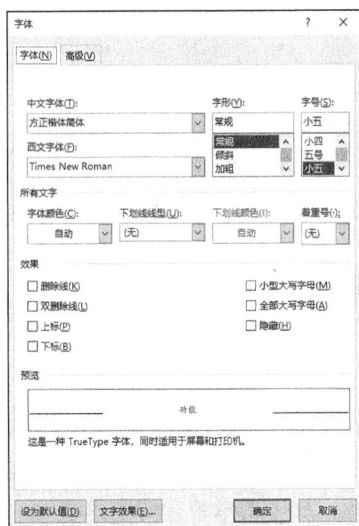

图 3-22 "字体"对话框

图 3-23 "高级"选项卡

3.3.2 设置段落格式

段落指字符、图形及其他对象的集合。回车符 ↵ 是段落的结束标记。设置如段落对齐方式、缩进、行间距以及段间距等段落格式，可以使文档的结构更清晰、层次更分明。

1. 设置段落对齐方式

段落对齐方式主要包括左对齐、居中对齐、右对齐、两端对齐、分散对齐等。其设置方法有以下 3 种。

- 单击"开始"/"段落"组中的相应对齐按钮。
- 单击浮动工具栏中的相应对齐按钮。
- 单击"开始"/"段落"组右下方的"展开"按钮 ⤢，打开"段落"对话框，在该对话框中的"对齐方式"下拉列表中选择对应选项。

2. 设置段落缩进

段落缩进包括左缩进、右缩进、首行缩进、悬挂缩进、对称缩进 5 种，一般利用标尺和"段落"对话框来设置，其方法分别如下。

● 利用标尺设置：单击选中"视图"/"显示"组中的"标尺"复选框，在窗口中显示标尺，然后拖动水平标尺上的各个缩进滑块（▽表示首行缩进，△表示悬挂缩进，□表示左缩进）。

● 利用"段落"对话框设置：选择要设置的段落，单击"开始"/"段落"组右下方的"展开"按钮，打开"段落"对话框，在"缩进和间距"选项卡中的"缩进"栏中进行设置。

3. 设置行和段落间距

合适的行距可使文档一目了然。行距包括行间距和段落前后间距，其设置方法有以下两种。

● 选择要设置的段落，单击"开始"/"段落"组中的"行和段落间距"按钮，在打开的下拉列表中可选择如"1.5"等行距倍数选项。

● 选择要设置的段落，打开"段落"对话框，在"缩进和间距"选项卡的"间距"栏中的"段前"和"段后"数值框中输入数值，在"行距"下拉列表中选择相应的选项。

3.3.3 设置边框与底纹

在 Word 文档中，用户可以为字符和段落设置边框与底纹。为字符设置边框与底纹只有文字上有效果；为段落设置边框与底纹是对整个段落的矩形区域进行设置。

1. 为字符设置边框与底纹

单击"开始"/"字体"组中的"字符边框"按钮，即可为选择的文本设置字符边框；单击"字体"组中的"字符底纹"按钮，即可为选择的文本设置字符底纹。

2. 为段落设置边框与底纹

单击"开始"/"段落"组中的"底纹"按钮可为字符或段落设置底纹。单击"段落"组中的"边框"按钮可以对字符或段落添加边框。这里为"国家公务员录用考试.docx"（配套资源：\素材文件\第 3 章\国家公务员录用考试.docx）文档中的文本添加边框和底纹，其具体操作如下。

为段落设置边框与底纹

① 打开文档，选择标题行，单击"开始"/"段落"组中的"底纹"按钮右侧的下拉按钮，在打开的下拉列表中选择"深红"选项，如图 3-24 所示。此命令是对选定的文字设置字符底纹效果。

② 选择"一、笔试"文本，按住"Ctrl"键的同时选择段落"二、面试"，然后在"段落"组中单击"边框"按钮右侧的下拉按钮，在打开的下拉列表中选择"边框和底纹"选项。

③ 在打开的"边框和底纹"对话框中单击"边框"选项卡，在"设置"栏中选择"方框"选项，在"样式"列表框中选择第一种样式。

④ 单击"底纹"选项卡，在"填充"下拉列表中选择"白色，背景 1，深色 5%"选项，如图 3-25 所示，单击"确定"按钮。

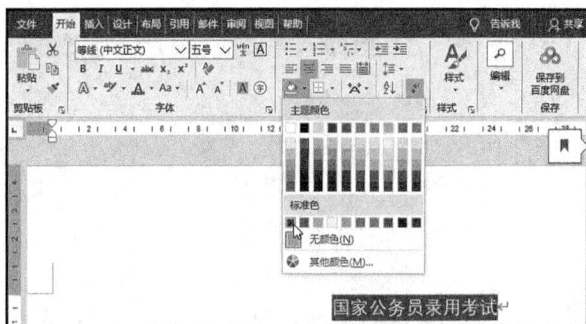

图 3-24 在"段落"组中设置底纹

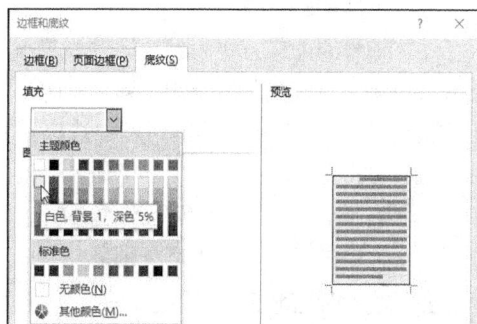

图 3-25 设置底纹

3.3.4　设置项目符号和编号

使用项目符号和编号功能,用户可以为文档中属于并列关系的段落添加●、★、◆等项目符号,也可以添加"1. 2. 3."或"A. B. C."等编号,还可以编制多级项目符号列表,使文档层次分明、条理清晰。下面介绍设置项目符号和编号的基本操作。

1. 添加项目符号

选择需要添加项目符号的段落,单击"开始"/"段落"组中的"项目符号"按钮☷右侧的下拉按钮▾,在打开的下拉列表中选择一种项目符号样式即可。

2. 自定义项目符号

Word 2016 中默认的项目符号样式共 7 种,用户还可以根据需要自定义项目符号。这里将在"国家公务员录用考试"文档中自定义"心形"项目符号(配套资源:\素材文件\第 3 章\心形.png),其具体操作如下。

① 选择需要添加自定义项目符号的段落,单击"开始"/"段落"组中的"项目符号"按钮☷右侧的下拉按钮▾,在打开的下拉列表中选择"定义新项目符号"选项,如图 3-26 所示。

② 打开"定义新项目符号"对话框,在"项目符号字符"栏中单击"图片"按钮,打开"插入图片"界面。该界面中提供了 3 种不同的图片选择方式,这里单击"从文件"栏中的"浏览"按钮,在打开的"插入图片"对话框中选择要插入的图片样式,然后单击"插入"按钮,如图 3-27 所示。

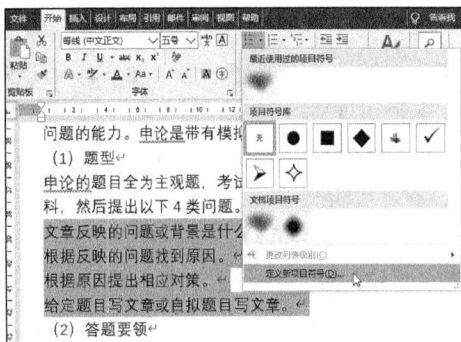

图 3-26　选择"定义新项目符号"选项　　　　图 3-27　自定义项目符号

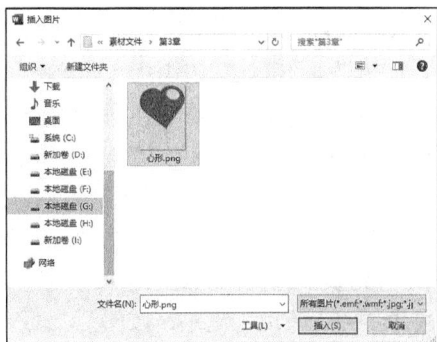

③ 返回"定义新项目符号"对话框,在"对齐方式"下拉列表中选择项目符号的对齐方式,此时用户可以在下面的"预览"栏中预览设置效果,最后单击"确定"按钮,即可查看定义后的效果(配套资源:\效果文件\第 3 章\国家公务员录用考试.docx)。

3. 添加编号

添加编号的操作方法为:选择要添加编号的文本,单击"开始"/"段落"组中的"编号"按钮☷右侧的下拉按钮▾,即可在打开的下拉列表中选择需要添加的编号,如图 3-28 所示。另外,在下拉列表中用户还可选择"定义新编号格式"选项来自定义编号格式,其操作方法与自定义项目符号的操作方法相似。

4. 设置多级列表

多级列表主要用于规章制度等需要各种级别编号

图 3-28　添加编号

的文档。设置多级列表的方法为：选择需要设置的段落，单击"开始"/"段落"组中的"多级列表"按钮，在打开的下拉列表中选择一种编号的样式。设置多级列表后，默认各段落标题级别是相同的，体现不出级别效果，此时用户可以在下一级标题编号后面按"Tab"键，对当前标题进行降级操作。

3.3.5　复制与取消格式

Word 2016 提供的"格式刷"可以用于解决重复性操作，提高效率。比如，对文档中设置好的格式进行复制和取消操作就可以通过"格式刷"来实现。方法为：选择设置好格式的文本后，单击"开始"/"剪贴板"组中的"格式刷"按钮，将鼠标指针移动到文档编辑区，当鼠标指针呈形状时，按住鼠标左键拖动便可对选择的文本应用样式，效果如图 3-29 所示。

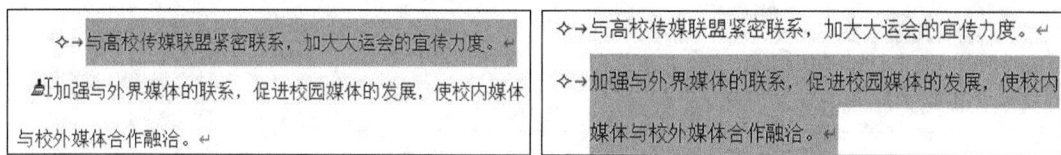

图 3-29　使用"格式刷"复制文本格式

> **提示：** 用户单击"格式刷"按钮后，将鼠标指针移动至某一行文本的开始位置，鼠标指针呈形状，单击即可为该行文本应用选定的文本格式。双击"格式刷"按钮，可重复进行格式复制操作，再次单击"格式刷"按钮或按"Esc"键可关闭格式刷功能。

另外，在 Word 2016 中用户除了可以快速复制格式外，还可以轻松清除文本所应用的加粗、下画线和颜色等格式，并将文本恢复为默认格式。方法为：在文档中选择需要清除格式的文本或段落后，单击"字体"组中的"清除所有格式"按钮，即可将所选文本恢复到默认格式。

3.3.6　应用样式

样式指一组已经命名的字符和段落格式，它设定了文档中标题、题注以及正文等各个文本元素的格式。用户可以将一种样式应用于某个段落或段落中选择的字符上。

1. 应用样式

将文本光标定位到要设置样式的段落中或选择要设置样式的字符，单击"开始"/"样式"组中的"样式"下拉列表框右侧的"其他"按钮，在打开的下拉列表中选择需要应用的样式对应的选项即可。应用样式将会对选定对象应用样式中已设置的格式。

2. 修改样式

单击"开始"/"样式"组中的"样式"下拉列表框右侧的"其他"按钮，在打开的下拉列表中需进行修改的样式选项上单击鼠标右键，在弹出的快捷菜单中选择"修改"命令，此时将打开"修改样式"对话框，在其中用户可重新设置样式的名称和各种格式。

3. 新建个性样式

单击"开始"/"样式"组中的"样式"下拉列表框右侧的"其他"按钮，在打开的下拉列表中选择"创建样式"选项，打开"根据格式化创建新样式"对话框，在"名称"文本框中输入样式名称后，单击"确定"按钮，即可创建个性样式。

任务 3——制作国庆节活动策划方案

利用本节所学的知识制作"国庆节活动策划方案.docx"文档（配套资源：\效果文件\第 3 章\国庆节活动策划方案.docx），效果如图 3-30 所示。

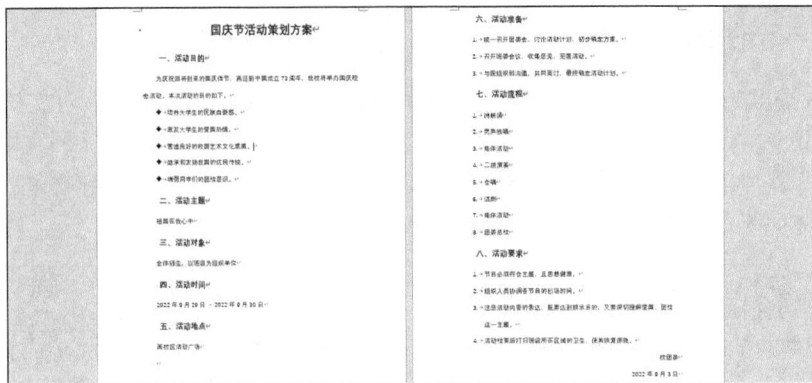

图 3-30　国庆节活动策划方案

操作提示：

（1）打开"国庆节活动策划方案.docx"文档（配套资源：\素材文件\第 3 章\国庆节活动策划方案.docx），为标题应用"标题 1"样式，并设置居中对齐。

（2）修改并应用"正文"样式为字号"小四"、对齐方式"左对齐"、缩进"首行"、缩进值"2字符"、行距"1.5 倍行距"。

（3）创建一个"小标题"样式，字号为"小三"，字体加粗，段前段后间距都为"0.5 行"，并将其应用到"一、""二、"……的形式开头的文本中。

（4）为小标题样式"一、"下面的文本设置菱形项目符号，为"六、""七、""八、"下面的文本设置编号，将最后两行文本的对齐方式设置为右对齐。

3.4　文档中表格的应用

表格是文本编辑过程中非常实用的工具之一。它可以将杂乱无章的信息井井有条地展示，从而提高文档内容的可读性。比如，日常办公中使用的个人简历、日程表、工作安排表等简单表格都可以使用 Word 来制作。下面将介绍在 Word 中创建和编辑表格的方法。

3.4.1　创建表格

在 Word 文档中将文本光标定位到需要插入表格的位置后，用户便可利用多种方法插入所需的表格。

1. 插入表格

用户可以选择使用以下两种方法来实现表格的插入操作。

• 快速插入表格：单击"插入"/"表格"组中的"表格"按钮▦，在打开的下拉列表中将鼠标指针移动到"插入表格"栏的某些单元格上，此时呈黄色边框显示的单元格为将要插入的单元格，单击即可完成插入操作，如图 3-31 所示。

● 通过对话框插入表格：单击"插入"/"表格"组中的"表格"按钮▥，在打开的下拉列表中选择"插入表格"选项，打开"插入表格"对话框，在其中设置表格尺寸和单元格宽度后，单击"确定"按钮，如图 3-32 所示。

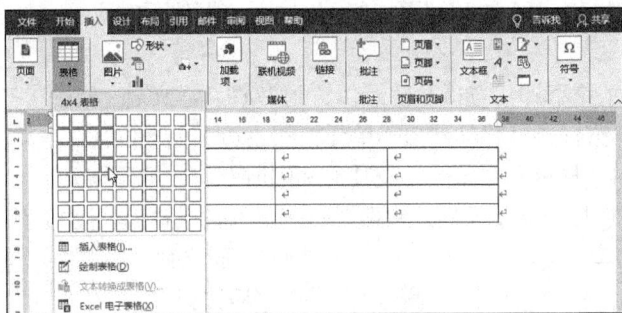

图 3-31　快速插入表格

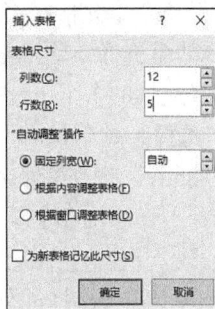

图 3-32　利用对话框插入表格

2. 绘制表格

对于一些结构不规则的表格，用户可以通过绘制表格的方法进行创建。这里将绘制一个表格，其具体操作如下。

① 单击"插入"/"表格"组中的"表格"按钮▥，在打开的下拉列表中选择"绘制表格"选项。

② 鼠标指针将变为⟋形状，拖动鼠标即可绘制表格外边框。

③ 在外边框内拖动鼠标即可绘制行线和列线，如图 3-33 所示。

绘制表格

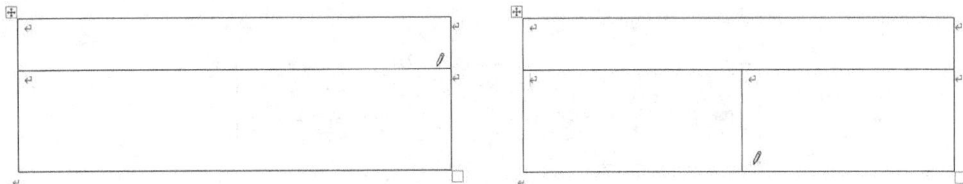

图 3-33　绘制表格的行线和列线

④ 表格绘制完成后，按"Esc"键即可退出绘制状态。

3. 将文字转换为表格

在 Word 文档中，用户可以将一些比较有规律的文本内容快速转换为表格。将文字转换为表格的方法为：在文档中选择需要转换成表格的文本内容，然后单击"插入"/"表格"组中的"表格"按钮▥，在打开的下拉列表中选择"文本转换成表格"选项，打开"将文字转换成表格"对话框，在其中可以设置表格列数、宽度，在"文字分隔位置"栏中可以根据文本使用的分隔符选择与之匹配的分隔符，如图 3-34 所示，最后单击"确定"按钮即可创建表格。

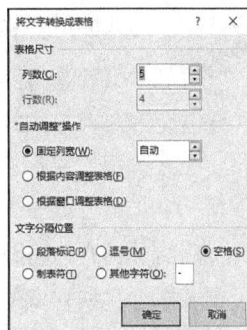

3.4.2　编辑表格

图 3-34　"将文字转换成表格"对话框

创建表格后，用户可根据实际需要对其现有的表格结构进行调整，其中涉及表格的选择和布局等操作。下面分别进行介绍。

1. 选择表格

选择表格主要包括选择单个单元格、选择连续的多个单元格、选择不连续的多个单元格、选择行、选择列、选择整个表格等内容，具体选择方法如下。

● 选择单个单元格：将鼠标指针移动到需要选择的单元格的左边框偏下的位置，当其变为➜形状时，单击即可选择该单元格。

● 选择连续的多个单元格：拖动鼠标即可选择从起始位置到释放鼠标位置之间的所有连续单元格。另外，选择起始单元格，然后将鼠标指针移动到目标单元格的左边框偏下位置，当其变为➜形状时，按住"Shift"键的同时单击也可选择这两个单元格及其之间的所有连续单元格。

● 选择不连续的多个单元格：选择起始单元格，按住"Ctrl"键依次选择其他单元格。

● 选择行或列：将鼠标指针移至需要选择的行左侧，当其变为形状时，单击即可选择该行。将鼠标指针移至需要选择的列上方，当其变为↓形状时，单击即可选择该列。

● 选择整个表格：按选择多个单元格的方法可以选择整个表格。另外，将鼠标指针移至表格区域，此时表格左上角将出现⊞图标，单击该图标也可选择整个表格。

2. 布局表格

布局表格主要包括插入、删除、合并、拆分等内容。其布局方法为：选择表格中的单元格、行或列，在"表格工具 布局"选项卡中利用"行和列"组与"合并"组中的相关参数进行设置即可，如图 3-35 所示。其中，单击"合并单元格"按钮▤，可将所选的多个连续单元格合并为一个新的单元格。单击"拆分单元格"按钮▤，打开"拆分单元格"对话框，在其中可设置拆分后的列数和行数，单击▢确定▢按钮后即可将所选的单元格按设置的行数和列数进行拆分。单击"拆分表格"按钮▦，可在所选单元格处将表格进行上下拆分，以拆分为两个独立的表格。Word 2016 中的表格不能进行左右拆分。

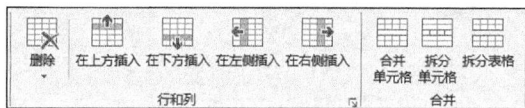

图 3-35 "表格工具 布局"选项卡

3.4.3 设置表格

表格中除了可设置文本格式外，用户还可以对单元格的对齐方式、表格的行高和列宽、表格的边框和底纹、表格的对齐和环绕方式等进行设置。

1. 设置单元格的对齐方式

选择需设置对齐方式的单元格，单击"表格工具 布局"/"对齐方式"组中的相应按钮。选择单元格后，在其上单击鼠标右键，在弹出的快捷菜单中选择"表格属性"命令，打开"表格属性"对话框，在"单元格"选项卡中单击相应的按钮也可设置单元格的对齐方式。

2. 设置表格的行高和列宽

设置表格行高和列宽的常用方法有以下两种。

● 拖动鼠标指针设置：将鼠标指针移至行线或列线上，当其变为÷形状或┿形状时，拖动鼠标即可调整行高或列宽，如图 3-36 所示。

● 精确设置：选择需调整行高的行或列宽的列，在"表格工具 设计"/"单元格大小"组的"高度"数值框和"宽度"数值框中可设置精确的行高和列宽值，如图 3-37 所示。

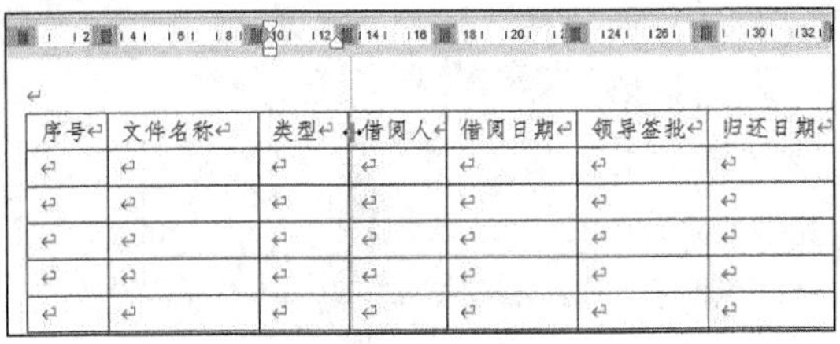

图 3-36　拖动鼠标设置列宽

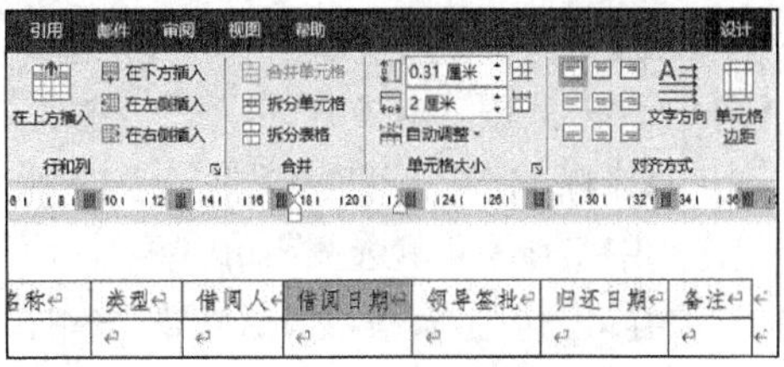

图 3-37　精确设置行高和列宽

3. 设置表格的边框和底纹

设置单元格边框和底纹的方法分别如下。

- 设置边框：单击"表格工具 设计"/"边框"组中的"边框样式"按钮下方的下拉按钮，在打开的下拉列表中可以选择相应的边框样式，此时鼠标指针将变为 ◢ 形状，然后将鼠标指针移至要设置的单元格边框上并按住鼠标左键进行拖动即可更改单元格边框样式，如图 3-38 所示。设置完成后单击"边框"组中的"边框刷"按钮 ▨ 可退出绘制状态。

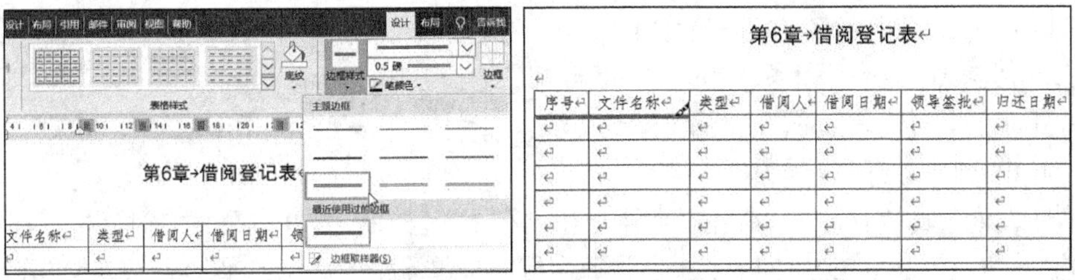

图 3-38　设置单元格边框

- 设置底纹：选择需设置底纹的单元格，单击"表格工具 设计"/"表格样式"组中的"底纹"按钮 ▨ 下方的下拉按钮，在打开的下拉列表中选择所需的底纹颜色。

> 提示：选择表格后，在"表格工具 设计"/"表格样式"组中选择一种自己满意的样式，即可将选择的样式应用到选择的表格中。

4. 设置表格的对齐和环绕方式

环绕就是表格被文字包围。如果表格被文字环绕，其对齐方式基于所环绕的文字；如果表格未被文字环绕，其对齐方式则基于页面。通过"表格属性"对话框，用户可设置表格的对齐和环绕方式。

- 设置对齐：选择表格，单击"表格工具 布局"/"表"组中的"属性"按钮 ▤，打开"表格属性"对话框，在"表格"选项卡的"对齐方式"栏中可选择对齐的方式。
- 设置环绕：选择表格，单击"表格工具 布局"/"表"组中的"属性"按钮 ▤，打开"表格属性"对话框，在"表格"选项卡的"文字环绕"栏中选择"环绕"选项，然后在"对齐方式"栏中选择环绕的对齐方式，如图 3-39 所示。

3.4.4　排序表格数据

对表格中的数据进行排序时，用户可对选择的区域进行排序，也可以对整个表格进行排序。具体方法为：选择要进行排序的行，

图 3-39　设置表格的对齐和环绕方式

61

单击"表格工具 布局"/"数据"组中的"排序"按钮，打开"排序"对话框，如图 3-40 所示。在"主要关键字"下拉列表中选择进行排序的选项；在"类型"下拉列表中选择排序的类型。单击选中"升序"单选按钮可升序排列；单击选中"降序"单选按钮可降序排列。若有标题行，则需单击选中"有标题行"单选按钮，最后单击"确定"按钮。

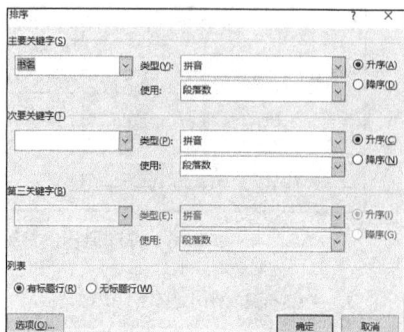

图 3-40 "排序"对话框

3.4.5 计算表格数据

用户将光标定位到要进行数据计算的单元格中，在"表格工具 布局"/"数据"组中单击"公式"按钮，打开"公式"对话框，在"公式"文本框中输入相应的计算公式，再单击"确定"按钮即可。在输入计算公式时，通常需要引用其他单元格中的数据，用户可以使用一个英文字母加一个数字的形式来指定某一个具体的单元格。其中的英文字母为列标，表示第几列（A 为第 1 列，B 为第 2 列，C 为第 3 列……）；数字为行号，表示第几行。例如，C4 表示第 3 列第 4 行单元格。这里在"学生成绩表"文档中计算学生的平均成绩和总成绩，其具体操作如下。

计算表格数据

① 打开"学生成绩表.docx"文档（配套资源：\素材文件\第 3 章\学生成绩表.docx），将光标插入点定位到第 5 列第 2 行单元格中。

② 在"表格工具 布局"/"数据"组中单击"公式"按钮，打开"公式"对话框，在"公式"文本框中输入"=AVERAGE(LEFT)"，表示计算左侧所有单元格中数据的平均值，单击"确定"按钮，如图 3-41 所示，计算出第 1 位学生的平均成绩。

③ 将计算出的平均成绩复制到第 5 列第 3 行单元格中，然后在其上单击鼠标右键，在弹出的快捷菜单中选择"更新域"命令，如图 3-42 所示，计算出第 2 位学生的平均成绩。

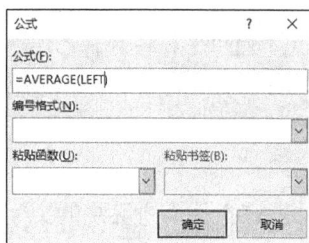

图 3-41 输入公式

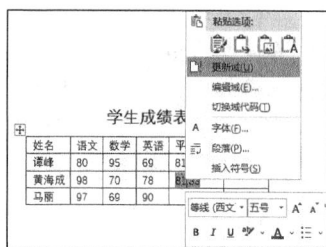

图 3-42 更新域

④ 使用相同的方法计算出第 3 位学生的平均成绩。

⑤ 将光标插入点定位到第 6 列第 2 行单元格中，打开"公式"对话框，在"公式"文本框中输入"=B2+C2+D2"，单击"确定"按钮，计算出第 1 位学生的总成绩。

⑥ 在第 6 列第 3 行单元格中输入公式"=B3+C3+D3"，计算出第 2 位学生的总成绩。

⑦ 在第 6 列第 4 行单元格中输入公式"=B4+C4+D4"，计算出第 3 位学生的总成绩（配套资源：\效果文件\第 3 章\学生成绩表.docx）。

任务 4——制作产品入库单

利用本节所学的知识制作"产品入库单.docx"文档（配套资源：\效果文件\第 3 章\产品入库单.docx），效果如图 3-43 所示。

产品入库单

序号	品名	单位	单价	数量	金额	日期	备注
1	S-V-702N	件	35	120	4200	2022.4.9	
2	P-S-952	件	40	80	3200	2022.4.9	
3	J-D-226	件	35	100	3500	2022.4.9	
4	S-V-608	件	45	120	5400	2022.4.9	
5	P-S-265N	件	25	100	2500	2022.4.9	
6	J-V-521	件	45	90	4050	2022.4.9	
7	S-D-845	件	35	80	2800	2022.4.9	
8	J-S-623N	件	40	70	2800	2022.4.9	
9	P-D-703	件	30	100	3000	2022.4.9	
10	S-V-304N	件	40	80	3200	2022.4.9	
11	P-S-212	件	50	100	5000	2022.4.9	
合计				1040	39650	/	/

图 3-43　产品入库单

操作提示：

（1）新建"产品入库单.docx"文档，将标题的文本和段落格式设置为方正兰亭中黑简、三号、居中、段后 0.5 行，插入 8 列、13 行的表格。

（2）输入各项目文本和具体的项目内容（其中"金额"项目留空，后期可通过计算得到）。

（3）合并第 13 行的前 4 列表格，输入表格内容。

（4）在"金融"项目下的第 1 个单元格中输入"=PRODUCT(LEFT)"计算左侧单价与数量的乘积，复制该单元格中的计算结果，将其粘贴到下方的单元格中。

（5）更新域，按相同方法快速得到其他产品的入库金额，并在"合计"单元格右侧相邻的单元格中输入"=SUM(ABOVE)"计算上方所有数据之和。

（6）设置表格样式，文本为"方正宋一简体""水平居中"，并调整单元格列宽和行高。

3.5　文档的图文混排

如果简单地编辑和排版不能达到文档所需的效果，为了使文档的效果更美观，用户可以在文档中添加和编辑图片、形状、艺术字等对象。

3.5.1　添加与设置文本框

在文档中插入的文本框可以是 Word 自带样式的文本框，也可以是手动绘制的横排或竖排文本框。在文档中插入文本框的方法为：打开要编辑的文档，在"插入"/"文本"组中单击"文本框"下拉按钮，打开的下拉列表中提供了不同的文本框样式，选择其中的某一种样式即可将文本框插入文档中，然后在文本框中直接输入需要的文本内容，如图 3-44 所示。

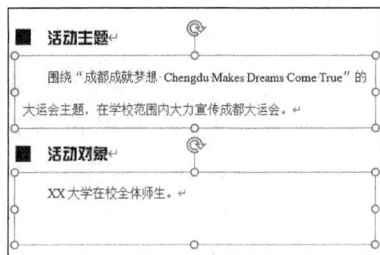

3.5.2　添加与设置形状

形状具有一些独特的性质和特点。Word 2016 提供了大量的形状，用户编辑文档时合理地使用这些形状，不仅能提高效率，而且能提升文档的质量。

图 3-44　插入文本框

1. 插入形状

在"插入"/"插图"组中单击"形状"下拉按钮，从打开的下拉列表中选择某种形状对应的选项，此时可执行以下任意一种操作完成形状的插入。

- 单击鼠标：单击鼠标可插入默认尺寸的形状。
- 拖动鼠标：在文档编辑区中拖动鼠标可插入任意大小的形状。

2. 调整形状

选择插入的形状后，可按调整图片的方法对形状的大小、位置、角度进行调整。除此以外，还可根据需要更改形状或编辑形状顶点。

- 更改形状：选择形状，在"绘图工具 格式"/"插入形状"组中单击"编辑形状"按钮，在打开的下拉列表中选择"更改形状"选项，在打开的子列表中选择需更改形状对应的选项即可，如图 3-45 所示。

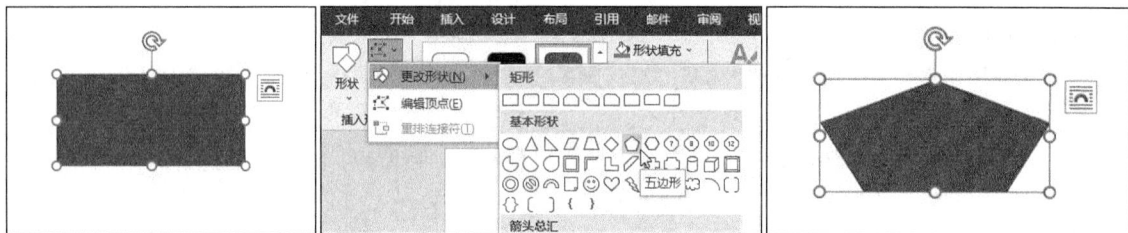

图 3-45　更改形状的过程

- 编辑形状顶点：选择形状后，在"绘图工具 格式"/"插入形状"组中单击"编辑形状"按钮，从打开的下拉列表中选择"编辑顶点"选项，此时形状边框上将显示多个黑色顶点，选择某个顶点，拖动顶点本身可调整顶点位置，拖动顶点两侧的白色控制点可调整顶点所连接线段的形状，如图 3-46 所示，按"Esc"键可退出编辑。

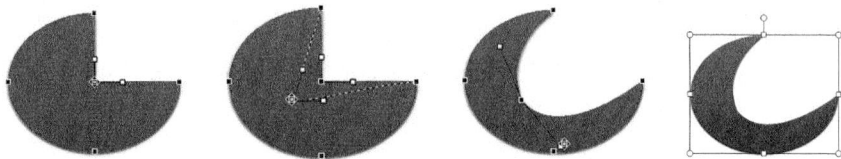

图 3-46　编辑顶点的过程

3. 美化形状

选择形状后，在"绘图工具 格式"/"形状样式"组中可进行各种美化操作，包括在形状"样式"列表中快速为形状应用 Word 2016 主题和预设的样式效果；单击"形状填充"按钮，在打开的下拉列表中设置形状的颜色、渐变、纹理和图片等多种填充效果；单击"形状轮廓"按钮，在打开的下拉列表中设置形状边框的颜色、粗细和边框样式；单击"形状效果"按钮，在打开的下拉列表中设置形状的各种效果，如阴影效果、发光效果等。

4. 为形状添加文本

选择除线条和公式类型外的其他形状，在其上单击鼠标右键，从弹出的快捷菜单中选择"添加文字"命令，此时形状中将出现文本插入点，输入需要的内容即可。

3.5.3 添加与设置图片

在 Word 中添加和设置图片，可以使文档达到图文并茂的效果。

1. 插入图片

将文本插入点定位到需插入图片的位置，在"插入"/"插图"组中单击"图片"按钮，打开"插入图片"对话框，在其中选择需插入的图片后，单击"插入"按钮即可。

2. 调整图片大小、位置和角度

单击图片，用户利用图片四周出现的控制点便可实现对图片的基本调整操作。

* 调整大小：将鼠标指针移动到图片边框上出现的 8 个控制点之一，当其变为双向箭头时，按住鼠标左键并拖动鼠标即可调整图片大小。

* 调整位置：将鼠标指针定位到图片上，按住鼠标左键并拖动，即可将图片移动到文档中的其他位置。

* 调整角度：将鼠标指针定位到图片上方的控制点上，当其变为形状时，按住鼠标左键并拖动鼠标旋转，即可调整图片角度。

3. 裁剪与排列图片

将图片插入文档中以后，对图片进行裁剪和排列能更好地配合文本所要表达的内容。

* 裁剪图片：选择图片，在"图片工具 格式"/"大小"组中单击"裁剪"按钮，将鼠标指针定位到图片上出现的裁剪边框线上，按住鼠标左键并拖动鼠标，到适当位置后按"Enter"键或单击文档其他位置即可完成裁剪，如图 3-47 所示。

图 3-47 裁剪图片

* 排列图片：排列图片是指设置图片周围文本的环绕方式。选择图片，在"图片工具 格式"/"排列"组中单击"环绕文字"按钮，在打开的下拉列表中选择所需环绕方式对应的选项即可。插入的图片默认应用的是"嵌入型"效果。

4. 美化图片

Word 2016 提供了强大的美化图片功能。用户选择图片后，在"图片工具 格式"/"调整"组和"图片工具 格式"/"图片样式"组中即可进行各种美化操作，如图 3-48 所示。

图 3-48 美化图片

3.5.4 添加与设置艺术字

在文档中插入艺术字可呈现出不同的效果，达到增强文字观赏性的目的。

1. 插入艺术字

插入艺术字的方法与插入文本框的方法类似。在"插入"/"文本"组中单击"艺术字"按钮❹，在打开的下拉列表中提供了 15 种艺术字样式，选择一种样式后，将在文档中的文本插入点处自动添加一个带有该文本样式的艺术字文本框，在其中输入所需文本内容。

2. 编辑与美化艺术字

由于艺术字相当于预设了文本格式的文本框，因此艺术字的编辑与美化操作和文本框的编辑与美化操作完全相同。这里重点介绍更改艺术字形状的方法，此方法对文本框也同样适用：选择艺术字，在"绘图工具 格式"/"艺术字样式"组中单击"文本效果"按钮，从打开的下拉列表中选择"转换"选项，在打开的子列表中选择某种形状对应的选项。

3.5.5 添加与设置 SmartArt 图形

SmartArt 图形具有特定的关系结构，这些结构将对应的形状有机地组合在一起，能够更加准确且清晰地表达内容。在 Word 2016 中，SmartArt 图形共有 8 类，分别为列表、流程、循环、层次结构、关系、矩阵、棱锥图以及图片，每一类中又包含多种样式，以满足不同用户的需求。

1. 插入 SmartArt 图形

在 Word 文档中可利用对话框轻松插入所需的 SmartArt 图形。方法为：打开需插入 SmartArt 图形的文档，单击"插入"/"插图"组中的"SmartArt"按钮，打开"选择 SmartArt 图形"对话框，在左侧的列表框中选择所需图形类型，在右侧的列表框中选择 SmartArt 图形，如图 3-49 所示，然后单击"确定"按钮，即可在当前文本光标的位置插入选择的 SmartArt 图形。

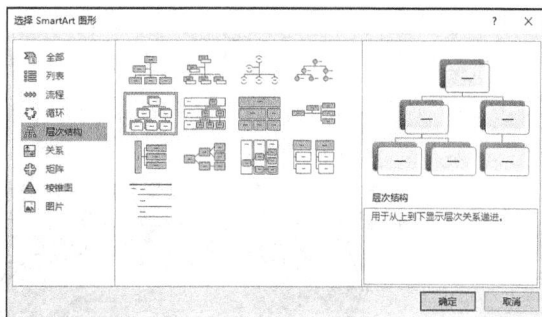

图 3-49 "选择 SmartArt 图形"对话框

2. 输入 SmartArt 图形内容

如果用户需要在整个 SmartArt 图形中输入文本，则可选择 SmartArt 图形，单击"SmartArt 工具 设计"/"创建图形"组中的"文本窗格"按钮，在打开的"在此处键入文字"窗格中进行输入。完成文本的输入后，还可对 SmartArt 图形中的单个形状进行增加和删除。

* 输入文本：单击形状对应的文本位置，定位文本光标后即可输入内容。
* 增加同级形状：单击"SmartArt 工具 设计"/"创建图形"组中"添加形状"按钮右侧的下拉按钮，在打开的下拉列表中选择"在后面添加形状"或"在前面添加形状"选项。
* 增加下级形状：单击"SmartArt 工具 设计"/"创建图形"组中"添加形状"按钮右侧的下拉按钮，在打开的下拉列表中选择"在下方添加形状"选项。
* 增加上级形状：单击"SmartArt 工具 设计"/"创建图形"组中"添加形状"按钮右侧的下拉按钮，在打开的下拉列表中选择"在上方添加形状"选项。
* 删除文本或形状：利用"Delete"键或"Backspace"键可删除当前文本光标所在形状中的文本；选择 SmartArt 图形中的某一个形状，按"Delete"键删除该形状。

3. 调整 SmartArt 图形结构

这里将对"姓名和职务组织结构图"类型的 SmartArt 图形结构进行调整，其具体操作如下。

① 打开"公司简介.docx"文档（配套资源：\素材文件\第 3 章\公司简介.docx），在其中插入"姓

名和职务组织结构图"类型的 SmartArt 图形，并输入相应的文本内容。

② 单击 SmartArt 图形外框左侧的 按钮，打开"在此处键入文字"窗格，将文本光标定位到第 5 行项目符号后，然后单击"SmartArt 工具 设计"/"创建图形"组中的"添加形状"按钮 右侧的下拉按钮，在打开的下拉列表中选择"在下方添加形状"选项。

③ 在新添加的项目符号后输入"市场三部"文本，然后按"Enter"键添加同级形状，并输入对应的文本，如图 3-50 所示。

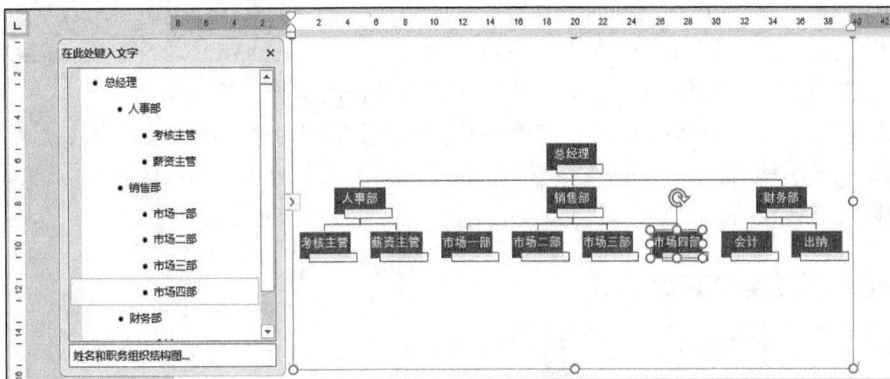

调整 SmartArt 图形
结构

图 3-50　添加同级形状并输入文本

④ 将文本光标定位到"总经理"文本后，单击"SmartArt 工具 设计"/"创建图形"组中的"添加形状"按钮 右侧的下拉按钮，在打开的下拉列表中选择"添加助理"选项，在新添加的项目符号后输入"副总经理"文本。

⑤ 使用相同的方法在"总经理"文本后添加下级形状，并输入文本"客服部"。

⑥ 将文本光标定位到"客服部"文本后，按"Enter"键添加同级形状，然后按"Tab"键将当前形状更改为下级形状，并输入"售前主管"文本。

⑦ 继续在"售前主管"文本后按"Enter"键添加同级形状，并输入"售后主管"文本。

⑧ 将文本光标定位到"总经理"文本后，单击"SmartArt 工具 设计"/"创建图形"组中的"布局"按钮，在打开的下拉列表中选择"两者"选项，如图 3-51 所示，使 SmartArt 图形分两侧显示（配套资源：\效果文件\第 3 章\公司简介.docx）。

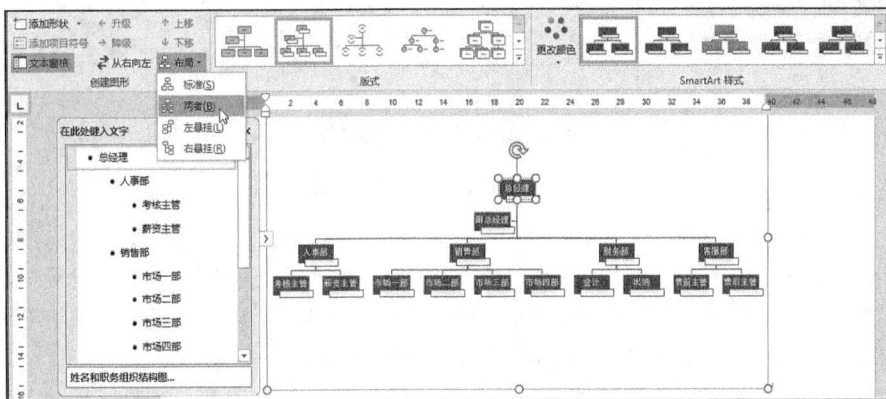

图 3-51　更改 SmartArt 图形悬挂方式

4. 美化 SmartArt 图形

美化 SmartArt 图形的操作方法较多，主要有以下几种。

- 美化 SmartArt 图形布局：美化 SmartArt 图形布局包括设置悬挂方式和更改 SmartArt 图形类型两种操作。选择 SmartArt 图形，在"SmartArt 工具 设计"/"版式"组的"更改布局"下拉列表中即可选择所需的其他 SmartArt 图形类型。若在其中选择"其他布局"选项，则可在打开的对话框中选择更多的 SmartArt 图形类型。

- 美化 SmartArt 图形样式：SmartArt 图形样式主要包括主题颜色和主题形状样式两种，设置方法为在"SmartArt 工具 设计"/"SmartArt 样式"组中进行设置。其中，单击"更改颜色"按钮❖可在打开的下拉列表中选择 Word 预设的某种主题颜色以应用到 SmartArt 图形中；在"快速样式"下拉列表中可选择 Word 预设的某种主题形状样式以应用到 SmartArt 图形中。

- 美化单个形状：SmartArt 图形中的单个形状相当于前面讲解的形状，因此其设置方法也与形状相同。选择某个形状后，在"SmartArt 工具 格式"/"形状"组和"SmartArt 工具 格式"/"形状样式"组中即可进行设置。

任务 5——制作大运会宣传策划书

利用本节所学的知识制作"大运会宣传策划书.docx"文档（配套资源：\效果文件\第 3 章\大运会宣传策划书.docx），效果如图 3-52 所示。

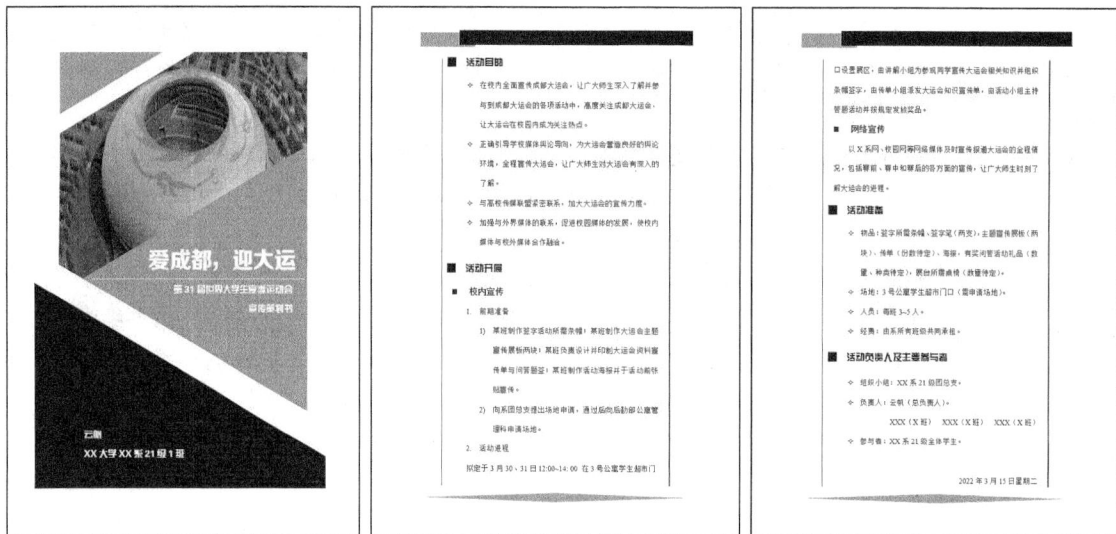

图 3-52　大运会宣传策划书

操作提示：

（1）新建空白文档，在第一页中插入线条、三角形、梯形和正方形等形状，并为这些形状设置不同的外观颜色（同一个形状的形状填充和形状轮廓应该为同一种颜色），且通过排列层次的不同来显示为最终样式；梯形形状要调整形状顶点来变成最终形状效果，并将"封面图片.jpg"（配套资源：\素材文件\第 3 章\封面图片.jpg）填充到梯形调整后的形状表面。

（2）在形状的表面绘制文本框，输入标题、副标题和其他文本信息，设置这些文本框中的文本格式。为了保证插入形状和文本框的位置，用户需要一直按"Enter"键，增加文档页数。

（3）在正文页面中绘制不同粗细的线条作为文本边界，绘制正方形作为项目符号，绘制文本框并输入正文。

（4）正文中需要添加项目符号和编号，并设置多级列表，注意正文的缩进设置。

（5）在页面上边缘绘制矩形和菱形。

3.6　设置页面格式

文档页面格式设置通常是对整个文档进行的设置，其包括设置纸张大小、纸张方向、页边距、分栏和分页、页眉和页脚、页码及修饰页面（页面颜色、边框、水印）、创建目录、预览和打印等。

3.6.1　设置纸张大小、纸张方向和页边距

常规页面格式包括纸张大小、纸张方向、页边距。默认的 Word 纸张大小为 A4（21 厘米×29.7 厘米）、纸张方向为纵向、页边距为普通，用户单击"布局"/"页面设置"组中的相应按钮便可对它们进行修改。单击"纸张大小"按钮，在打开的下拉列表中选择一种纸张大小选项或选择"其他纸张大小"选项，在打开的"页面设置"对话框的"纸张"选项卡中输入宽度和高度的值；单击"纸张方向"按钮，在打开的下拉列表中选择页面方向；单击"页边距"按钮，在打开的下拉列表中选择一种页边距选项或选择"自定义页边距"选项，在打开的"页面设置"对话框的"页边距"选项卡中设置上、下、左、右页边距的值。"页面设置"对话框有 4 个选项卡，如图 3-53 所示。这 4 个选项卡的主要功能如下。

- "页边距"选项卡：用来精确设置页面的上、下、左、右页边距的值。
- "纸张"选项卡：用来选择纸张大小、自定义纸张的高度和宽度。
- "布局"选项卡：用来做页面格式规则设置。
- "文档网格"选项卡：用来为整个文档设置栏数，以及指定字符网格和行网格。

图 3-53　"页面设置"对话框的各个选项卡

3.6.2　设置分栏与分页

在 Word 2016 中，用户可将文档设置为多栏预览，还可通过分隔符自动进行分页。

1. 设置分栏

在"布局"/"页面设置"组中单击"栏"按钮，在打开的下拉列表中选择分栏的数量或选择"更多栏"选项，打开"栏"对话框，在"预设"栏中可选择预设的栏数（或在"栏数"数值框中输入设置的栏数），在"宽度和间距"栏中可设置栏之间的宽度与间距。

2. 设置分页

设置分页可通过分隔符实现。分隔符主要用于标识文本分隔的位置。

- 分页符：设置分页时，将文本插入点定位到需要分页的文本后，在"布局"/"页面设置"组中单击"分隔符"按钮，在打开的下拉列表的"分页符"栏中选择"分页符"选项，文本插入点所在位置将显示插入的分页符，此时，文本插入点后的内容将从下一页开始。

- 分节符：将文本插入点定位到分节的文本后，在"布局"/"页面设置"组中单击"分隔符"按钮，在打开的下拉列表的"分节符"栏中选择"下一页"选项，插入分节符，文本插入点后的内容将从下一页开始。

3.6.3 设置页眉、页脚和页码

页眉实际上可以位于文档中的任何区域。但根据浏览习惯，页眉一般指文档中每个页面顶部区域的内容，常用于补充说明公司标识、文档标题、文件名、作者姓名等。

1. 创建页眉

在 Word 2016 中创建页眉的方法为：单击"插入"/"页眉和页脚"组中的"页眉"按钮，在打开的下拉列表中选择某种预设的页眉样式选项，然后在文档中输入所需的内容。

2. 编辑页眉

用户若需要自行设置页眉的内容和格式，则可单击"插入"/"页眉和页脚"组中的"页眉"按钮，在打开的下拉列表中选择"编辑页眉"选项。此时将进入页眉编辑状态，用户利用功能区的"页眉和页脚工具 设计"选项卡便可对页眉内容进行编辑，如图 3-54 所示。

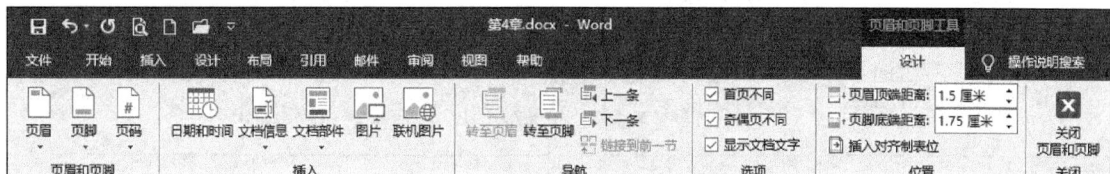

图 3-54 "页眉和页脚工具 设计"选项卡

其中，单击"日期和时间"按钮，可在打开的"日期和时间"对话框中设置需插入的日期和时间的显示格式；单击选中"首页不同"复选框，可单独对文档第一页设置页眉和页脚；单击选中"奇偶页不同"复选框，可分别设置文档奇数页、偶数页的页眉和页脚。

3. 创建与编辑页脚

页脚一般位于文档中每个页面的底部区域，也用于显示文档的附加信息，如日期、公司标识、文件名、作者名等，但页脚最常见的是显示页码。创建页脚的方法为：单击"插入"/"页眉和页脚"组中的"页脚"按钮，在打开的下拉列表中选择某种预设的页脚样式选项，然后在文档中输入所需的内容即可。

4. 插入页码

页码用于显示文档中页面的数量。这里将在"档案管理制度"文档中插入"普通数字 2"样式的页码，其具体操作如下。

① 打开"档案管理制度.docx"文档（配套资源：\素材文件\第 3 章\档案管理制度.docx），单击"插入"/"页眉和页脚"组中的"页码"按钮，在打开的下拉

插入页码

列表中选择"页面底端"/"普通数字 2"选项。

② 在激活的"页眉和页脚工具 设计"选项卡的"选项"组中,单击选中"首页不同"复选框。

③ 在"页眉和页脚工具 设计"选项卡的"页眉和页脚"组中单击"页码"按钮,在打开的下拉列表中选择"设置页码格式"选项。

④ 打开"页码格式"对话框,在"页码编号"栏中单击选中"起始页码"单选按钮,在"起始页码"数值框中输入数值"1",其他设置保持默认,如图 3-55 所示,单击"确定"按钮(配套资源:\效果文件\第 3 章\档案管理制度.docx)。

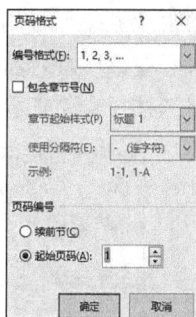

3.6.4 修饰页面

为了使制作的文档更加美观,用户还可为文档设置页面颜色和边框,以及添加水印等。

图 3-55 设置页码编号

1. 设置页面颜色

新建的 Word 文档默认页面颜色是白色,用户可为文档设置不同的页面颜色。设置页面颜色的方法为:单击"设计"/"页面背景"组中的"页面颜色"按钮🖉,在打开的下拉列表中选择一种页面背景颜色即可。除了为页面添加纯色背景外,用户还可以单击"页面颜色"按钮🖉,在打开的下拉列表中选择"填充效果"选项,打开"填充效果"对话框,在其中可以为页面添加渐变、纹理、图案、图片等不同类型的填充效果,如图 3-56 所示。

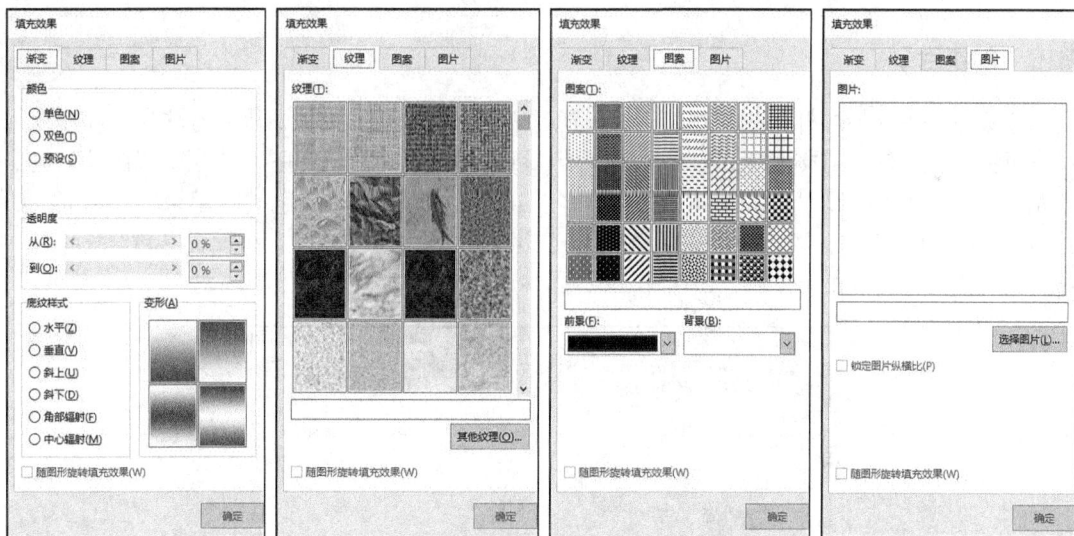

图 3-56 "填充效果"对话框的各个选项卡

2. 设置页面边框

页面边框是围绕在页面四周的边框。用户可以设置普通的线型页面边框和各种图标样式的艺术型页面边框,从而使 Word 文档更富有表现力。设置页面边框的方法为:单击"设计"/"页面背景"组中的"页面边框"按钮🗖,打开"边框和底纹"对话框的"页面边框"选项卡,在"设置"栏中选择边框的类型,在"样式"列表框中可选择边框的样式,在"颜色"下拉列表框中可设置边框的颜色,在"艺术型"下拉列表框中可选择边框艺术样式,如图 3-57 所示,单击"确定"按钮应用设置。

3. 设置页面水印

Word 中的水印功能，不仅能传达有用信息或为文档增添视觉趣味，还不影响正文文字。比如，制作办公文档时，为表明文档的所有权和出处，用户可为文档添加水印背景。添加水印的方法为：单击"设计"/"页面背景"组中的"水印"按钮 🖺，在打开的下拉列表中选择一种水印效果。此外，也可在该下拉列表中选择"自定义水印"选项，打开"水印"对话框，在其中单击选中"图片水印"单选按钮或"文字水印"单选按钮来自定义水印的效果，如图 3-58 所示。

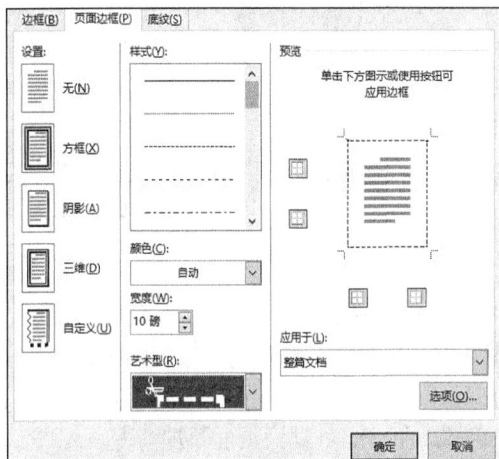

图 3-57　设置页面边框样式

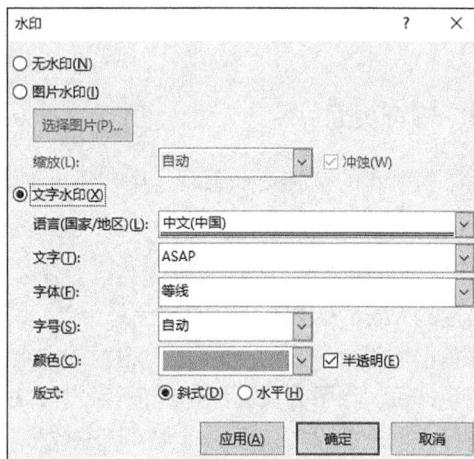

图 3-58　自定义水印

3.6.5　创建目录

对于设置了多级标题样式的文档，用户可通过索引和目录功能提取目录。方法为：打开设置了多级标题的文档，然后将文本插入点定位于文档中目录要显示的位置，在"引用"/"目录"组中单击"目录"下拉按钮，从打开的下拉列表中选择"自定义目录"选项，打开"目录"对话框，如图 3-59 所示，在其中可以设置目录的显示级别、制表符前导符的样式、是否显示页码和页码的对齐方式等参数，完成设置后单击"确定"按钮。返回文档编辑区即可查看插入的目录。

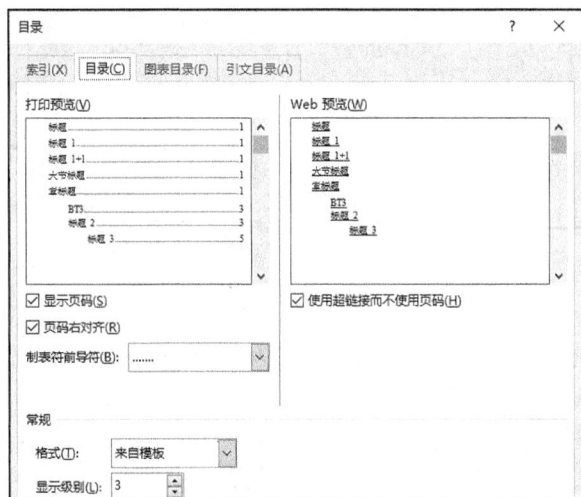

图 3-59　"目录"对话框

3.6.6　打印预览与打印

用户在打印文档之前，应对文档内容进行预览，对文档中不妥的地方进行调整，直到预览效果符合需要后，再按需要设置打印份数、打印范围等参数，最终执行打印操作。

1. 打印预览

打印预览指在计算机显示器中预先查看打印的效果，避免打印出不符合需求的文档。预览文档的方法为：选择"文件"/"打印"命令，打开"打印"界面，界面的右侧即会显示文档的打印效果，如图 3-60 所示。预览时可以选择预览的页数和调整显示的比例。

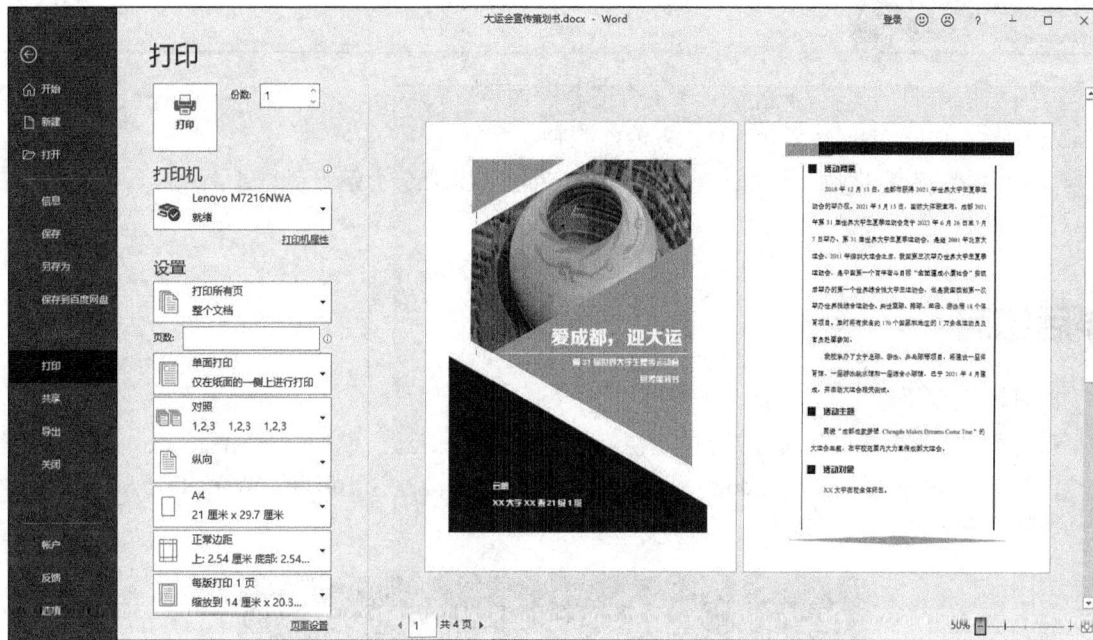

图 3-60　设置打印项

2. 打印文档

用户预览无误后，便可进行打印设置并打印文档。打印文档的方法为：首先将打印机正确连接到计算机上，然后打开需打印的文档，选择"文件"/"打印"命令，在"份数"数值框中设置打印份数，在"设置"栏中分别设置打印方向、打印纸张的大小、单面或双面打印、打印顺序以及打印页数等。如果想设置更加详细的打印项，则需单击界面右下角的"页面设置"超链接，在打开的"页面设置"对话框中进行设置。完成设置后，单击"打印"按钮🖶即可打印文档。

任务 6——排版和打印员工手册

利用本节所学的知识排版和打印"员工手册.docx"文档（配套资源：\效果文件\第 3 章\员工手册.docx），效果如图 3-61 所示。

操作提示：

（1）打开"员工手册.docx"文档（配套资源：\素材文件\第 3 章\员工手册.docx），将纸张大小设置为"A4"，将页边距的"上""下"分别设置为"2.54 厘米"和"3.17 厘米"。

（2）在"编制目的"文本前插入分页符，在"适用范围""修订原则"文本前插入分节符。

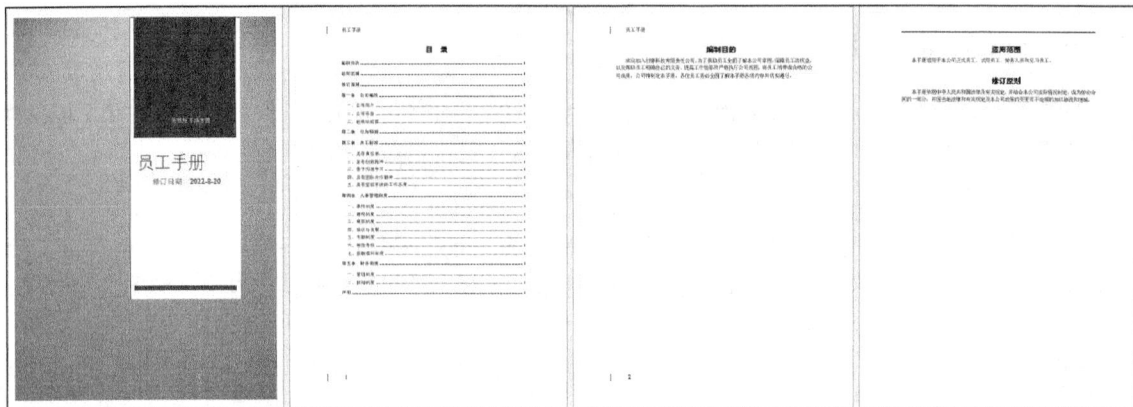

图 3-61　员工手册

（3）插入"边线型"页眉和页脚，设置首页不同。

（4）插入"奥斯汀"类型封面，并输入修订日期，插入 2 级显示级别的目录。

（5）将文档打印 2 份。

课后练习

1. 制作邀请函

利用本章所学的知识和素材（配套资源：\素材文件\邀请函\）制作"邀请函.docx"文档（配套资源：\效果文件\第 3 章\邀请函.docx），如图 3-62 所示。其涉及的知识点为 Word 2016 的文档操作、文档排版、编辑文本、图文混排。

图 3-62　邀请函

2．编排岗位说明书

利用本章所学的知识和素材（配套资源：\素材文件\岗位说明书.docx）编辑"岗位说明书.docx"文档（配套资源：\效果文件\第 3 章\岗位说明书.docx），如图 3-63 所示。其涉及的知识点为插入封面、编辑文本、文档排版、设置页面格式。

图 3-63　岗位说明书

04

第4章 数据处理

【学习目标】
- 掌握 Excel 2016 输入与编辑数据的操作方法。
- 掌握 Excel 2016 美化工作表的操作方法。
- 掌握 Excel 2016 计算数据的操作方法。
- 掌握 Excel 2016 管理数据的操作方法。
- 掌握 Excel 2016 应用图表和分析数据的操作方法。

4.1 输入与编辑数据

Excel 2016 是一款常用的数据处理软件，它可以实现数据的美化、计算、管理、分析等功能，并能通过图表直观地展示数据。本节将介绍 Excel 2016 入门基础知识，内容主要包括工作簿和工作表的基本操作，以及数据的输入和编辑的基本操作。

4.1.1 Excel 2016 入门

Excel 2016 作为 Office 2016 的主要组件之一，其基本操作方法与 Word 组件的基本操作方法相似。下面介绍一些 Excel 数据处理方面的基础知识与操作。

1. Excel 2016 简介

Excel 2016 能够帮助用户快速记录各种表格数据，并支持各种数学函数的运用，它被广泛地应用于管理、统计、财经、金融等众多领域。通过 Excel，用户可以轻松、快速地制作出各种类型的表格，如工资表、销售报表、统计报表及考勤表等，还可以灵活地对表格中的数据进行整理、计算、汇总和分析。图 4-1 所示为使用 Excel 制作的每日工作计划表。

图 4-1 每日工作计划表

2. Excel 2016 的操作界面

Excel 2016 的操作界面与 Office 2016 其他组件的操作界面大致相似，它由快速访问工具栏、标题栏、"文件"菜单、功能选项卡、功能区、编辑栏和工作表编辑区等部分组成，如图 4-2 所示。

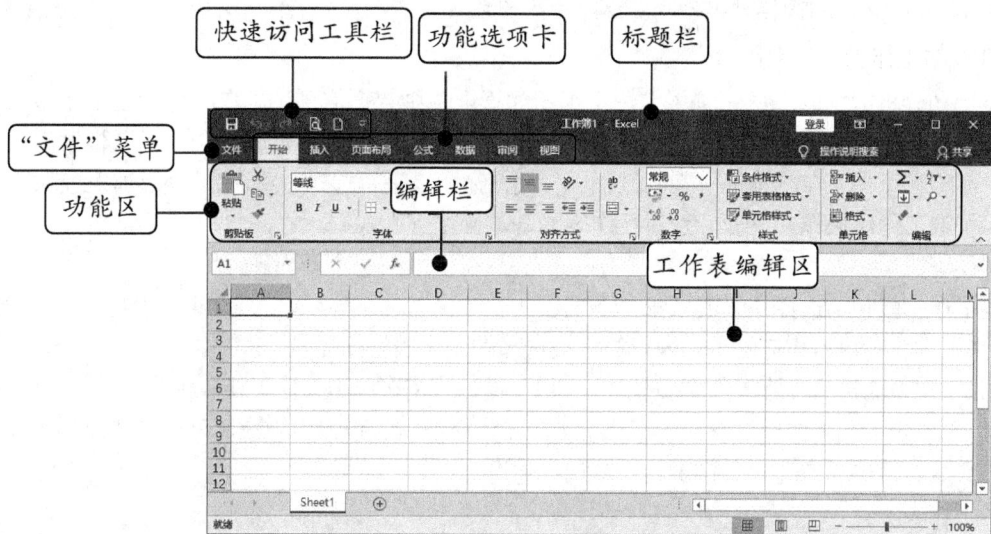

图 4-2　Excel 2016 操作界面

下面主要介绍编辑栏和工作表编辑区的作用。

（1）编辑栏

编辑栏主要用于显示和编辑当前活动单元格中的数据或公式。在默认情况下，编辑栏中会显示名称框、"插入函数"按钮 f_x 和编辑框等部分，但用户在单元格中输入数据或插入公式与函数时，编辑栏中的"取消"按钮×和"输入"按钮✓也将显示出来。

- 名称框：名称框用来显示当前单元格的地址和函数名称或定位单元格。比如，在名称框中输入"B2"后，按"Enter"键将直接定位并选择 B2 单元格。
- "取消"按钮×：单击该按钮可取消输入的内容。
- "输入"按钮✓：单击该按钮可确定输入内容并完成输入。
- "插入函数"按钮 f_x：单击该按钮，将打开"插入函数"对话框，在其中可选择相应的函数插入单元格。
- 编辑框：编辑框可显示在单元格中输入或编辑的内容。用户也可选择单元格后，直接在编辑框中进行输入和编辑的操作。

（2）工作表编辑区

工作表编辑区是 Excel 编辑数据的主要区域，表格中的内容通常显示在工作表编辑区中，用户的大部分操作也需通过工作表编辑区进行。工作表编辑区主要包括行号、列标、单元格和工作表标签等部分。

- 行号与列标：行号用"1、2、3"等阿拉伯数字标识，列标用"A、B、C"等大写英文字母标识。一般情况下，单元格地址由"列标+行号"的形式组成，如位于 B 列 3 行的单元格，其地址表示为"B3"。
- 工作表标签：工作表标签用来显示工作表的名称。默认情况下，Excel 2016 中只包含一张工作表。用户若要添加新的工作表，需要单击工作表标签右侧的"新工作表"按钮⊕。当工作簿中包含多张工作表后，单击工作表左下角的按钮◄ 或 ►即可切换工作表，单击任意一个工作表标签也可以进行工作表之间的切换操作。

3. Excel 2016 的工作簿及其操作

用户在使用 Excel 编辑和处理数据之前，首先需要创建工作簿。Excel 中的所有操作都是在工作簿中完成的，因此，学习 Excel 首先应该学会工作簿的基本操作，如新建、保存、打开以及关闭工作簿。这些操作与 Word 中文档的操作基本相同，这里不再赘述。

4. Excel 2016 的工作表及其操作

工作表是显示和分析数据的场所，它主要用于组织和管理各种数据信息。工作表存储在工作簿中，并且在默认情况下，一张工作簿中只包含一张工作表，其名称为"Sheet1"，但用户可以根据需要对工作表进行删除和添加。在编辑工作表的过程中，用户还可以进行选择、重命名、移动和复制、插入、删除、保护等工作表操作。下面分别对工作表的基本操作进行介绍。

（1）选择工作表

选择工作表操作一般包括选择一张或多张工作表。

- 选择一张工作表：单击相应的工作表标签，被选择的工作表呈高亮显示。
- 选择多张工作表：选择一张工作表后按住"Ctrl"键，再依次单击其他工作表标签。
- 选择所有工作表：在工作表标签的任意位置上单击鼠标右键，在弹出的快捷菜单中选择"选定全部工作表"命令，可选择所有的工作表。

（2）重命名工作表

重命名工作表的方法主要有以下两种。

- 双击工作表标签，此时工作表标签呈可编辑状态，输入新的名称后按"Enter"键。
- 在工作表标签上单击鼠标右键，在弹出的快捷菜单中选择"重命名"命令，此时工作表标签呈可编辑状态，输入新的名称后按"Enter"键。

（3）移动和复制工作表

移动和复制工作表主要是指在同一工作簿中或不同工作簿间移动和复制工作表。

- 在同一工作簿中移动和复制工作表：这个操作比较简单，用户在要移动的工作表标签上按住鼠标左键，将其拖到目标位置即可；如果要复制工作表，则需在拖动鼠标时按住"Ctrl"键。
- 在不同工作簿间移动和复制工作表：这个操作指将一个工作簿中的内容移动或复制到另一个工作簿中。

在不同工作簿间移动和复制工作表

这里将"库存管理"工作簿中"网店销售"工作表的内容复制到"销量统计"工作簿中，其具体操作如下。

① 打开"库存管理.xlsx"工作簿和"销量统计.xlsx"工作簿（配套资源：\素材文件\第 4 章\库存管理.xlsx、销量统计.xlsx），选择要复制的"网店销量"工作表，然后单击"开始"/"单元格"组中的"格式"按钮，在打开的下拉列表中选择"移动或复制工作表"选项。

② 打开"移动或复制工作表"对话框，在"工作簿"下拉列表框中选择"销量统计.xlsx"工作簿，在"下列选定工作表之前"列表框中选择要移动或复制到的位置，这里选择"Sheet1"选项，单击选中"建立副本"复选框，复制工作表，如图 4-3 所示。

③ 单击"确定"按钮，完成工作表的复制（配套资源：\效果文件\第 4 章\销量统计.xlsx）。

图 4-3　复制工作表

> **提示**：在"移动或复制工作表"对话框中，若未单击选中"建立副本"复选框，则表示移动工作表到另一个工作簿中。

（4）插入工作表

插入工作表的方法有以下两种。

* 通过按钮插入：在工作表标签右侧单击"新工作表"按钮⊕，插入一张空白的工作表。

* 通过对话框插入：用鼠标右键单击工作表标签，在弹出的快捷菜单中选择"插入"命令，打开"插入"对话框，在"常用"选项卡的列表框中选择"工作表"选项，可以插入一张空白工作表。在"电子表格方案"选项卡中选择一种表格样式，单击"确定"按钮，可以插入一张带样式的工作表。

（5）删除工作表

当工作簿中的某张工作表作废或多余时，用户可以用鼠标右键单击工作表标签，在弹出的快捷菜单中选择"删除"命令将其删除。

（6）保护工作表

Excel 2016 不仅提供了编辑和存储数据的功能，还提供了密码保护功能，用以保护工作表。这里将打开"库存管理"工作簿，为"总销量"工作表设置保护密码，然后将其撤销保护，其具体操作如下。

保护工作表

① 打开"库存管理.xlsx"工作簿（配套资源：\素材文件\第 4 章\库存管理.xlsx），选择"总销量"工作表，然后单击"开始"/"单元格"组中的"格式"按钮▦，在打开的下拉列表中选择"保护工作表"选项。

② 在打开的"保护工作表"对话框的"取消工作表保护时使用的密码"文本框中输入密码，如"123"，在"允许此工作表的所有用户进行"列表框中设置用户可以进行的操作，设置完成后单击"确定"按钮，如图 4-4 所示。

③ 在打开的"确认密码"对话框的"重新输入密码"文本框中再次输入密码，单击"确定"按钮。此时，被保护的工作表的标签上将显示锁样式的保护图标🔒。

④ 在"总销量"工作表标签上单击鼠标右键，在弹出的快捷菜单中选择"撤销工作表保护"命令。

⑤ 在打开的"撤销工作表保护"对话框的"密码"文本框中输入密码后单击"确定"按钮，如图 4-5 所示。

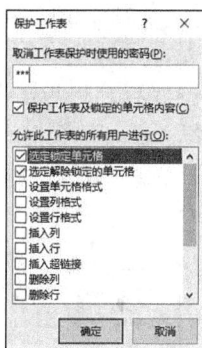

图 4-4　设置保护密码等　　　　　　图 4-5　撤销工作表保护

> **提示**：用户用鼠标右键单击工作表标签，在弹出的快捷菜单中选择"工作表标签颜色"命令，在其子菜单中选择所需的颜色，可以为工作表标签设置标识颜色。

5. Excel 2016 的单元格及其操作

单元格是 Excel 中最基本的数据存储单元，它通过对应的行号和列标进行命名和引用。多个连续的单元格称为单元格区域，其地址表示为"单元格:单元格"，如单元格 C5 与单元格 H8 之间连续的单元格可表示为"C5:H8"单元格区域。

（1）选择单元格

在 Excel 中选择单元格主要有以下 6 种方法。

- 选择单个单元格：单击要选择的单元格。
- 选择多个连续的单元格（即单元格区域）：选择一个单元格，按住鼠标左键并拖动。
- 选择不连续的单元格：按住"Ctrl"键分别单击要选择的单元格。
- 选择整行：单击行号。
- 选择整列：单击列标。
- 选择工作表中的所有单元格：单击工作表编辑区左上角行号与列标交叉处的按钮 。

（2）合并与拆分单元格

合并单元格就是将选择的多个连续单元格合成一个单元格，拆分单元格则是将合并后的一个单元格分为若干个大小相同的单元格。

- 合并单元格：在工作表中选择需要合并的多个连续单元格，然后单击"开始"/"对齐方式"组中的"合并后居中"按钮 。若单击"合并后居中"按钮 右侧的下拉按钮，在打开的下拉列表中可以选择"跨越合并""合并单元格""取消单元格合并"等选项。
- 拆分单元格：在工作表中选择合并后的单元格，然后单击"开始"/"对齐方式"组中的"合并后居中"按钮 右侧的下拉按钮，在打开的下拉列表中选择"取消单元格合并"选项或单击"开始"/"对齐方式"组右下角的"展开"按钮 ，打开"设置单元格格式"对话框，在"对齐"选项卡的"文本控制"栏中撤销选中"合并单元格"复选框即可。

（3）插入与删除单元格

编辑表格时，用户可以根据需要插入或删除单个单元格，也可以插入或删除一行（或一列）单元格。

- 插入单元格：选择要编辑的工作表，再选择要插入单元格的位置，如在 G6 单元格所在位置插入单元格，则需选择 G6 单元格，然后单击"开始"/"单元格"组中的"插入"按钮 下方的下拉按钮，在打开的下拉列表中选择"插入单元格"选项，打开"插入"对话框，如图 4-6 所示，单击选中相应的单选按钮后，单击"确定"按钮。其中，单击选中"活动单元格右移"单选按钮或"活动单元格下移"单选按钮，可在所选单元格的左侧或上方插入一个单元格；单击选中"整行"单选按钮，表示插入整行单元格；单击选中"整列"单选按钮，表示插入整列单元格。

- 删除单元格：在工作表中选择要删除的单元格，单击"开始"/"单元格"组中的"删除"按钮 下方的下拉按钮，在打开的下拉列表中选择"删除单元格"选项，打开"删除"对话框，如图 4-7 所示，单击选中相应的单选按钮后，单击"确定"按钮即可删除所选单元格。此外，单击"删除"按钮 下方的下拉按钮，在打开的下拉列表中选择"删除工作表行"选项或"删除工作表列"选项，可删除整行或整列单元格；若选择"删除工作表"选项，则可删除当前工作表。

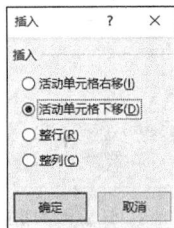

图 4-6　插入单元格　　图 4-7　删除单元格

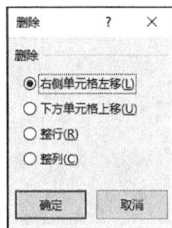

4.1.2　数据类型

Excel 的数据类型包括字符型数据、数值型数据、日期型数据、时间型数据和逻辑型数据等。下面介绍 Excel 中常用的 5 种数据类型。

1.　字符型数据

字符型数据包括汉字、英文字母、空格等。默认情况下，字符型数据输入后的对齐方式为左对齐。当输入的字符串超出当前单元格的宽度时，如果右边相邻单元格中没有数据，那么字符串会往右延伸；如果右边单元格中有数据，则字符串中超出部分会隐藏起来，此时需要加大单元格的宽度才能将数据全部显示出来。如果要输入的字符串全部由数字组成，如电话号码、身份证号码等，为了避免 Excel 把它按数值型数据进行处理，用户在输入时可以先输入一个单引号 "'"（英文符号），然后输入具体的数字。

2.　数值型数据

数值型数据包括 0～9 中的数字以及含有货币符号、百分号、正号和负号等任意一种符号的数据。默认情况下，数值型数据输入后的对齐方式为右对齐。输入数值型数据应注意以下两点。

- 负数：在数值前加一个 "−" 或把数值放在括号中，都可以表示为输入负数。
- 分数：应先在编辑框中输入 "0" 和一个空格，然后输入分数，否则 Excel 会把分数当作日期处理。例如，在单元格中输入分数 "4/5"，首先就要在编辑框中输入 "0" 和一个空格，接着输入 "4/5"，最后按 "Enter" 键，即可在所选单元格中输入分数 "4/5"，如图 4-8 所示。

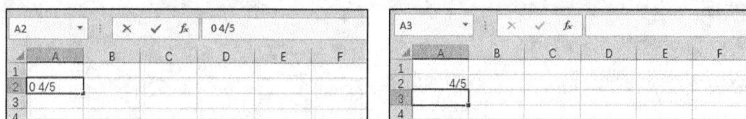

图 4-8　在单元格中输入分数

3.　日期型数据

日期型数据即表示日期的数据。日期在 Excel 内部是用 1900 年 1 月 1 日起至某日期的天数序号存储的，例如，1900/02/01 在内部存储的是 32。日期型数据是 Excel 表格中常用数据类型之一，用户要输入日期型数据时，年、月、日之间要用 "/" 或 "−" 隔开，如 "2022-9-16" "2022/09/16"。用户可以按 "Ctrl+;" 组合键快速输入系统当前日期。

4.　时间型数据

时间型数据是用来表示时间的数据。用户在单元格中输入时间型数据时，时、分、秒之间要用冒号 ":" 隔开，如 "12:23:06"。用户可以按 "Ctrl+Shift+;" 组合键快速输入系统当前时间。用户若想要在单元格中同时输入日期和时间，日期和时间之间应该用空格隔开。

5.　逻辑型数据

逻辑型数据只有两个值：一个是真值 "TRUE"；另一个是假值 "FALSE"。

4.1.3　输入简单数据

在 Excel 表格中输入数据主要有以下 3 种方式。

- 选择单元格输入：选择单元格后，直接输入数据，然后按 "Enter" 键。
- 在单元格中输入：双击要输入数据的单元格，将文本插入点定位到其中，输入数据并按

"Enter"键。

● 在编辑栏中输入：选择单元格，然后将鼠标指针移到编辑栏中并单击，将文本插入点定位到编辑栏中，输入数据并按"Enter"键。

4.1.4 自动填充数据

在输入 Excel 表格数据的过程中，若单元格中数据多处相同或是有规律的数据序列，用户可以利用快速填充表格数据的方法来提高工作效率。

1. 通过"序列"对话框填充

对于有规律的数据，Excel 2016 提供了快速填充功能，用户只需在表格中输入一个数据，便可在连续单元格中快速输入有规律的数据。这里在单元格中输入数字，并对其进行快速填充，其具体操作如下。

（1）在起始单元格中输入起始数据，如"20220408"，然后选择需要填充规律数据的单元格区域，如 A1:A9，在"开始"/"编辑"组中单击"填充"按钮右侧的下拉按钮，在打开的下拉列表中选择"序列"选项，打开"序列"对话框。

通过"序列"对话框填充

（2）在"序列产生在"栏中选择序列产生的位置，这里选中"列"单选按钮；在"类型"栏中选择序列的特性，这里选中"等差序列"单选按钮；在"步长值"文本框中输入序列的步长，这里输入"1"，单击"确定"按钮，接着填充序列数据，如图 4-9 所示。

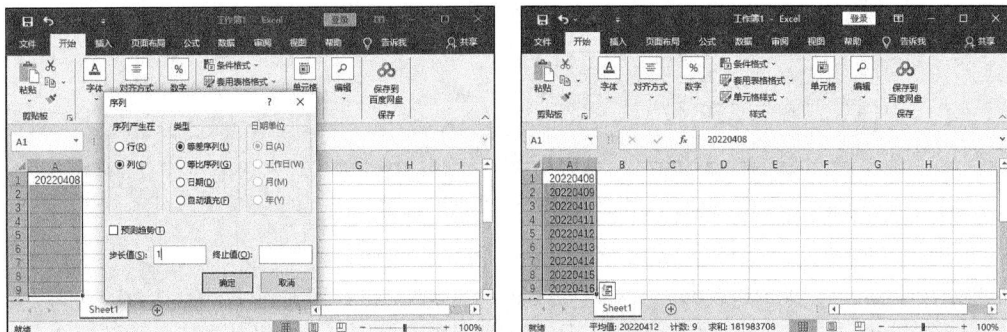

图 4-9 通过"序列"对话框填充数据

2. 使用控制柄填充相同数据

在起始单元格中输入数据，将鼠标指针移至该单元格右下角的控制柄上，当其变为+形状时，按住鼠标左键并拖动至所需位置，释放鼠标，即可在选择的单元格区域中填充相同的数据。

3. 使用控制柄填充有规律的数据

在单元格中输入起始数据，在相邻单元格中输入下一个数据，选择已输入数据的两个单元格，将鼠标指针移至选区右下角的控制柄上，当其变为+形状时，按住鼠标左键拖动至所需位置后释放鼠标，即可根据两个数据的特点自动填充有规律的数据。

4.1.5 编辑数据

编辑数据是指对已有的数据进行修改、移动、复制、查找、替换和删除等编辑操作。

1. 修改和删除数据

在表格中修改和删除数据主要有以下 3 种方法。

- 在单元格中修改或删除：双击需修改或删除数据的单元格，在单元格中定位文本插入点，修改或删除数据，然后按"Enter"键完成操作。

- 选择单元格修改或删除：当需要对某个单元格中的全部数据进行修改或删除时，用户只需选择该单元格，然后重新输入正确的数据；此外，也可在选择单元格后按"Delete"键删除所有数据，然后输入需要的数据，再按"Enter"键快速完成修改。

- 在编辑栏中修改或删除：选择单元格，将鼠标指针移到编辑栏中并单击，将文本插入点定位到编辑栏中，修改或删除数据后按"Enter"键完成操作。

2. 移动或复制数据

Excel 2016 中移动或复制数据的操作方法与 Word 中移动或复制文本的操作方法相同，这里不再赘述。

3. 查找和替换数据

在 Excel 2016 工作表中查找和替换数据可以提高编辑的效率。

（1）查找数据

利用 Excel 2016 的查找功能不仅可以查找普通数据，还可以查找公式、值和批注等。这里在"客户档案表"工作簿中查找"国有企业"，其具体操作如下。

① 打开"客户档案表"工作簿（配套资源：\素材文件\第 4 章\客户档案表.xlsx），在"开始"/"编辑"组中单击"查找和选择"按钮，在打开的下拉列表中选择"查找"选项，打开"查找和替换"对话框。

② 在"查找内容"文本框中输入"国有企业"，单击"查找下一个"按钮，便能快速查找到匹配条件的单元格。

③ 单击"选项"按钮，可以展开更多的查找条件，其中包括查找范围、所查内容的格式等。单击"查找全部"按钮，可以在"查找和替换"对话框下方列表中显示所有包含所需查找文本的单元格的位置，如图 4-10 所示。最后单击"关闭"按钮关闭"查找和替换"对话框。

（2）替换数据

替换数据的方法与查找数据的方法相似，用户只需要打开"查找和替换"对话框，在"替换"选项卡中的"查找内容"下拉列表框中输入要查找的数据，在"替换为"下拉列表框中输入需要替换的内容，

图 4-10　查找全部数据

单击"替换"按钮可进行一次替换操作，单击"全部替换"按钮可将所有符合条件的数据一次性全部替换，最后单击"关闭"按钮，完成替换数据的操作。

4.1.6　设置数据有效性

利用数据有效性不仅能够对单元格的输入数据进行条件限制，极大提高填写数据的正确性，还能够在单元格中创建下拉列表，方便用户进行选择式输入。这里将设置数据有效性，其具体操作如下。

① 在"员工档案"工作簿（配套资源：\素材文件\第 4 章\员工档案.xlsx）中选择 C2:C21 单元格区域，然后按"Delete"键删除数据。

② 单击"数据"/"数据工具"组中的"数据验证"按钮，打开"数据验证"对话框。

③ 在"设置"选项卡下"验证条件"栏的"允许"下拉列表中选择"序列"选项，在"来源"文本框中输入"男,女"，如图 4-11 所示。

④ 单击"出错警告"选项卡，在"样式"下拉列表中选择"警告"选项，在"错误信息"文本框中输入提示内容，如图 4-12 所示，然后单击"确定"按钮。

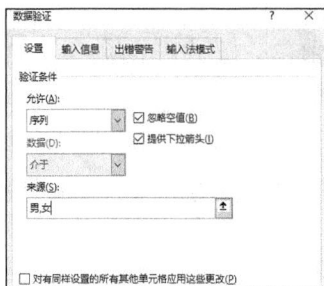

图 4-11　输入验证条件　　　　图 4-12　输入出错警告信息

⑤ 返回工作表，此时在 C2 单元格右下角将自动显示下拉按钮，单击该按钮，在打开的下拉列表中即可选择所需数据进行输入。

⑥ 用户如果不是进行选择式输入，而是直接在单元格中输入数据，当输入的数据有误时，系统会自动打开对话框提示用户输入正确的数据。

任务 1——制作学生成绩表

利用本节所学的知识制作"学生成绩表.xlsx"文档（配套资源：\效果文件\第 4 章\学生成绩表.xlsx），效果如图 4-13 所示。

图 4-13　学生成绩表

操作提示：

（1）通过 Excel 2016 新建空白工作簿，并将其保存为"学生成绩表.xlsx"。

（2）在工作表中输入表格数据，并为单元格设置数据有效性。

（3）适当调整列宽，并设置单元格中的数据格式。

4.2　美化工作表

美化工作表包括设置单元格格式、设置行高和列宽、套用表格格式和应用条件格式等。

4.2.1　设置单元格格式

设置单元格格式包括设置数字格式、对齐方式、边框样式、填充颜色等，主要通过"设置单元格格式"对话框来实现。方法为：单击"开始"/"单元格"组中的"格式"按钮，在打开的下拉列表中选择"设置单元格格式"选项，打开"设置单元格格式"对话框，其中有以下 6 个不同的选项卡，用户可以通过设置相关选项来实现单元格格式的设置。

- "数字"选项卡：用于设置单元格中的数据类型，如数值型、货币型、日期型、百分比等。在"开始"/"数字"组中也可以对单元格中的数据类型进行快速设置。
- "对齐"选项卡：用于设置单元格数据的水平和垂直对齐方式、文字的排列方向和文本控制等内容。在"开始"/"对齐方式"组中也可以对单元格中数据的对齐方式进行快速设置。
- "字体"选项卡：用于设置单元格中数据的字体、字形、字号、颜色和特殊效果等。在"开始"/"字体"组中也可以对单元格中数据的字符格式进行快速设置。
- "边框"选项卡：用于设置单元格边框的粗细、样式或颜色等。
- "填充"选项卡：用于设置单元格的填充颜色和图案样式。
- "保护"选项卡：用于对指定单元格进行隐藏和锁定设置。

4.2.2　设置行高和列宽

设置单元格行高和列宽的方法主要有以下两种。

- 通过拖动边框线调整：将鼠标指针移至单元格的行号或列标之间的分隔线上，按住鼠标左键，会出现灰色的线，将其拖动到适当位置后释放鼠标即可调整单元格行高与列宽。
- 通过对话框调整：单击"开始"/"单元格"组中的"格式"按钮📋，在打开的下拉列表中选择"行高"选项或"列宽"选项，在打开的"行高"对话框或"列宽"对话框中输入行高值或列宽值后，单击"确定"按钮。

4.2.3　套用表格格式

利用 Excel 2016 的自动套用格式功能可以快速设置单元格和表格格式，以对表格进行美化。

- 应用单元格样式：选择单元格，单击"开始"/"样式"组中的"单元格样式"按钮📋，在打开的下拉列表中可直接选择一种 Excel 预置的单元格样式，如图 4-14 所示。
- 套用表格格式：选择单元格区域，单击"开始"/"样式"组中的"套用表格格式"按钮📋，在打开的下拉列表中选择一种 Excel 预置的表格格式，如图 4-15 所示。

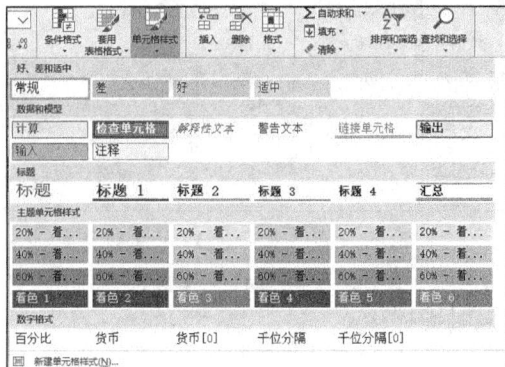

图 4-14　应用单元格样式　　　　图 4-15　套用表格格式

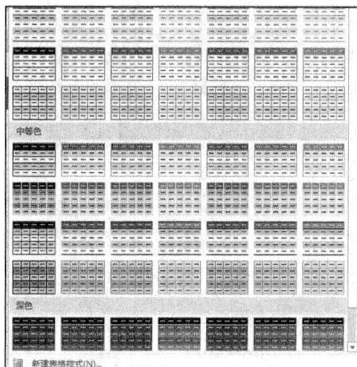

4.2.4　应用条件格式

通过 Excel 2016 的条件格式功能，用户可以为表格设置不同的条件格式，并将满足条件的单元格数据突出显示，以便查看表格内容。

1. 快速设置条件格式

Excel 2016 为用户提供了许多常用的条件格式，用户直接选择所需选项即可快速进行条件格式的设置。这里将在"固定资产管理"工作簿中为购置金额大于10 000 元的单元格设置条件格式，其具体操作如下。

① 打开"固定资产管理.xlsx"工作簿（配套资源：\素材文件\第 4 章\固定资产管理.xlsx），在"固定资产表"工作表中选择要设置条件格式的单元格区域，这里选择 I3:I13 单元格区域。

② 单击"开始"/"样式"组中的"条件格式"按钮，在打开的下拉列表中选择"突出显示单元格规则"/"大于"选项，如图 4-16 所示。

③ 在打开的"大于"对话框中，在左侧文本框中输入"10 000"，在"设置为"下拉列表中选择所需的选项，这里选择"浅红色填充"选项，然后单击"确定"按钮，如图 4-17 所示，即可看到满足条件的数据被突出显示的效果（配套资源：\效果文件\第 4 章\固定资产管理.xlsx）。

图 4-16　选择条件格式　　　　　　　　　　　图 4-17　设置条件格式

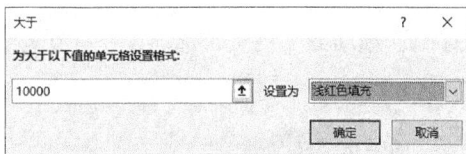

2. 新建条件格式规则

如果 Excel 2016 提供的条件格式选项不能满足用户实际需要，用户也可通过新建条件格式规则的方式来创建合适的条件格式。方法为：选择要设置条件格式的单元格或单元格区域，单击"开始"/"样式"组中的"条件格式"按钮，在打开的下拉列表中选择"新建规则"选项，打开"新建格式规则"对话框，在其中可以选择规则类型并对应用条件的单元格格式进行编辑，如图 4-18 所示，设置完成后单击"确定"按钮即可。

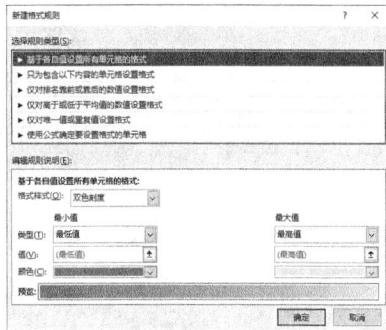

图 4-18　"新建格式规则"对话框

> **提示**：用户选择"条件格式"下拉列表中的"清除规则"选项可以清除设置的条件格式；选择"清除整个工作表的规则"选项可以清除整个工作表中的条件格式；选择"清除所选单元格的规则"选项可以清除指定单元格的条件格式。

任务 2——美化职业技能培训登记表

利用本节所学的知识创建并美化"职业技能培训登记表.xlsx"文档（配套资源：\效果文件\第 4 章\职业技能培训登记表.xlsx），效果如图 4-19 所示。

职业技能培训登记表

序号	部门	性别	身份证号码	联系电话	学历	入职日期	报名项目
1	技术部	男	******19900521****	1898456****	研究生	2021年5月6日	技术培训
2	人事部	女	******19911006****	1821469****	本科	2020年3月8日	人力资源培训
3	人事部	女	******19880613****	1365288****	专科	2021年6月21日	人力资源培训
4	人事部	男	******19920524****	1683459****	专科	2019年3月9日	人力资源培训
5	技术部	女	******19900811****	1892560****	本科	2021年5月6日	技术培训
6	技术部	男	******19901126****	1588461****	本科	2020年5月11日	技术培训
7	销售部	男	******18890427****	1892362****	专科	2020年5月12日	销售话术培训
8	销售部	女	******19900528****	1896336****	本科	2021年5月7日	销售话术培训
9	技术部	女	******19940321****	18825611****	研究生	2019年3月8日	技术培训
10	技术部	男	******19930221****	1892577****	本科	2021年5月15日	技术培训

图 4-19　职业技能培训登记表

操作提示：

（1）新建一个"职业技能培训登记表.xlsx"并将其保存，在其中输入工作表数据。

（2）自动调整列宽，行高除第一行设置为"29.25"外，其他行都设置为"20"。

（3）为"部门""性别""学历"对应的列设置数据有效性。

（4）为第 1 行和第 2 行文本设置字体格式和底纹，并为整个表格设置边框。

4.3　计算数据

Excel 不仅可以通过公式对表格中的数据进行普通的加、减、乘、除运算，还可以利用函数进行财务、统计和三角函数等高级运算，极大地提高了用户的计算能力。

4.3.1　认识和使用公式

下面从公式的概念和使用两个方面来介绍在 Excel 中应用公式计算数据。

1. 公式的概念

Excel 中的公式即指对工作表中的数据进行计算的等式。它以"="开始，通过各种运算符号，将值或常量和单元格引用、函数返回值等组合起来。

- 数据的类型：在 Excel 中，常用的数据类型主要包括数值型、文本型和逻辑型 3 种，其中数值型是表示大小的一个值，文本型表示一个名称或提示信息，逻辑型表示真或者假。

- 常量：常量分为数值型常量、文本型常量和逻辑型常量。数值型常量可以是整数、小数或百分数，不能带千分位和货币符号。文本型常量是用英文单引号（"）引起来的若干字符，但其中不能包含英文双引号。逻辑型常量只有 TRUE 和 FALSE 两个值，表示真和假。

- 运算符：运算符是 Excel 公式中的基本元素，它用于对公式中的元素进行特定类型的运算。Excel 中的运算符主要包括算术运算符、比较运算符、逻辑运算符和文本连接符。

- 公式的构成：Excel 中的公式由"="和"运算式"构成。运算式是由运算符构成的计算式，也可以是函数。计算式中参与计算的可以是常量，也可以是单元格地址，还可以是函数。

提示：算术运算符包括加、减、乘、除、乘方等，运算结果还是数值型。比较运算符包括等于、大于、小于、大于或等于、小于或等于和不等于等。逻辑运算符包括与（and）、或（or）、非（not），运算结果为逻辑型。文本连接符指"&"，它可将两个文本连接成一个文本。例如，"计算机"&"应用"，其结果为"计算机应用"。

2. 公式的使用

Excel 中的公式可以帮助用户快速完成各种计算。为了进一步提高计算效率，在实际计算数据的过程中，用户除了需要输入和编辑公式之外，通常还需要对公式进行填充、复制和移动等操作。

（1）输入公式

输入公式只需将公式输入相应的单元格中并按"Enter"键，即可计算出数据结果。输入的公式指的是只包含运算符、常量数值、单元格引用和单元格区域引用的简单公式。选择要输入公式的单元格，在单元格或编辑栏中输入"="，接着输入公式内容，如"=B3+C3+D3+E3"，完成后按"Enter"键或单击编辑栏上的"输入"按钮即可。

（2）编辑公式

选择含有公式的单元格，将文本插入点定位在编辑栏或单元格中需要修改的位置，按"Backspace"键删除多余或错误的内容，再输入正确的内容，完成后按"Enter"键确认即可完成公式的编辑。编辑完成后，Excel 将自动对新公式进行计算。

（3）填充公式

在输入公式完成计算后，如果该行或该列后的其他单元格皆需使用该公式进行计算，用户可直接通过填充公式的方式快速完成其他单元格的数据计算。其方法为：选择已添加公式的单元格，将鼠标指针移至该单元格右下角的控制柄上，当其变为+形状时，按住鼠标左键并拖动至所需位置，释放鼠标，即可在选择的单元格区域中填充相同的公式并计算出结果（见图 4-20）。

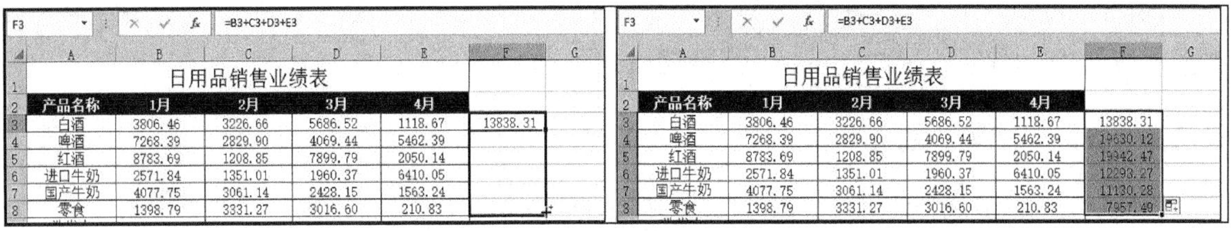

图 4-20　拖动鼠标填充公式

> **提示**：被填充的目标单元格中数据的计算方式会根据原始单元格的公式引用情况而有所不同。如果原始单元格是相对引用，则目标单元格的填充会根据位移情况自动调整所引用单元格；如果是绝对引用，则目标单元格的公式不会发生改变。

（4）复制和移动公式

在 Excel 中复制和移动公式也可以快速完成单元格数据的计算。在复制公式的过程中，Excel 会自动调整引用单元格的地址，提高工作效率。复制公式的操作方法与复制数据的操作方法一样。

移动公式即将原始单元格的公式移动到目标单元格中，公式在移动过程中不会根据单元格的位移情况发生改变。移动公式的操作方法与移动其他数据的操作方法相同。

4.3.2　引用单元格

单元格引用是指根据实际计算需要引用当前工作表、当前工作簿或其他工作簿中的单元格数据所在单元格或单元格区域的位置。公式的运算值将随着被引用单元格的变化而变化，例如，"=1938+123+14+150"，数据"1938"位于 B3 单元格，其他数据依次位于 C3、D3 和 E3 单元格中，用户通过单元格引用将公式输入为"=B3+C3+D3+E3"，可以获得相同的计算结果。

1. 单元格引用类型

在计算数据表中的数据时，通常会通过复制或移动公式来实现快速计算，这样就涉及单元格引用的知识。根据单元格地址是否改变，单元格引用可分为相对引用、绝对引用和混合引用。

- 相对引用：相对引用是指输入公式时直接通过单元格地址来引用单元格。如果复制或剪切公式到其他单元格，公式中相对引用的单元格地址会根据复制或剪切的位置改变而发生相应改变。

- 绝对引用：绝对引用是指无论引用单元格的公式位置如何改变，所引用的单元格均不会发生变化。绝对引用的形式是在单元格的行列号前加上符号"$"。

- 混合引用：混合引用包含相对引用和绝对引用。混合引用有两种形式：一种是行绝对、列相对，如"B$2"，表示行不发生变化，但是列会随着新的位置发生变化；另一种是行相对、列绝对，如"$B2"，表示列保持不变，但是行会随着新的位置而发生变化。

2. 同一工作簿中不同工作表的单元格引用

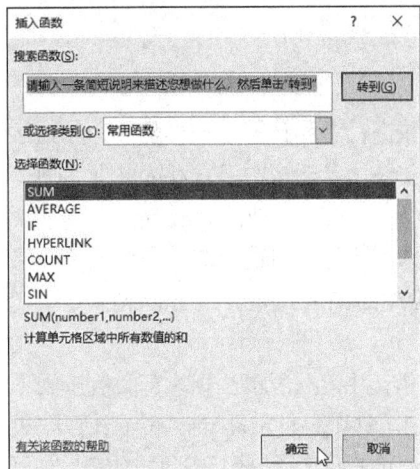

在同一工作簿中引用不同工作表中的内容，用户需要在单元格或单元格区域前标注工作表名称，表示引用该工作表中该单元格或单元格区域的值。这里在"日用品销售业绩表"工作簿下"Sheet2"工作表的 B3 单元格中引用"Sheet1"工作表中的数据，并计算出季度销售额，其具体操作如下。

同一工作簿中不同
工作表的单元格引用

① 打开"日用品销售业绩表"工作簿（配套资源：\素材文件\第 4 章\日用品销售业绩表.xlsx），选择"Sheet2"工作表的 B3 单元格。由于该单元格数据为"白酒"的季度销售额，即对"Sheet1"中"白酒"4 个月的销售额进行相加，可以在 B3 单元格中输入"=SUM(Sheet1!B3:D3)"，单击编辑栏中的"插入函数"按钮，打开"插入函数"对话框，在"选择函数"列表框中选择"SUM"选项，然后单击"确定"按钮，如图 4-21 所示。

② 打开"函数参数"对话框，单击"Number1"文本框后的"收缩"按钮缩小对话框，返回工作表编辑区，选择"Sheet1"工作表，再选择 B3 : D3 单元格区域。

③ 选择完成后单击"展开"按钮还原"函数参数"对话框，可看到所引用单元格区域以及引用结果，单击"确定"按钮。

④ 返回"Sheet2"工作表，在 B3 单元格中显示了计算结果，将鼠标指针移至 B3 单元格右下角的控制柄上，当其变为 **+** 形状时，按住鼠标左键并拖动至 B13 单元格，释放鼠标，计算出其他产品的季度销售额（配套资源：\效果文件\第 4 章\日用品销售业绩表.xlsx），如图 4-22 所示。

图 4-21　"插入函数"对话框

图 4-22　填充数据

3. 不同工作簿不同工作表的单元格引用

在 Excel 中不仅可以引用同一工作簿中的内容，还可以引用不同工作簿中的内容。为了操作方便，用户可将引用工作簿和被引用工作簿同时打开。这里在"销售业绩评定表"工作簿中引用"销售业绩总额"工作簿中的数据，其具体操作如下。

① 打开"销售业绩评定表"工作簿和"销售业绩总额"工作簿（配套资源：\素材文件\第 4 章\销售业绩评定表.xlsx、销售业绩总额.xlsx），选择"销售业绩评定表"工作簿中"Sheet1"工作表的 D14 单元格，输入"="，切换到"销售业绩总额"工作簿，选择 B3 单元格，如图 4-23 所示。

② 此时，在编辑框中可查看当前引用公式，按"Ctrl+Enter"组合键确认引用，返回"销售业绩评定表"工作簿，即可查看 D14 单元格中已成功引用"销售业绩总额"工作簿中 B3 单元格的数据，如图 4-24 所示。

图 4-23　选择引用的单元格

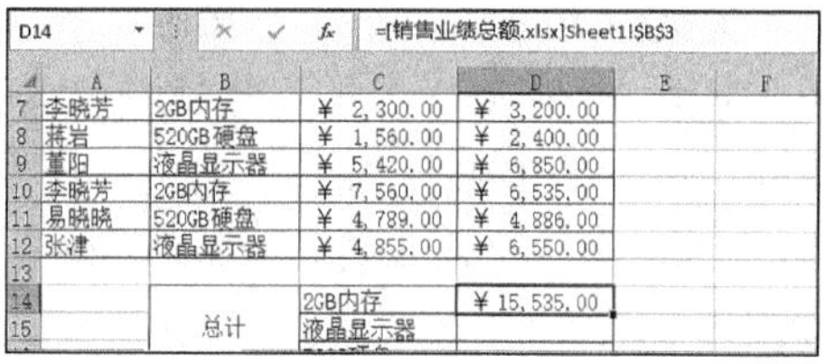

图 4-24　查看引用效果

③ 按照相同的操作方法，计算 D15、D16 单元格中的数据（配套资源：\效果文件\第 4 章\销售业绩评定表.xlsx）。

4.3.3　使用函数

函数相当于预设好的公式，用户通过这些函数可以简化公式输入过程，提高计算效率。Excel 中的函数主要包括财务、统计、逻辑、文本、日期和时间、查找和引用、数学和三角函数、工程、多维数据集和信息等。函数公式一般包括等号、函数名称和函数参数 3 个部分，其中函数名称表示函数的功能，每个函数都具有唯一的函数名称；函数参数指函数运算对象，它可以是数字、文本、逻辑值、表达式、引用或其他函数等。

1. 常用函数

下面介绍 Excel 2016 中比较常用的一些函数。

● SUM 函数：SUM 函数是对选择的单元格或单元格区域进行求和计算的一种函数，其语法结构为 SUM(number1,number2,…)。其中"number1,number2,…"表示若干个需要求和的参数。填写参数时，用户可以填写单元格地址（如 E6,E7,E8）、单元格区域（如 E6:E8）或两者混合。

● AVERAGE 函数：AVERAGE 函数用于求平均值。计算方法是：将选择的单元格或单元格区域中的数据先相加再除以单元格个数。其语法结构为 AVERAGE(number1,number2,…)。其中"number1,number2,…"表示需要计算的若干个参数的平均值。

● IF 函数：IF 函数是一种条件函数，它能执行真假值判断，并根据逻辑计算的真假值返回不同结果，其语法结构为 IF(logical_test,value_if_true,value_if_false)。其中，logical_test 表示计算结果为 TRUE 或 FALSE 的任意值或表达式；value_if_true 表示 logical_test 为 TRUE 时要返回的值，它可以是任意数据；value_if_false 表示 logical_test 为 FALSE 时要返回的值，它也可以是任意数据。

- COUNT 函数：COUNT 函数用于返回包含数字及包含参数列表中数字的单元格个数，通常利用它来计算单元格区域或数字数组中数字字段的输入项个数，其语法结构为 COUNT(value1,value2,…)。"value1, value2,…"为包含或引用各种类型数据的参数（1～30 个），但只有数字类型的数据才被计算。
- MAX/MIN 函数：MAX 函数用于返回所选单元格区域中所有数值的最大值，MIN 函数则用来返回所选单元格区域中所有数值的最小值。其语法结构为 MAX/MIN(number1,number2,…)。其中"number1,number2,…"表示要筛选的若干个数值或引用。

> 提示：在某些情况下，将某函数作为另一函数的参数使用，这种函数就是嵌套函数。将函数作为参数使用时，它返回的数值类型必须与参数使用的数值类型相同。如果参数为整数值，那么嵌套函数也必须返回整数值，否则 Excel 将显示#VALUE!错误值。例如，嵌套函数"=IF(AVERAGE(F2:F5)>50,SUM(G2:G5),0)"表示只有 F2:F5 单元格区域的平均值大于 50 时，才会对 G2:G5 单元格区域的数值求和，否则返回 0。

2. 插入函数

在 Excel 中可以通过以下 3 种方式来插入函数。

- 选择要插入函数的单元格后，单击编辑栏中的"插入函数"按钮，在打开的"插入函数"对话框中选择函数类型，单击"确定"按钮即可插入。
- 选择要插入函数的单元格后，在"公式"/"函数库"组中单击"插入函数"按钮，在打开的"插入函数"对话框中选择函数类型，单击"确定"按钮即可插入。
- 选择要插入函数的单元格后，按"Shift+F3"组合键，打开"插入函数"对话框，在其中选择所需函数类型后，单击"确定"按钮即可插入。

通过"插入函数"对话框在单元格中插入函数后，将打开"函数参数"对话框，在其中对参数值进行准确设置，单击"确定"按钮，即可在所选单元格中显示计算结果。

4.3.4　快速计算与自动求和

Excel 的计算功能非常人性化，用户既可以选择公式函数来进行计算，也可以直接选择某个单元格区域查看其求和、求平均值等的结果。

1. 快速计算

选择需要计算单元格之和或单元格平均值的区域，用户在 Excel 操作界面的状态栏中可以直接查看计算结果（包括平均值、单元格个数、总和）等，如图 4-25 所示。

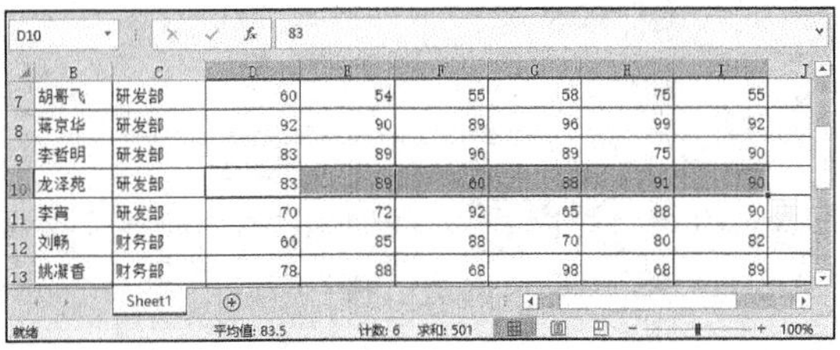

图4-25　快速计算

2. 自动求和

求和函数主要用于计算某一单元格区域中所有数值之和。用户选择需要求和的单元格，在"公式"/"函数库"组中单击"自动求和"按钮∑（单击该按钮下方的下拉按钮，在打开的下拉列表中还可以选择"平均值""最大值""最小值"等选项，计算所选单元格区域的平均值、最大值和最小值等），即可在当前单元格中插入求和函数"SUM"，同时 Excel 将自动识别函数参数，按"Enter"键，完成求和计算。

任务 3——制作销售明细表

利用本节所学的知识制作"销售明细表.xlsx"文档（配套资源：\效果文件\第 4 章\销售明细表.xlsx），并利用公式和函数计算其中的数据，效果如图 4-26 所示。

加盟店名称	1月销售额	2月销售额	3月销售额	4月销售额	5月销售额	6月销售额	销售总额	月平均销售额	排名	评价
龙湖店	¥ 95,367.0	¥ 145,745.0	¥ 94,652.0	¥ 176,520.0	¥ 161,717.0	¥ 101,201.0	¥ 775,202.0	¥ 129,200.3	6	良好
新加坡花园店	¥ 178,904.0	¥ 146,732.0	¥ 182,721.0	¥ 89,089.0	¥ 191,304.0	¥ 99,231.0	¥ 887,981.0	¥ 147,996.8	1	优秀
梨园店	¥ 145,759.0	¥ 112,034.0	¥ 138,997.0	¥ 195,829.0	¥ 188,551.0	¥ 89,159.0	¥ 870,329.0	¥ 145,054.8	2	优秀
通达支路店	¥ 110,424.0	¥ 154,486.0	¥ 173,577.0	¥ 109,966.0	¥ 68,619.0	¥ 73,970.0	¥ 691,042.0	¥ 115,173.7	11	合格
火车站店	¥ 119,577.0	¥ 122,342.0	¥ 83,513.0	¥ 198,731.0	¥ 90,477.0	¥ 114,649.0	¥ 729,289.0	¥ 121,548.2	10	良好
金沙街店	¥ 75,289.0	¥ 200,029.0	¥ 91,055.0	¥ 142,791.0	¥ 135,561.0	¥ 115,772.0	¥ 760,497.0	¥ 126,749.5	7	良好
人民路店	¥ 131,288.0	¥ 147,682.0	¥ 115,479.0	¥ 133,553.0	¥ 144,970.0	¥ 122,440.0	¥ 795,412.0	¥ 132,568.7	5	优秀
仁和路店	¥ 72,848.0	¥ 81,943.0	¥ 126,640.0	¥ 190,849.0	¥ 100,693.0	¥ 81,945.0	¥ 654,918.0	¥ 109,153.0	12	差
大湾店	¥ 107,510.0	¥ 125,146.0	¥ 156,892.0	¥ 82,287.0	¥ 113,925.0	¥ 154,937.0	¥ 740,697.0	¥ 123,449.5	8	良好
金地广场店	¥ 172,822.0	¥ 116,710.0	¥ 110,129.0	¥ 124,230.0	¥ 151,252.0	¥ 187,681.0	¥ 862,824.0	¥ 143,804.0	3	优秀
红星街店	¥ 96,669.0	¥ 193,356.0	¥ 85,500.0	¥ 192,555.0	¥ 101,484.0	¥ 172,555.0	¥ 842,284.0	¥ 140,380.7	4	优秀
鹰翔花园店	¥ 104,854.0	¥ 137,538.0	¥ 166,739.0	¥ 73,723.0	¥ 82,124.0	¥ 164,842.0	¥ 729,820.0	¥ 121,636.7	9	良好
月最高销售额	¥ 178,904.0	¥ 200,029.0	¥ 182,721.0	¥ 198,731.0	¥ 191,304.0	¥ 187,681.0	¥ 887,981.0	¥ 147,996.8		
月最低销售额	¥ 72,848.0	¥ 81,943.0	¥ 83,513.0	¥ 73,723.0	¥ 68,619.0	¥ 73,970.0	¥ 654,918.0	¥ 109,153.0		
大湾店4月销售额	¥ 82,287.0									
金沙街店6月销售额	¥ 115,772.0									

图 4-26　销售明细表

操作提示：

（1）打开"销售明细表.xlsx"文档（配套资源：\素材文件\第 4 章\销售明细表.xlsx），使用 SUM 函数和 AVERAGE 函数计算各加盟店上半年的销售总额和月平均销售额。

（2）使用 MAX 函数和 MIN 函数统计上半年加盟店的最高销售额和最低销售额等情况。

（3）使用 RANK 函数统计各加盟店上半年的销售排名。

（4）使用 IF 函数对各加盟店上半年的销售业绩进行评价。

（5）使用 INDEX 函数查询指定加盟店、指定月份的销售额数据。

4.4　管理数据

Excel 具备强大的数据管理能力，用户可以通过排序、筛选、分类汇总和合并计算等操作对表格中的数据进行控制和分析，以提升工作效率。

4.4.1　数据排序

日常办公中经常会遇到对表格进行排序的情况，如按销售额、学生成绩等进行排序，此时可使用 Excel 中的数据排序功能来实现。用户对数据进行排序有助于快速、直观地显示数据。

1. 数据排序时表格构建规则

用户要想对表格中的数据进行正确排序，应按照以下规范来构建表格。

- Excel 不允许合并后的单元格与普通单个单元格同时进行排序。
- 表格中关键字所在列不能有空白单元格，否则排序后表格结构将发生改变。

- 数值型数字和文本型数字排序时，数字前、中、后均不能出现空格。

2. 快速排序

如果只对工作表中的某一列进行简单排序，用户可以使用快速排序来完成。方法为：选择要排序列中的任意一个单元格，然后单击"数据"/"排序和筛选"组中的"升序"按钮或"降序"按钮，即可实现数据的升序或降序操作。

3. 组合排序

遇到多个单元格数据值相同的情况，用户可以使用分别设置主、次关键字组合排序的方式来决定数据的先后。这里在"员工培训成绩表 1"工作簿中将"总成绩"作为主要关键字，将"职业素养"作为次要关键字进行排序，其具体操作如下。

① 打开"员工培训成绩表 1.xlsx"工作簿（配套资源：\素材文件\第 4 章\员工培训成绩表.xlsx），选择工作表中包含数据的任意一个单元格，然后单击"数据"/"排序和筛选"组中的"排序"按钮，打开"排序"对话框。

② 在"主要关键字"下拉列表中选择"总成绩"选项，在"次序"下拉列表中选择"升序"选项，单击"添加条件"按钮，添加次要关键字条件。然后在"次要关键字"下拉列表中选择"职业素养"选项，在"次序"下拉列表中选择"降序"选项，设置完成后单击"确定"按钮，如图 4-27 所示。

③ 返回工作表编辑区，即可查看排序结果。此时可看到数据优先以"总成绩"进行升序排列，"总成绩"相同时，再以"职业素养"进行降序排列，如图 4-28 所示。

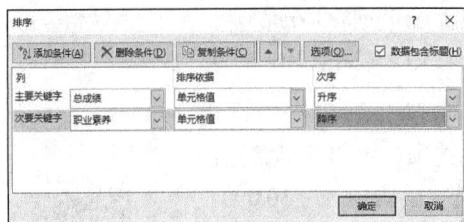

图 4-27　设置排序条件　　　　图 4-28　查看排序结果

4. 自定义排序

除了按照数据大小排序，用户还可以按照自定义序列中的顺序进行排列。Excel 2016 提供了内置的序列，用户也可以根据实际需求自己设置。这里在"员工培训成绩表"工作簿中将"财务知识"作为主要关键字进行降序排列，再将"所属部门"按"财务部""行政部""研发部""市场部"的方式进行排序，其具体操作如下。

① 在"员工培训成绩表"工作簿中，单击"数据"/"排序和筛选"组中的"排序"按钮，打开"排序"对话框，单击"删除条件"按钮，将表格中已设置的排序条件删除。

② 在"主要关键字"下拉列表中选择"财务知识"选项，在"次序"下拉列表框中选择"降序"选项，然后单击"添加条件"，在"次要关键字"下拉列表中选择"所属部门"选项，在"次序"下拉列表中选择"自定义序列"选项。

③ 打开"自定义序列"对话框后，在"输入序列"文本框中输入排列顺序，如图 4-29 所示，然后单击"确定"按钮。

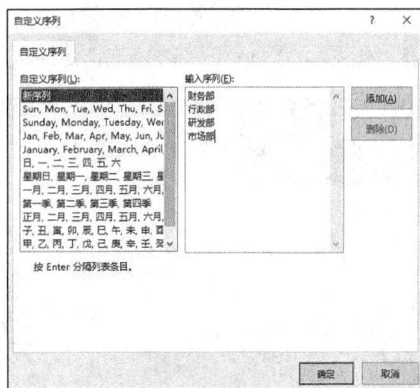

图 4-29　输入自定义序列

④ 返回"排序"对话框，单击"确定"按钮确认设置。此时在工作表中，若"财务知识"成绩相同的单元格，则按照"所属部门"自定义条件进行排序（配套资源：\效果文件\第 4 章\员工培训成绩表 1.xlsx）。

4.4.2 数据筛选

通过数据筛选，用户可以快速定位符合特定条件的数据，以方便在第一时间获取所需数据信息。Excel 中数据的筛选主要分为自动筛选、自定义筛选和高级筛选 3 种方式。

1. 数据筛选时表格构建规则

数据筛选时表格的构建规则有以下 3 点。

- 表格中每一行的结构要相同，即每列的内容是相同类型，筛选的结果才是有意义的。
- 表格中每列最好都有表头，作用是在高级筛选时，用来指示对应的条件针对的是哪一列。
- 输入的条件支持逻辑运算，支持"与""或"运算；模式匹配支持通配符"?"和"*"，其中，"?"匹配任意单个字符，"*"匹配任意多个字符。

2. 自动筛选

自动筛选数据即根据用户设定的筛选条件，自动显示符合条件的数据，隐藏其他数据。方法是：在工作表中选择需要进行自动筛选的单元格区域后，单击"数据"/"排序和筛选"组中的"筛选"按钮▼，此时各列表头右侧将出现一个下拉按钮▼，单击相应的下拉按钮，在打开的下拉列表中单击选中需要筛选的数据或撤销不需要显示的数据，不满足条件的数据将自动隐藏。用户如果想要取消筛选，再次单击"数据"/"排序和筛选"组中的"筛选"按钮▼即可。

3. 自定义筛选

自定义筛选建立在自动筛选基础上，可自动设置筛选选项，更灵活地筛选出所需数据。这里将在"月销售记录表"工作簿中自定义筛选"销售额"为 30 000～80 000 元的数据，其具体操作如下。

① 打开"月销售记录表.xlsx"工作簿（配套资源：\素材文件\第 4 章\月销售记录表.xlsx），选择"4 月份"工作表，在该工作表中选择任意一个包含数据的单元格，然后单击"数据"/"排序和筛选"组中的"筛选"按钮▼。

自定义筛选

② 此时，第一行单元格表头右侧将显示下拉按钮▼，单击"销售额"单元格右侧的下拉按钮▼，在打开的下拉列表中选择"数字筛选"/"自定义筛选"选项，如图 4-30 所示。

③ 打开"自定义自动筛选方式"对话框后，在其中设置筛选条件，设置完成后单击"确定"按钮，如图 4-31 所示，完成自定义筛选操作。

图 4-30　选择筛选方式　　　　　图 4-31　设置自定义筛选条件

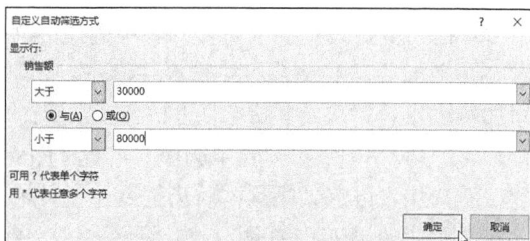

提示："自定义自动筛选方式"对话框中包括两组判断条件：上面一组为必选项；下面一组为可选项。其中"与"单选按钮表示筛选上下两组条件都满足的数据，"或"单选按钮表示筛选满足两组条件中任意一组条件的数据。

4. 高级筛选

如果想要根据自己设置的筛选条件来筛选数据，则需要使用高级筛选功能。高级筛选功能可以筛选出同时满足两个或两个以上约束条件的数据。这里将在"月销售记录表"工作簿中筛选出"城北店"和"城南店"销售额高于"30 000"的数据信息，其具体操作如下。

① 在"月销售记录表"工作簿中选择"5 月份"工作表，在 J3:K5 单元格区域输入筛选条件。注意条件区域中的标签名称要与筛选区域中的标签名称一致。

② 将光标定位到筛选单元格区域中的任意单元格或者选择筛选单元格区域，单击"数据"/"排序和筛选"组中的"高级"按钮▼。

③ 打开"高级筛选"对话框后，在"方式"栏中单击选中"将筛选结果复制到其他位置"单选按钮，然后选择需要进行筛选的列表区域和条件区域，这里将列表区域设置为整个表格区域，条件区域则选择之前条件所在的单元格区域，即 J3:K5 单元格区域，在"复制到"参数框中选择筛选选结果存放的位置，如图 4-32 所示。

④ 单击"确定"按钮，筛选结果将显示在指定单元格中。

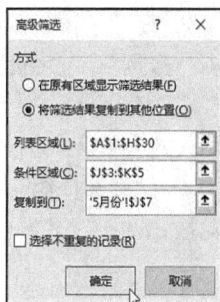

图 4-32　选择筛选方式及区域

4.4.3　数据分类汇总

分类汇总可以帮助用户快速对表格中的字段进行分类，然后对字段数据进行统计计数。Excel 中的分类汇总主要包括单项分类汇总和嵌套分类汇总两种。

1. 数据分类汇总时表格构建规则

数据分类汇总时表格的构建没有特殊规则，但用户应掌握对工作表进行分类汇总的基本原则：先排序，后汇总。先排序指先对作为分类依据的字段进行排序操作，然后按求和、计数、求平均值、求最大/最小值等不同方式对数据字段进行汇总。

2. 单项分类汇总

单项分类汇总的方法很简单，用户只需在表格中选择要进行分类字段的任意单元格，然后单击"数据"/"排序和筛选"组中的"升序"按钮↓或"降序"按钮对字段进行排序，排序后，单击"数据"/"分级显示"组中的"分类汇总"按钮，打开"分类汇总"对话框，在其中对"分类字段""汇总方式""选定汇总项"等进行设置，图 4-33 所示为对"产品名称"的销售量进行汇总，设置完成后单击"确定"按钮即可。

3. 嵌套分类汇总

对已分类汇总的数据再次进行分类汇总，即嵌套分类汇总。在完成基础分类汇总后，单击"数据"/"分级显示"组中的"分类汇总"按钮，打开"分类汇总"对话框，在"分类字段"下拉列表中选择一个新的分类选项，再对汇总方式、选定汇总项进行设置，撤销选中"替换当前分类汇总"复选框，单击"确定"按钮，即可完成嵌套分类汇总的设置。

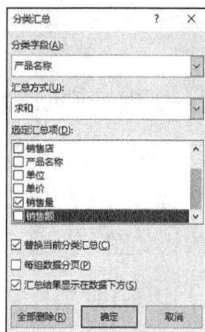

图 4-33　分类汇总

提示：如果不再需要对数据进行分类汇总，可以将其删除。其方法是在“分类汇总”对话框中单击“全部删除”按钮。

4.4.4 合并计算

合并计算

如果需要将多张工作表中的数据合并到一张工作表中，可以使用 Excel 的合并计算功能。这里将在“月销售记录表”工作簿中，使用合并计算功能来计算 7 月份和 8 月份的“销售量”“销售额”总数，其具体操作如下。

① 在“月销售记录表”工作簿中，复制一张“8 月份”工作表，并将其重命名为“总销售额”，且将 E2:F6 单元格区域中的数据删除，如图 4-34 所示。

② 在“总销售额”工作表中选择显示合并计算结果的目标单元格，这里选择 E2 单元格，然后单击“数据”/“数据工具”组中的“合并计算”按钮。

③ 打开“合并计算”对话框后，在“函数”下拉列表中选择“求和”选项，在“引用位置”数值框中输入或选择第一个被引用单元格，然后单击“添加”按钮，将其添加到“所有引用位置”列表框中。

④ 继续选择第二个被引用单元格，将其添加到列表框中，如图 4-35 所示，选择完成后单击“确定”按钮。

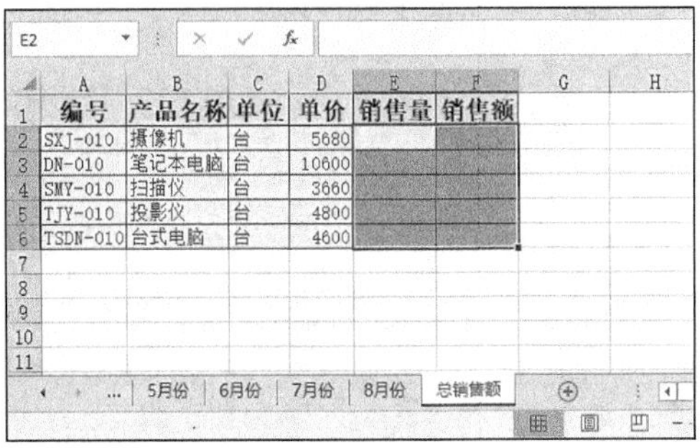

	A	B	C	D	E	F	G	H
1	编号	产品名称	单位	单价	销售量	销售额		
2	SXJ-010	摄像机	台	5680				
3	DN-010	笔记本电脑	台	10600				
4	SMY-010	扫描仪	台	3660				
5	TJY-010	投影仪	台	4800				
6	TSDN-010	台式电脑	台	4600				

图 4-34 复制工作表

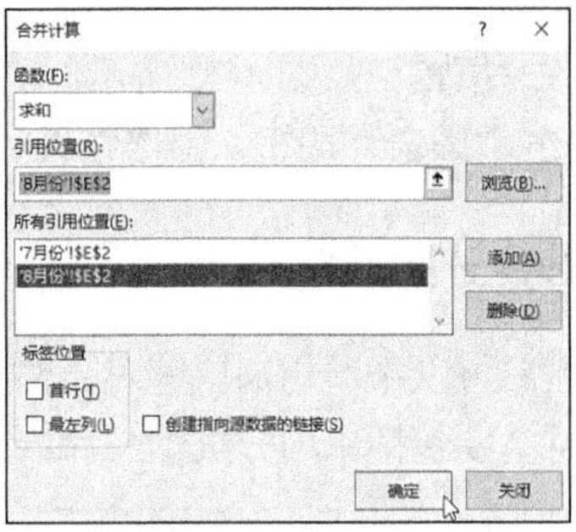

图 4-35 合并计算

⑤ 返回“总销售额”工作表，在 E2 单元格中即可查看汇总结果；同理，计算 F2 单元格中的汇总结果。按照相同的操作方法，继续合并计算其他产品的销售量和销售额（配套资源：\效果文件\第 4 章\月销售记录表.xlsx）。

任务 4——统计分析产品销量表

利用本节所学的知识对“产品销量表.xlsx”（配套资源：\效果文件\第 4 章\产品销量表.xlsx）中的数据进行排序、筛选和分类汇总，效果如图 4-36 所示。

操作提示：

（1）打开“产品销售量.xlsx”工作簿（配套资源：\素材文件\第 4 章\产品销售量.xlsx），将其以“产品名称”为“主要关键字”进行自定义排序。

（2）筛选出季度销售量大于“1 500”的销售量数据，然后筛选出 5 月份销售量大于“510”、季度总销量大于“1 520”的销售量

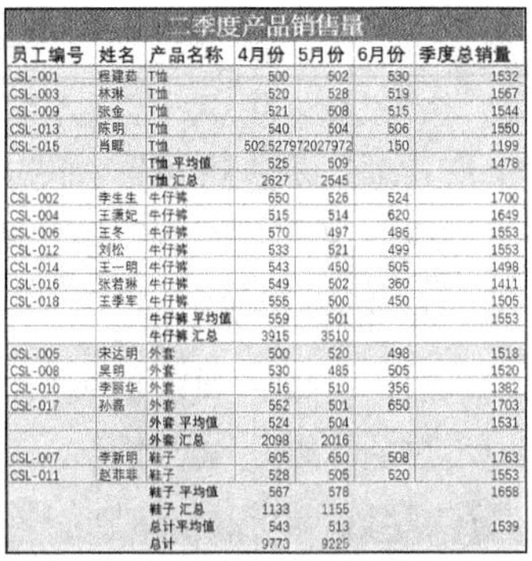

二季度产品销售量

员工编号	姓名	产品名称	4月份	5月份	6月份	季度总销量
CSL-001	程建茹	T恤	500	502	530	1532
CSL-003	林琳	T恤	520	528	519	1567
CSL-009	张金	T恤	521	508	515	1544
CSL-013	陈明	T恤	540	504	506	1550
CSL-015	肖暱	T恤	502.527972027972		150	1199
		T恤 平均值	525	509		1478
		T恤 汇总	2627	2545		
CSL-002	李生生	牛仔裤	650	526	524	1700
CSL-004	王秉妃	牛仔裤	515	514	620	1649
CSL-006	王冬	牛仔裤	570	497	486	1553
CSL-012	刘松	牛仔裤	533	521	499	1553
CSL-014	王一明	牛仔裤	543	450	505	1498
CSL-016	张若琳	牛仔裤	549	502	360	1411
CSL-018	王季军	牛仔裤	555	500	450	1505
		牛仔裤 平均值	559	501		1553
		牛仔裤 汇总	3915	3510		
CSL-005	宋达明	外套	500	520	498	1518
CSL-008	吴明	外套	530	485	505	1520
CSL-010	李丽华	外套	516	510	356	1382
CSL-017	孙磊	外套	552	501	650	1703
		外套 平均值	524	504		1531
		外套 汇总	2098	2016		
CSL-007	李新明	鞋子	605	650	508	1763
CSL-011	赵菲菲	鞋子	528	505	520	1553
		鞋子 平均值	567	578		1658
		鞋子 汇总	1133	1155		
		总计平均值	543	513		1539
		总计	9773	9225		

图 4-36 产品销量表

数据。

（3）对 C 列数据按"产品名称"的"求和"方式汇总"4 月份"和"5 月份"销售量数据，然后使用相同的方法对"季度总销量"的"总计平均值"进行汇总。

4.5　应用图表和分析数据

相较于单纯的数据，图表能更加直观地展示数据中的复杂信息，以方便用户理解数据间的关系，提升用户对数据的理解能力。下面介绍应用图表和分析数据的相关知识。

4.5.1　认识图表

图表是 Excel 中非常重要的一种数据分析工具。Excel 2016 为用户提供了种类丰富的图表类型，包括柱形图、条形图、折线图和饼图等。不同类型的图表，其适用情况也有所不同。

一般来说，图表由图表区和绘图区构成。图表区指图表整个背景区域，绘图区则包括数据系列、坐标轴、图表标题、数据标签和图例等部分。

- 数据系列：图表中的相关数据点，代表表格中的行、列。图表中每一个数据系列都具有不同的颜色和图案，且各个数据系列的含义将通过图例体现出来。在图表中，Excel 2016 允许绘制一个或多个数据系列。
- 坐标轴：度量参考线。x 轴为水平坐标轴，表示分类；y 轴为垂直坐标轴，表示数据。
- 图表标题：即图表名称。它一般自动在图表顶部居中对齐。
- 数据标签：为数据标记附加信息的标签。它通常代表表格中某单元格的数据点或值。
- 图例：表示图表的数据系列。通常图表中有多少数据系列就有多少个图例色块，且其颜色或图案与数据系列相对应。

4.5.2　创建和设置图表

为了使表格中的数据看起来更直观，用户可以用图表的方式来展现数据。在 Excel 2016 中，图表能清楚地展示各个数据的大小和变化情况、数据的差异和走势，从而帮助用户更好地分析数据。

1. 创建图表

图表是根据 Excel 表格数据生成的，因此在插入图表前，用户需要编辑 Excel 表格中的数据。随后选择数据区域，在"插入"/"图表"组中单击"推荐的图表"按钮，打开"插入图表"对话框，如图 4-37 所示。在"推荐的图表"选项卡中提供了适合当前数据的图表类型，在"所有图表"选项卡中显示的是可以使用的所有图表，选择所需的图表类型后，单击"确定"按钮即可创建图表。

2. 设置图表

在默认情况下，图表将被插入编辑区中心

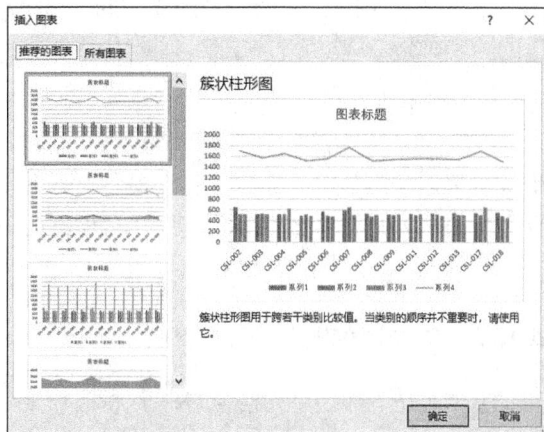

图 4-37　"插入图表"对话框

位置，但用户可以对图表位置和大小进行调整：选择图表，将鼠标指针移动到图表中，按住鼠标左键拖动可调整其位置；将鼠标指针移动到图表 4 个角上，按住鼠标左键拖动可调整图表的大小。

选择不同的图表类型，图表中的组成部分也会不同。对于不需要的部分，用户可将其删除。方法为选择不需要的图表部分，按"Backspace"键或"Delete"键。

4.5.3 编辑图表

如果图表不够美观或数据有误，用户也可对其进行重新编辑，如编辑图表数据、设置图表位置、更改图表类型、设置图表样式、设置图表布局，以及编辑图表元素等。

1. 编辑图表数据

如果表格中的数据发生了变化，例如增加或修改了数据时，Excel 2016 会自动更新图表。如果图表所选的数据区域有误，则需要用户手动进行更改。在"图表工具 设计"/"数据"组中单击"选择数据"按钮，打开"选择数据源"对话框，在其中可重新选择和设置数据。

2. 设置图表位置

图表默认创建在当前工作表中，用户也可根据需要将其移动到新的工作表中。方法为：在"图表工具 设计"/"位置"组中单击"移动图表"按钮，打开"移动图表"对话框，选中"新工作表"单选按钮，即可将图表移动到新工作表中。

3. 更改图表类型

如果所选的图表类型不适合表达当前数据，用户可以重新更换一种新的图表类型。方法为：选择图表，在"图表工具 设计"/"类型"组中单击"更改图表类型"按钮，在打开的"更改图表类型"对话框中重新选择所需图表类型。

4. 设置图表样式

创建图表后，为了使图表效果更美观，用户可以对其样式进行设置。Excel 2016 为用户提供了多种预设布局和样式，用户可以快速将其应用于图表中。方法为：选择图表，单击"图表工具 设计"/"图表样式"组中的"快速样式"按钮，在打开的下拉列表中选择所需样式。

5. 设置图表布局

除了可以为图表应用样式外，还可以根据需要更改图表的布局。其方法为：选择要更改布局的图表，在"图表工具 设计"/"图表布局"组中单击"快速布局"按钮，在打开的下拉列表中选择合适的图表布局。

6. 编辑图表元素

在选择图表类型或应用图表布局后，图表中各元素的样式都会随之改变。用户如果对图表标题、坐标轴标题和图例等元素的位置、显示方式等不满意，可进行调整。方法为：选择"图表工具 设计"/"图表布局"组，单击"添加图表元素"按钮，在打开的下拉列表中选择需要调整的图表元素，并在子列表中选择相应的选项。

4.5.4 创建迷你图

迷你图是工作表单元格中的一个微型图表，它可以显示一系列数值的变化趋势。插入迷你图的方法为：在"插入"/"迷你图"组中选择要创建的迷你图类型，打开"创建迷你图"对话框，在"数据范围"数值框中输入或选择迷你图所基于的数据区域，在"位置范围"数值框中选择迷你图放置的位置，如图 4-38 所示，单击"确定"按钮完成操作。

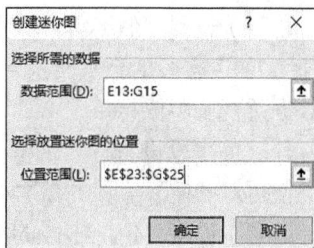

图 4-38　"创建迷你图"对话框

4.5.5　数据透视表

数据透视表是一种数据交互式报表，能将大量的数据进行快速汇总。它使用户能快速浏览、分析和合并数据，从数据透视表中发现和得到一些意想不到的信息。下面将介绍数据透视表的创建、设置、使用和美化等相关操作。

1. 数据透视表的创建

在"网店销售提成表"工作簿中创建数据透视表，其具体操作如下。

① 打开"网店销售提成表.xlsx"工作簿（配套资源：\素材文件\第 4 章\网店销售提成表.xlsx），选择"销售一部"工作表，然后选择工作表中包含数据的任意单元格，单击"插入"/"表格"组中的"数据透视表"按钮 。

② 打开"创建数据透视表"对话框后，在"请选择要分析的数据"栏中自动选择了表格中包含数据的单元格区域，保持默认设置，在"选择放置数据透视表的位置"栏中单击选中"现有工作表"单选按钮，并在"位置"文本框中输入"A16"，单击"确定"按钮，如图 4-39 所示。

③ 此时在"销售一部"工作表中将自动新建一个空白数据透视表，并在右侧显示"数据透视表字段"窗格，在其中用户可以根据实际需要单击选中对应的复选框，即可将表格中的对应数据字段分别添加到"筛选""列""行""值" 4 个列表框中。这里将"销售人员"字段添加到"筛选"列表框中，将"所售商品"字段添加到"列"列表框中，将"客户 ID"字段添加到"行"列表框中，将"销售金额"字段添加到"值"列表框中，如图 4-40 所示。

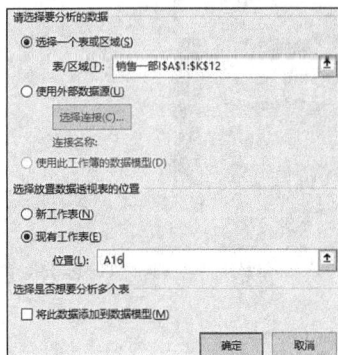

图 4-39　设置放置数据透视表的位置

图 4-40　添加数据透视表字段

> **提示**：通过单击选中复选框的方式为数据透视表添加字段时，文本字段将默认显示在"行"列表框中。用户若想调整字段的位置，可以利用鼠标拖动字段到目标列表框中。另外，用户也可以采用直接拖动复选框至对应列表框中的方式来添加字段。

2. 数据透视表的设置

为了方便用户在数据透视表中汇总和分析数据，Excel 2016 允许用户对数据透视表进行一些设置，其中包括设置"值"字段数据格式、设置"值"字段的汇总方式和更改字段等。

（1）设置"值"字段数据格式

"值"字段的数据格式包括数值、货币、会计专用、百分比以及科学记数等。设置方法为：选择数据透视表中任意单元格，单击"数据透视表工具 分析"/"活动字段"组中的"字段设置"按钮，打开"值字段设置"对话框，单击其中的"数字格式"按钮，在打开的"设置单元格格式"对话框中便可对"值"字段的数据格式进行设置。

（2）设置"值"字段的汇总方式

创建数据透视表后，默认情况在"值"字段中将按"求和"这一分类汇总方式生成数据。实际上"值"字段的汇总方式有多种，如求和、计数、平均值、最大值等，用户可以根据需要进行设置。方法为：在"数据透视表字段"窗格中，单击"值"列表框中要设置的字段，在打开的下拉列表中选择"值字段设置"选项，打开"值字段设置"对话框，如图4-41所示，在"值汇总方式"选项卡中可以选择不同的汇总方式。

（3）更改字段

更改数据透视表字段，实质上就是对数据透视表中已经添加的字段进行移动或删除。

● 移动字段：移动字段指调整数据透视表中字段的显示位置。方法为：在"数据透视表字段"窗格中的"在以下区域间拖动字段"栏中，单击要移动的字段，在打开的下拉列表中选择字段的显示位置即可，如图4-42所示。如果某一列表中添加了多个字段，用户还可以对同一列表中的字段进行"上移""下移""移至开头""移至末尾"等操作。

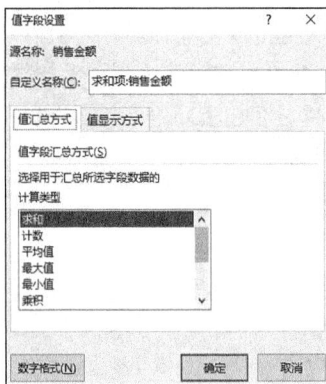

图4-41　设置"值"字段汇总方式　　　　图4-42　移动字段

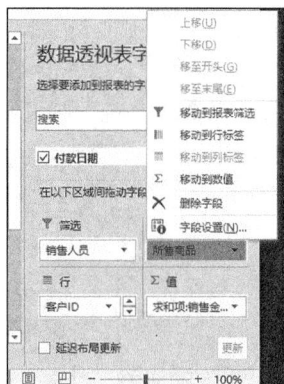

● 删除字段：删除字段的方法很简单，用户在"数据透视表字段"窗格中撤销选中对应的复选框，即可将字段从数据透视表中删除。

3. **数据透视表的使用**

添加并设置数据透视表后，用户便可用它来进行数据分析，其中包括在数据透视表中显示与隐藏明细数据、排序和筛选、刷新数据等。下面将分别介绍。

（1）显示与隐藏明细数据

显示与隐藏数据透视表明细数据的方法为：选择数据透视表中想要隐藏字段所对应的单元格，单击"数据透视表工具 分析"/"活动字段"组中的"折叠字段"按钮，此时所选字段明细数据在数据透视表中将被隐藏起来。单击"活动字段"组中的"展开字段"按钮，便可将隐藏的数据重新显示在数据透视表中。

（2）排序和筛选

在数据透视表中对字段进行排序和筛选的方法主要有以下5种。

- 自动排序：单击字段右侧的下拉按钮▾，在打开的下拉列表中选择"降序"或"升序"选项。此方法适用于行标签和列标签中的字段。
- 其他排序：单击字段右侧的下拉按钮▾，在打开的下拉列表中选择"其他排序选项"选项，打开"排序"对话框，用户在其中可以自行设置排序方式。
- 在下拉列表中筛选数据：单击字段右侧的下拉按钮▾，在打开的下拉列表中单击选中所需复选框或撤销选中复选框，即可实现数据筛选操作。
- 通过标签筛选数据：在字段下拉列表中，用户除了可以通过单击选中复选框进行筛选外，还可以通过标签筛选。单击字段右侧的下拉按钮▾，在打开的下拉列表中选择"标签筛选"选项，在打开的子列表中选择所需选项，如图 4-43 所示，然后在打开的对话框中设置筛选条件进行数据筛选操作。

> 提示：数据透视表默认不可以像普通表格一样进行筛选，因此用户选择数据透视表中任意单元格后，"排序和筛选"组中的"筛选"按钮呈灰色显示，表示不可用。此时，用户可以选择紧邻列标签的空白单元格，然后单击"筛选"按钮，就可以像普通表格一样对数据透视表进行数据筛选操作了。

图 4-43 通过标签筛选数据

- 通过值筛选数据：值筛选操作与标签筛选操作类似，即单击字段右侧的下拉按钮▾，在打开的下拉列表中选择"值筛选"选项，在打开的子列表中选择所需选项，然后在打开的对话框中设置筛选条件进行数据筛选操作。

> 提示：用户如果在数据透视表中应用了多个筛选条件，使用单击字段右侧的下拉按钮▾，在打开的下拉列表中取消筛选的方式进行清除就比较麻烦。此时，用户选择数据透视表中任意一个单元格，单击"数据透视表工具 分析"/"操作"组中的"清除"按钮，在打开的下拉列表中选择"清除筛选"选项，即可将当前数据透视表中所有的筛选条件一次性全部删除。

（3）刷新数据

当源数据发生变动后，数据透视表中的数据不会同时更改，而是需要用户对数据进行刷新操作。Excel 2016 中刷新数据透视表的方法有以下两种。

- 手动刷新。选择数据透视表中的任意单元格，单击"数据透视表工具 分析"/"数据"组中的"刷新"按钮，或者在数据透视表中单击鼠标右键，在弹出的快捷菜单中选择"刷新"命令。
- 自动刷新。单击"数据透视表工具 分析"/"数据透视表"组中的"选项"按钮，打开"数据透视表选项"对话框，单击"数据"选项卡，在"数据透视表数据"栏中单击选中"打开文件时刷新数据"复选框，然后单击"确定"按钮。下次打开工作簿时，数据透视表中的数据将自动刷新。

4. 数据透视表的美化

创建数据透视表后，用户还可以对其进行美化。数据透视表的美化主要包括更改布局和套用样式两个方面的内容，它们均可通过"数据透视表工具 设计"选项卡实现。

（1）更改布局

数据透视表布局包括分类汇总布局和报表布局。更改布局的方法为：选择数据透视表后，单击"数据透视表工具 设计"/"布局"组中相应的布局选项，可以设置分类汇总项的显示位置、是否显示总计列、调整新的报表布局等。

（2）套用样式

Excel 2016 还提供了可以直接套用的数据透视表样式。套用样式的方法为：选择数据透视表后，在"数据透视表工具 设计"/"数据透视表样式"组中选择所需样式即可。如果用户对预设的样式不满意，可以单击"数据透视表样式"组中的"其他"按钮 ▾，在打开的下拉列表中选择"新建数据透视表样式"选项，在打开的对话框中自定义样式。

4.5.6　数据透视图

数据透视图以图表的形式表示数据透视表中的数据。在创建数据透视图的同时，Excel 2016 会同时创建数据透视表。也就是说，数据透视图和数据透视表是关联的，无论哪一个对象发生了变动，另一个对象也将同步发生变动。

1. 创建数据透视图

数据透视图的创建方法与数据透视表的创建方法相似，通常有以下两种。

● 使用原始数据创建：打开工作簿，在工作表中选择包含数据的任意单元格，单击"插入"/"图表"组中的"数据透视图"按钮 ▥，打开"创建数据透视图"对话框，选择要分析的数据和放置数据透视图的位置后，单击"确定"按钮，即可创建一个空白数据透视图和数据透视表。用户通过"数据透视表字段"窗格将字段添加到报表中，便可成功创建数据透视图。

● 使用数据透视表创建：选择数据透视表中的任意一个单元格，单击"数据透视表工具 分析"/"工具"组中的"数据透视图"按钮 ▥，打开"插入图表"对话框，选择需要使用的图表类型，然后单击"确定"按钮，当前工作表中将会插入数据透视图，如图 4-44 所示。使用鼠标拖动该图可以改变其在工作表中的显示位置。

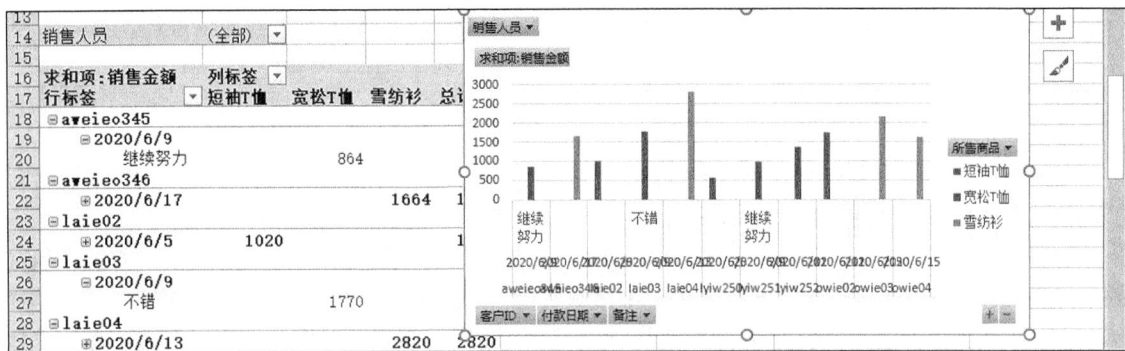

图 4-44　通过数据透视表创建数据透视图

2. 使用数据透视图

下面介绍更改图表类型和布局、添加图表元素、筛选图表中的数据等操作。

（1）更改图表类型

在 Excel 2016 中，用户可以根据需要更换图表类型，使图表能够更加准确地反映数据特征。方法为：选择数据透视图，单击"数据透视图工具 设计"/"类型"组中的"更改图表类型"按钮⚏，在打开的"更改图表类型"对话框中选择所需图表后，单击"确定"按钮。

（2）更改图表布局

在完成数据透视图的创建后，有时用户需要对图表布局进行修改，以使其符合操作习惯。方法为：选择数据透视图，单击"数据透视图工具 设计"/"图表布局"组中的"快速布局"按钮⚏，在打开的下拉列表中选择所需的图表布局即可。

（3）添加图表元素

数据透视图以与其他图表相同的方式显示数据系列、类别和坐标轴。另外，用户还可手动添加一些元素来辅助分析数据，如图表标题、数据标签、趋势线等。方法为：选择数据透视图后，单击"数据透视图工具 设计"/"图表布局"组中的"添加图表元素"按钮⚏，在打开的下拉列表中选择所需选项进行设置。

（4）筛选图表中的数据

筛选图表中数据的方法很简单，用户单击图表中含有下拉按钮▼的单元格，在打开的下拉列表中单击选中或撤销选中对应复选框即可进行筛选。用户也可以通过值、标签或日期进行筛选，其方法与筛选数据透视表中的数据类似。

3. 设置和美化数据透视图

数据透视图可以灵活进行设置，如更改数据源和美化外观等。

（1）更改数据源

在使用数据透视图的过程中，为了分析不同情况下的数据信息，用户可以更改数据源记录。方法为：选择创建的数据透视表，单击"数据透视表工具 分析"/"数据"组中的"更改数据源"按钮⚏，打开"更改数据透视表数据源"对话框，如图 4-45 所示，在"表/区域"数值框中重新选择要分析的数据后，单击"确定"按钮，返回工作表。此时，数据透视表和数据透视图中的数据会随之改变。

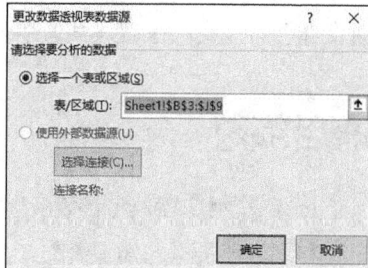

图 4-45　更改数据源

（2）美化数据透视图

Excel 中的数据透视图与其他图表一样，用户也可以根据需要对其进行美化设置。方法为：选择要设置的数据透视图，在"数据透视图工具 设计"/"图表样式"组中，选择预设的图表样式，即可对数据透视图进行快速美化。

另外，用户还可以对数据透视图中的某个元素进行单独美化。方法为：在数据透视图中选择要美化的元素，然后通过"数据透视图工具 格式"选项卡中的"形状样式"组和"艺术字样式"组对所选元素的形状填充颜色、轮廓、效果，以及文本填充颜色、轮廓、效果等进行设置。

> **提示**：在为数据透视图中的文本设置字符格式时，用户除了可以通过"艺术字样式"组进行设置外，还可以通过"开始"/"字体"组进行设置。

任务 5——制作业绩分析表

利用本节所学的知识制作"业绩分析表.xlsx"文档（配套资源：\效果文件\第 4 章\业绩分析表.xlsx），效果如图 4-46 所示。

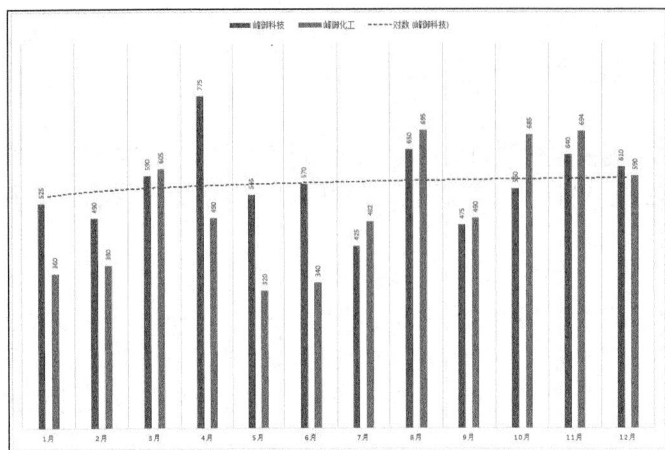

图 4-46　业绩分析表

操作提示：

（1）打开"业绩分析表.xlsx"工作簿（配套资源：\素材文件\第 4 章\业绩分析表.xlsx），为其中的数据添加"簇状柱形图"图表。

（2）将图表移动到新的工作表中，并设置样式，其中包括设置标题、应用样式、设置图例等。

（3）为图表中的某个数据系列添加"对数"趋势线。

（4）在数据对应的工作表中创建迷你图，并设置显示格式，如高点为红色、低点为绿色，然后通过拖动的方式快速创建其他迷你图。

课后练习

1. 制作年度绩效考核表

利用本章所学的知识制作年度绩效考核表（配套资源：\效果文件\第 4 章\年度绩效考核表.xlsx），如图 4-47 所示。涉及的知识点为 Excel 2016 的基本操作、美化工作表、计算和管理数据。

公司年度绩效考核表													
姓名	1月	2月	3月	4月	5月	6月	7月	8月	9月	10月	11月	12月	合计
郭子明	82	78	91	86	77	78	91	61	92	83	61	50	930
周韵	67	51	73	94	89	64	59	71	67	88	71	88	882
李健	64	73	85	77	77	86	51	90	75	63	90	75	906
刘明华	91	78	97	86	68	90	96	79	60	91	79	79	994
任芳	86	100	84	100	80	73	52	79	91	90	79	79	993
黄雪琴	75	56	73	69	57	77	85	98	83	80	98	98	949
罗嘉良	57	87	95	73	57	82	61	90	88	80	90	90	950
宋燕	83	97	98	65	76	65	63	57	63	63	57	57	844
张涛	79	51	60	94	60	82	77	50	91	77	50	91	862
冯顺天	86	62	64	98	60	86	54	100	90	54	100	90	944
张晗	84	55	58	60	70	73	50	61	80	50	61	80	782
姜丽丽	88	93	88	54	64	90	88	53	80	88	53	80	919

图 4-47　年度绩效考核表

2. 制作员工每月奖金表及图表

利用本章所学的知识和素材（配套资源：\素材文件\第 4 章\员工每月奖金表.xlsx）制作员工每月奖金表及图表（配套资源：\效果文件\第 4 章\员工每月奖金表及图表.xlsx），如图 4-48 所示。涉及的知识点为美化工作表和计算数据、应用图表。

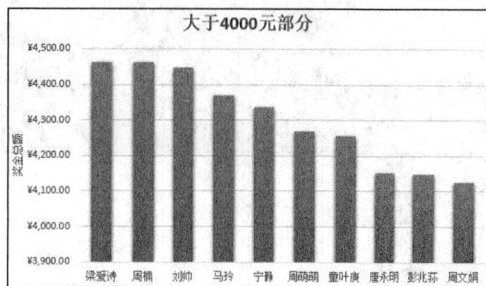

员工每月奖金表				
姓名	固定奖金	工作年限奖金	其他津贴	总计	排名
梁爱诗	¥2,000.00	¥1,571.00	¥891.00	¥4,462.00	1
周楠	¥2,000.00	¥1,592.00	¥870.00	¥4,462.00	1
刘帅	¥2,000.00	¥1,552.00	¥897.00	¥4,449.00	3
马玲	¥2,000.00	¥1,575.00	¥794.00	¥4,369.00	4
宁静	¥2,000.00	¥1,559.00	¥779.00	¥4,338.00	5
周萌萌	¥2,000.00	¥1,591.00	¥677.00	¥4,268.00	6
童叶庚	¥2,000.00	¥1,562.00	¥694.00	¥4,256.00	7
唐永明	¥2,000.00	¥1,576.00	¥577.00	¥4,153.00	8
彭兆苏	¥2,000.00	¥1,564.00	¥584.00	¥4,148.00	9
周文娟	¥2,000.00	¥1,554.00	¥571.00	¥4,125.00	10

图 4-48　员工每月奖金表及图表

3. 制作楼盘销售记录表及图表

利用本章所学的知识和素材（配套资源：\素材文件\第 4 章\楼盘销售记录表.xlsx）制作楼盘销售记录表及图表（配套资源：\效果文件\第 4 章\楼盘销售记录表及图表.xlsx），如图 4-49 所示。涉及的知识点为计算和管理数据、应用图表。

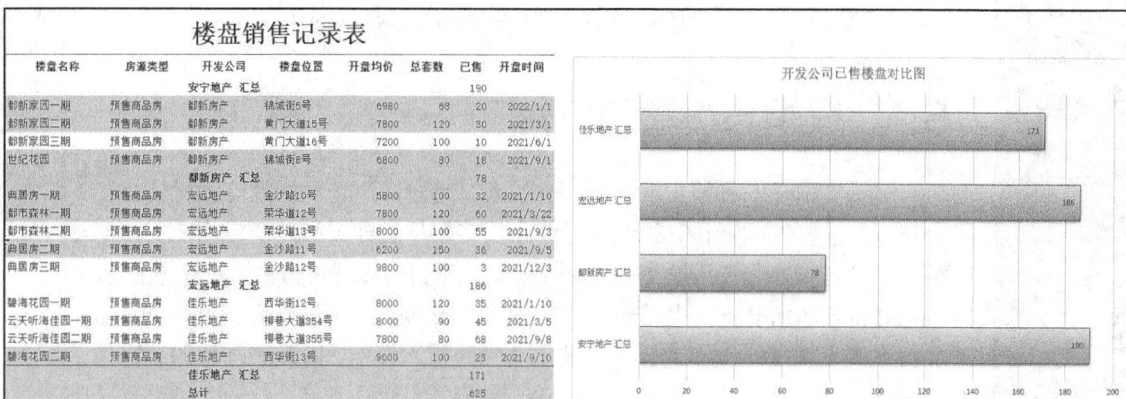

图 4-49　楼盘销售记录表及图表

05 | 第5章 演示文稿制作

【学习目标】
- 掌握 PowerPoint 2016 的基本操作。
- 掌握 PowerPoint 2016 编辑与设置幻灯片的操作方法。
- 掌握 PowerPoint 2016 丰富幻灯片内容的操作方法。
- 掌握 PowerPoint 2016 放映与导出演示文稿的操作方法。

5.1 编辑与设置幻灯片

演示文稿是一种将文字、图片、图表、动画、声音和影片等素材集合在一起，在投影仪或者计算机上进行演示的多媒体文件，被广泛应用在工作汇报、企业宣传、产品推介、婚礼庆典、项目竞标和管理咨询等方面。PowerPoint 2016 则是一款专业的演示文稿制作软件。下面将介绍 PowerPoint 2016 的基础知识，主要内容包括演示文稿的基本操作，以及幻灯片的编辑与设置等。

5.1.1 PowerPoint 2016 入门

PowerPoint 2016 制作出的演示文稿能够把用户想要表达的信息组织在一组图文并茂的画面中，在演讲、教学等领域应用非常广泛。本小节将先对演示文稿制作的基础知识进行介绍，再介绍 PowerPoint 2016 的操作界面组成和视图等内容。

1. PowerPoint 2016 简介

PowerPoint 2016 主要用于制作演示文稿。演示文稿一般由若干张幻灯片组成，每张幻灯片中都可以放置文字、图片、动画等内容，从而独立表达主题。制作好的演示文稿可使用投影仪或计算机演示，并可由演讲者自主控制演示过程。图 5-1 所示为使用 PowerPoint 2016 制作的共

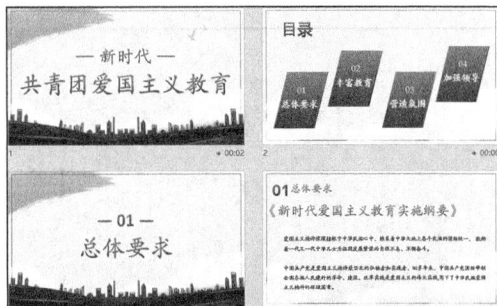

图 5-1 共青团爱国主义教育演示文稿

青团爱国主义教育演示文稿。

2. 演示文稿制作概述

演示文稿的特点是把静态文件制作成动态文件进行展示，把复杂的问题变得直观易懂。做好演示文稿一直是职场中一项极其重要的技能。用户无论是做项目报告、商业策划、产品介绍还是梳理流程工作，都需要使用 PowerPoint 软件来制作演示文稿。

（1）优秀演示文稿判断标准

判断演示文稿优劣的主要因素有两个：第一，演示文稿的内容；第二，演示文稿的设计。

① 演示文稿的内容。

首先，美观是优秀演示文稿的基础。只有美观的演示文稿，才可能激发观众产生就演示内容进行沟通的欲望，从而让观众记住文稿所要传递的信息。其次，优秀演示文稿的逻辑结构应合理、层次分明、重点和焦点要突出。一个空有其表的演示文稿不具备太多价值。用户想要制作出优秀的演示文稿，最重要的一点就是先搭建框架，然后犹如穿针引线、添砖加瓦一般地丰富其内容。

② 演示文稿的设计。

从幻灯片中的字体、配色、图表、形状与图标、动画等的设计效果可判断演示文稿的优劣。

- 字体：字体对演示文稿的风格有直接影响，不同字体会产生不同的效果。比如草书代表古典、优雅；宋体代表严谨、正式等。选对字体，演示文稿质量就有质的飞跃。
- 配色：配色是演示文稿设计中很难把握的元素，特别是对于没有受过专业培训的用户而言更是如此。但色彩在演示文稿中的地位举足轻重，好的配色能给观众以喜悦、震撼等各种感觉，不好的配色则可能直接毁掉整个演示文稿。
- 图表：图表是一种将枯燥数据变为生动信息的有效工具。用户在演示文稿中高效地使用图表，就能够让观众轻松地接收图表中反映出来的信息。
- 形状与图标：各种几何类基础形状或由形状组合、编辑得到的图标都是提升演示文稿质量的"帮手"。这些形状与图标不仅能起到丰富版面的作用，还有直接强化内容、吸引观众注意力等作用。
- 动画：演示文稿最具特色的功能就是动画。动画能让各类静态元素以动态方式展示，是演示文稿最精彩的方面之一。为幻灯片添加恰当的动画可以提升演示文稿档次，但动画效果并非越多越好，只要能够突出主题，达到既定目标就可以了。

（2）演示文稿关键要素

有的演示文稿令观众赏心悦目，而有的演示文稿则会令观众犯困。究其原因，在于制作者是否明确演示文稿制作的几个关键点。用户理解并掌握这些要点之后，演示文稿的质量将会得到大幅提升。

① 目标明确。

用户做好演示文稿的第一件事，不是急于去寻找演示文稿所要展示的素材文件，而是应该明确为什么要做这个演示文稿，即制作演示文稿的目标到底是什么。比如，要做一个好看的演示文稿、要做一个效果酷炫的演示文稿等，事实上，这些都不是制作演示文稿的目标，而只是达到目标的手段。用户要想找到制作演示文稿的真正目标，需要认真思考以下 3 个问题。

- 希望观众通过演示文稿了解什么。
- 希望观众通过演示文稿记住什么。
- 希望观众在观看演示文稿后能做什么。

真正明确上述 3 个问题之后，用户就能找到制作演示文稿的目标。

> **提示**：用户制作的演示文稿至少应该让观众对幻灯片内容感兴趣，而不是对演示文稿的排版、色彩、动画有兴趣。唯有内容吸引人，演示文稿才有可能达到真正的设计目标。

② 逻辑清晰。

如果想让观众读懂演示文稿，用户首先要让演示文稿具备"把事情讲清楚"的能力。要让演示文稿具备这一能力，用户需要在演示文稿中创建清晰、谨慎的逻辑。具体创建方法可以分为以下两种。

● 幻灯片的结构逻辑：一份完整的演示文稿应包含封面、目录、过渡页、内容页及封底。用户应根据演示文稿包含和想要呈现的全部信息来搭建演示文稿的框架和内容。一般情况下，用户可以利用 SmartArt 图形来进行逻辑的梳理。比如，要制作一个活动策划演示文稿，用户可将其内容梳理成图 5-2 所示的框架。该框架的逻辑结构十分清晰。其中，中间边框描述的内容可作为演示文稿目录，而最右侧边框描述的内容可作为演示文稿的内容版块。

● 麦肯锡分析法：演示文稿不仅要讲出逻辑，而且还要让观众"看"懂逻辑，尤其是一些复杂且专业的问题，需要制作者带领观众一起剖析，此时就需要利用麦肯锡分析法，它能够协助制作者厘清思路，剖析事件产生的原因，从而寻觅处理计划。图 5-3 所示为麦肯锡分析法案例。通过制作的这张幻灯片，用户可以很好地把思考逻辑用图形化方式表达出来，让人一目了然。

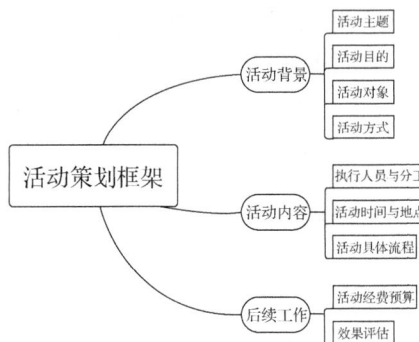

图 5-2　演示文稿框架搭建

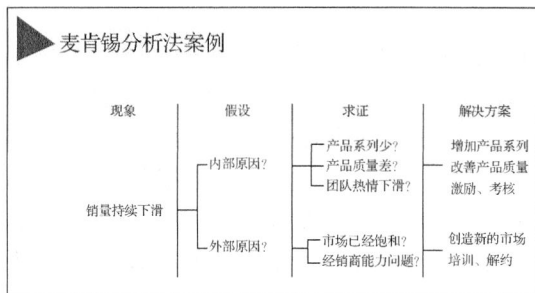

图 5-3　麦肯锡分析法案例

③ 美观大方。

用户要想把演示文稿做得美观、大方，就要做到整个演示文稿风格统一，如每张幻灯片的标题和正文尽量采用一致的对应字体，表格、图表风格一致，在排版和色彩两个方面也要统一协调。

● 排版：一份优秀的演示文稿除了要有不错的配色外，排版也很重要。版式设计是演示文稿设计的重要组成部分，是视觉传达的重要手段。常用的排版方法包括全图形排版、对称排版、流向型排版等。全图形排版以图像充满整版为效果，主要是通过图像来表达主题，视觉传达直观且强烈，如图 5-4 所示；对称排版主要分为上下对称、左右对称，一般用来展示图文信息；流向型排版一般用于展示一段时间内事务的安排，如行程或工作内容等。

● 色彩：PowerPoint 2016 软件默认提供了30 多种主题模板，每一种模板都搭配了几十种不同的配色方案。这些配色方案所使用的颜色都属于"规范色"，而且看起来很舒服，也很协调。

图 5-4　全图形排版演示文稿

④ 形式合理。

演示文稿的用法主要有两种，分别是辅助现场演讲和直接发送给观众阅读。因此，制作者要想达到理想的传达效果，就必须针对不同的用法选择不同的演示文稿形式。

- 演讲型演示文稿：演讲型演示文稿的重心是演讲者，演示文稿只是作为一个辅助工具，起到"提纲挈领"的作用。演讲型演示文稿中不会出现大段文字，而幻灯片中所有的图片、文字都为演讲者服务，因此，制作这种演示文稿时一定要遵循简洁、清晰的原则，多用图表，少用文字。这样观众可以一边看，一边听演讲。演讲、演示就会相得益彰。

- 阅读型演示文稿：一份专业的阅读型演示文稿，应该是整体架构清晰、页面简洁、易读的演示文稿。阅读型演示文稿中的每一张幻灯片都要具备清晰的阅读顺序，这样才能保证阅读者能读懂内容。阅读型演示文稿中要尽量减少分散阅读者注意力的版面修饰；另外，动画、特效的使用更要谨慎，因为它们可能会让阅读者"走神"，从而忽略了幻灯片的内容。简单来说，制作者应遵循"一切从简"的制作原则。

3. PowerPoint 2016 的操作界面

启动 PowerPoint 2016 后将进入 PowerPoint 2016 的操作界面，如图 5-5 所示。PowerPoint 2016 操作界面与 Office 2016 其他组件的操作界面大致类似，其不同之处主要体现在幻灯片编辑区、状态栏和幻灯片窗格等部分。下面主要对 PowerPoint 2016 特有的组成部分进行介绍。

图 5-5　PowerPoint 2016 操作界面

（1）幻灯片编辑区

幻灯片编辑区位于操作界面的中心，用于显示和编辑幻灯片的内容。在默认情况下，标题幻灯片中包含一个标题占位符、一个副标题占位符，内容幻灯片中包含一个标题占位符和一个内容占位符。

（2）状态栏

状态栏位于操作界面的底端，用于显示当前幻灯片的页面信息。它主要由状态提示栏、"备注"按钮、"批注"按钮、视图切换按钮组、显示比例栏 5 个部分组成。其中，单击"备注"按钮和"批注"按钮，可以为幻灯片添加备注和批注内容，为演示者的演示做提醒说明；用鼠标拖动显示比例栏中的缩放比例滑块，可以调节幻灯片的显示比例。单击状态栏最右侧的按钮，可以使幻灯片的显示比例自动适应当前窗口的大小。

（3）幻灯片窗格

幻灯片窗格位于幻灯片编辑区的左侧，主要显示当前演示文稿中所有幻灯片的缩略图。用户单击某张幻灯片缩略图，可跳转到该幻灯片并在右侧的幻灯片编辑区中显示该幻灯片的内容。

4. PowerPoint 2016 的视图

PowerPoint 2016 为用户提供了普通视图、幻灯片浏览视图、阅读视图和备注页视图等视图模式，在操作界面下方的状态栏中单击相应的视图切换按钮或单击"视图"/"演示文稿视图"组中的相应视图切换按钮即可切换到相应的视图。常用的各视图功能分别如下。

- 普通视图：普通视图是 PowerPoint 2016 默认的视图模式，打开演示文稿即进入普通视图，单击"普通视图"按钮即也可切换到普通视图。在普通视图模式下，用户可以对幻灯片的总体结构进行调整，也可以对单张幻灯片进行编辑。该视图是编辑幻灯片最常用的视图模式。

- 幻灯片浏览视图：单击"幻灯片浏览"按钮即可进入幻灯片浏览视图。在该视图中用户可以浏览演示文稿中所有幻灯片的整体效果，并且可以对其整体结构进行调整，如调整演示文稿的背景、移动或复制幻灯片等，但是不能编辑幻灯片中的内容。

- 幻灯片放映视图：单击"幻灯片放映"按钮即可进入幻灯片放映视图。进入放映视图后，演示文稿中的幻灯片将按放映设置进行全屏放映。在放映视图中，用户可以浏览每张幻灯片的放映情况，测试幻灯片中插入的动画和声音效果，并可控制放映过程。

- 阅读视图：单击"阅读视图"按钮即可进入幻灯片阅读视图。进入阅读视图后，用户可以在当前计算机上以窗口方式查看演示文稿放映效果，单击"上一张"按钮和"下一张"按钮可切换幻灯片。

- 备注页视图：单击"视图"/"演示文稿视图"组中的"备注页"按钮可进入备注页视图。备注页视图将备注窗格以整页格式进行查看和使用，用户在备注页视图中可以更加方便地编辑备注内容。

5. PowerPoint 2016 的演示文稿及其操作

在编辑演示文稿时，用户首先需要新建一个演示文稿；制作完成后，还需对演示文稿的内容进行保存。其新建、保存和打开演示文稿的操作方法与 Word 文档和 Excel 表格中的操作方法基本相同，这里不再赘述。

6. PowerPoint 2016 的幻灯片及其操作

一个演示文稿通常由多张幻灯片组成，用户在制作演示文稿的过程中往往需要对幻灯片进行操作，如新建幻灯片、应用幻灯片版式、选择幻灯片、移动和复制幻灯片以及删除幻灯片等。下面分别进行介绍。

（1）新建幻灯片

在新建空白演示文稿或根据模板新建演示文稿时，默认幻灯片数量有限，这样显然不能满足实际的编辑需要，因此用户需要手动新建幻灯片。新建幻灯片的方法主要有以下两种。

- 在幻灯片窗格中新建：在幻灯片窗格中的空白区域或已有的幻灯片上单击鼠标右键，在弹出的快捷菜单中选择"新建幻灯片"命令。

- 通过"开始"/"幻灯片"组新建：在普通视图或幻灯片浏览视图中选择一张幻灯片，然后在"开始"/"幻灯片"组中单击"新建幻灯片"按钮下方的下拉按钮，在打开的下拉列表中选择一种幻灯片版式即可，如图 5-6 所示。

图 5-6　新建幻灯片

（2）应用幻灯片版式

如果对新建的幻灯片版式不满意，用户可以对其进行更改。方法为：单击"开始"/"幻灯片"组中的"版式"按钮　，在打开的下拉列表中选择一种幻灯片版式，即可将其应用于当前幻灯片。

（3）选择幻灯片

选择幻灯片是编辑幻灯片的前提，选择幻灯片主要有以下 3 种方法。

• 选择单张幻灯片：在幻灯片窗格中单击幻灯片缩略图即可选择当前幻灯片。

• 选择多张幻灯片：在幻灯片浏览视图或幻灯片窗格中按住"Shift"键并单击幻灯片可选择多张连续的幻灯片；按住"Ctrl"键并单击幻灯片可选择多张不连续的幻灯片。

• 选择全部幻灯片：在幻灯片浏览视图或幻灯片窗格中按"Ctrl+A"组合键。

（4）移动和复制幻灯片

当需要调整某张幻灯片的顺序时，用户便需要对其进行移动操作。当需要使用某张幻灯片中已有的版式或内容时，用户则可直接复制该幻灯片进行更改，以提高工作效率。移动和复制幻灯片的方法主要有以下 3 种。

• 通过拖动鼠标：在普通视图模式下，选择需移动的幻灯片，按住鼠标左键将其拖动到目标位置后释放鼠标，完成幻灯片的移动操作，如图 5-7 所示；在幻灯片浏览视图模式下，选择幻灯片，按住"Ctrl"键并拖动到目标位置，完成幻灯片的复制操作，如图 5-8 所示。

图 5-7　拖动鼠标移动幻灯片

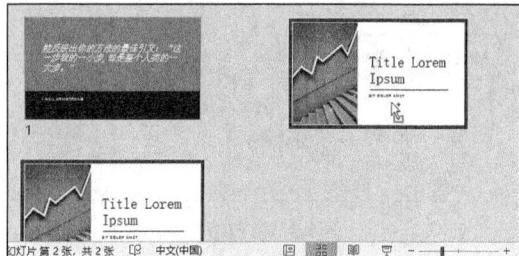

图 5-8　拖动鼠标复制幻灯片

• 通过菜单命令：选择需移动或复制的幻灯片后，在其上单击鼠标右键，在弹出的快捷菜单中选择"剪切"命令或"复制"命令，将光标定位到目标位置后，单击鼠标右键，在弹出的快捷菜单中选择"粘贴"命令，完成幻灯片的移动或复制。

• 通过快捷键：在幻灯片窗格或幻灯片浏览视图模式下，选择需移动或复制的幻灯片，按

"Ctrl+X"组合键（移动）或"Ctrl+C"组合键（复制），然后在目标位置按"Ctrl+V"组合键进行粘贴，也能实现幻灯片的移动或复制操作。

（5）删除幻灯片

在幻灯片窗格或幻灯片浏览视图中均可删除幻灯片，其方法分别如下。

- 选择要删除的幻灯片，然后单击鼠标右键，在弹出的快捷菜单中选择"删除幻灯片"命令。
- 选择要删除的幻灯片，按"Delete"键。

5.1.2　编辑幻灯片

编辑幻灯片是制作演示文稿的第一步。下面介绍插入文本、插入并编辑艺术字、插入表格、插入图表、插入形状、插入 SmartArt 图形、插入图片、插入媒体文件等常用编辑操作。

1. 插入文本

文本是幻灯片的重要组成部分。无论是演讲类、报告类还是形象展示类的演讲文稿，都离不开文本的输入与编辑。

（1）输入文本

在幻灯片中主要通过占位符和文本框两种方法来输入文本。

- 在占位符中输入文本：新建演示文稿或插入新幻灯片后，幻灯片中会包含两个或多个虚线框，即占位符。占位符可分为文本占位符和项目占位符两种，如图 5-9 所示。文本占位符用于放置标题和正文等文本内容，在幻灯片中显示为"单击此处添加标题"或"单击此处添加文本"，单击占位符，即可输入文本内容；项目占位符中通常包含"插入表格""插入图表""插入 SmartArt 图形"等图标，单击相应的图标，可插入表格、图表、SmartArt 图形等相应对象。

- 通过文本框输入文本：除了可以在占位符中输入文本外，用户还可以在幻灯片中的空白位置绘制文本框来添加文本。方法为：单击"插入"/"文本"组的"文本框"按钮下方的下拉按钮，在打开的下拉列表中选择"绘制横排文本框"选项或"竖排文本框"选项，当鼠标指针变为↓或←形状时，单击需添加文本的空白位置就会出现一个文本框，在其中输入文本即可，如图 5-10 所示。

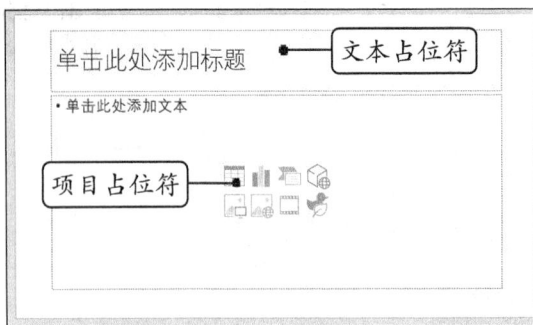

图 5-9　占位符

图 5-10　绘制文本框并输入文本

（2）编辑文本

为了使幻灯片的文本效果更加美观，用户通常需要对其字体、字号、颜色及特殊效果等进行设置。在 PowerPoint 2016 中可以通过"开始"/"字体"组和"字体"对话框设置文本格式，因此具体操作方式可分为以下两种。

- 选择文本或文本占位符，在"开始"/"字体"组中可以对字体、字号、颜色等进行设置，用户还可以单击"加粗"按钮 B、"倾斜"按钮 I、"下画线"按钮 U 等为文本添加相应效果。

● 选择文本或文本占位符，单击"开始"/"字体"组右下角的"展开"按钮，在打开的"字体"对话框中也可对文本的字体、字号、颜色等效果进行设置。

2. 插入并编辑艺术字

艺术字是一种具有美化作用的文本，其在幻灯片中主要起到提醒、装饰的作用。演示文稿要达到良好的放映和宣传效果，一般在重点标题文本中应用艺术字效果。

（1）插入艺术字

在 PowerPoint 中选择要插入艺术字的幻灯片后，单击"插入"/"文本"组中的"艺术字"按钮，在打开的下拉列表中选择所需的艺术字样式选项，然后在显示的提示文本框中输入艺术字文本即可。

（2）编辑艺术字

在幻灯片中插入艺术字文本后，将自动激活"绘图工具 格式"选项卡，如图 5-11 所示。用户可以通过其中不同的组对插入的艺术字进行编辑。比如，修改艺术字的样式，便可在"绘图工具 格式"/"艺术字样式"组中进行设置；若想为艺术字添加边框效果，则需在"绘图工具 格式"/"形状样式"组中设置。

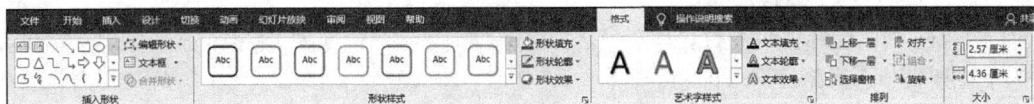

图 5-11　"绘图工具 格式"选项卡

3. 插入表格

表格可直观、形象地表达数据情况。在 PowerPoint 2016 中，用户不仅可以在幻灯片中插入表格，还可以根据幻灯片的主题风格对表格进行编辑和美化。

（1）插入表格的方法

在幻灯片中插入表格主要有以下 3 种方法。

● 自动插入表格：选择要插入表格的幻灯片，单击"插入"/"表格"组中的"表格"按钮，在打开的下拉列表中选择表格行列数，拖动鼠标到合适位置后单击鼠标即可插入表格。

● 通过"插入表格"对话框插入：选择要插入表格的幻灯片，单击"插入"/"表格"组中的"表格"按钮，在打开的下拉列表中选择"插入表格"选项，打开"插入表格"对话框，在其中输入表格所需的行数和列数，单击"确定"按钮完成插入。

● 手动绘制表格：选择要插入表格的幻灯片，单击"插入"/"表格"组中的"表格"按钮，在打开的下拉列表中选择"绘制表格"选项，此时鼠标指针变成形状，在需要插入表格处按住鼠标左键并拖动，拖动到适当大小后释放鼠标，绘制出表格的外边框，然后在激活的"表格工具 设计"/"绘制边框"组中单击"绘制表格"按钮，在绘制的边框中按住鼠标左键横向或纵向拖动出现一条实线，释放鼠标，即可在表格中画出行线或列线，如图 5-12 所示。

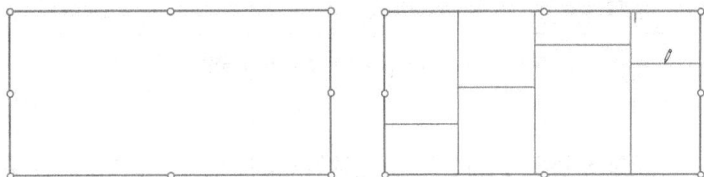

图 5-12　手动绘制表格

（2）输入表格内容并编辑表格

插入表格后，用户便可在其中输入文本和数据，并可根据需要对表格进行调整大小、位置，合并单元格和选择、插入、删除行或列等操作。

- 输入文本和数据：将光标定位到单元格中即可输入文本和数据。
- 调整表格大小：选择表格，此时表格四周将出现8个控制点，将鼠标指针移到表格边框上的控制点上，当鼠标指针变为双箭头形状时，按住鼠标左键并拖动，可调整表格大小。
- 调整表格位置：选择表格，将鼠标指针移动到表格上，当鼠标指针变为↖形状时，按住鼠标左键并拖动，移至合适位置后释放鼠标，可调整表格位置。
- 合并单元格：选择要合并的单元格，单击"表格工具 布局"/"合并"组中的"合并单元格"按钮▦。
- 选择行/列：将鼠标指针移至表格左侧，当鼠标指针变为➡形状时，单击可选择该行。将鼠标指针移至表格上方，当鼠标指针变为↓形状时，单击可选择该列。
- 插入行/列：将光标定位到表格的任意单元格中，单击"表格工具 布局"/"行和列"组中的"在上方插入"按钮▦、"在下方插入"按钮▦、"在左侧插入"按钮▦、"在右侧插入"按钮▦，即可在表格相应位置插入行或列。
- 删除行/列：选择多余的行，单击"表格工具 布局"/"行和列"组中的"删除"按钮▦，在打开的下拉列表中选择相应选项即可。

（3）美化表格

为了使表格样式与幻灯片整体风格更搭配，用户可以为表格添加样式。PowerPoint 2016提供了很多预设的表格样式供用户使用。

单击"表格工具 设计"/"表格样式"组中的"其他"按钮，打开样式下拉列表，在其中选择需要的样式即可，如图5-13所示。同时，在该组中单击"底纹"按钮▨右侧的下拉按钮、"边框"按钮⊞右侧的下拉按钮、"效果"按钮▱，在打开的下拉列表中还可为表格设置底纹、边框和立体效果。

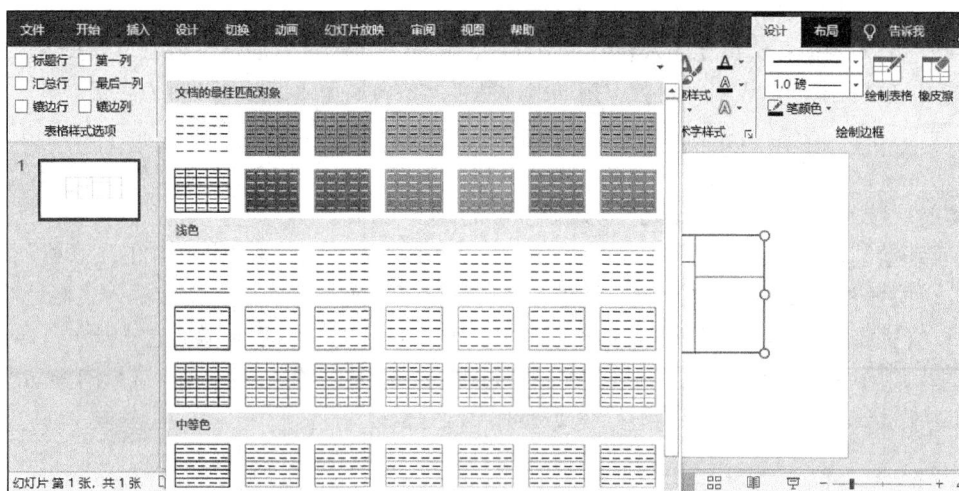

图5-13　PowerPoint 2016提供的预设表格样式

4. 插入图表

演示文稿作为一种元素十分多样化的文档，通常不需要添加太多文本，而主要通过图表等来展示内容。图表可以直接将数据和其变化清晰、直观地表现出来，增强演示文稿的说服力。

（1）创建图表

单击"插入"/"插图"组中的"图表"按钮，打开"插入图表"对话框，在对话框左侧选择图表类型，如单击"柱形图"选项卡，在对话框右侧选择柱形图类型下的图表样式，然后单击"确定"按钮，此时将打开"Microsoft PowerPoint 中的图表"电子表格窗口，在其中输入表格数据，如图 5-14 所示，然后关闭窗口，即可完成图表的插入。

（2）编辑图表

在 PowerPoint 中直接插入的图表，其大小、位置、数据、类型等都是默认的。用户可根据需要对其进行调整和更改。

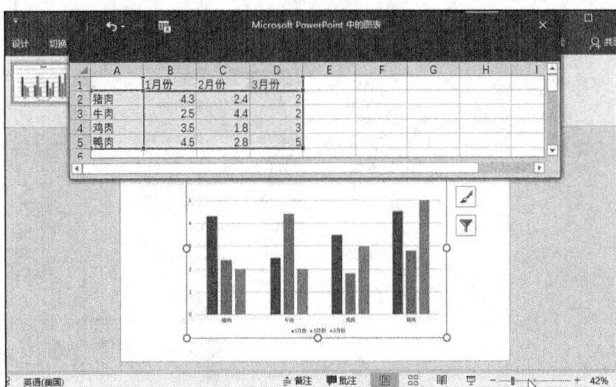

图 5-14　在幻灯片中插入图表

- 调整图表大小：选择图表，将鼠标指针移到图表边框上，当鼠标指针变为双箭头形状时，按住鼠标左键并拖动，可调整图表大小。
- 调整图表位置：将鼠标指针移动到图表上，当鼠标指针变为形状时，按住鼠标左键并拖动，移至合适位置后释放鼠标，可调整图表位置。
- 修改图表数据：单击"图表工具 设计"/"数据"组中的"编辑数据"按钮，打开"Microsoft PowerPoint 中的图表"电子表格窗口，修改表格中的数据，修改完成后关闭窗口即可。
- 更改图表类型：单击"图表工具 设计"/"类型"组中的"更改图表类型"按钮，在打开的"更改图表类型"对话框中进行选择，选择完成后单击"确定"按钮，关闭对话框即可。

（3）美化图表

与 Excel 2016 一样，PowerPoint 2016 也为图表提供了很多预设样式，帮助用户快速美化图表。选择图表，单击"图表工具 设计"/"图表样式"组的"其他"按钮，打开样式下拉列表，在其中选择需要的样式即可。此外，用户还可以对图表中的某个数据系列进行单独设置。方法为：选择图表中要设置的数据系列后，在"图表工具 格式"/"形状样式"组中便可对单个数据系列的样式进行设置，如图 5-15 所示。

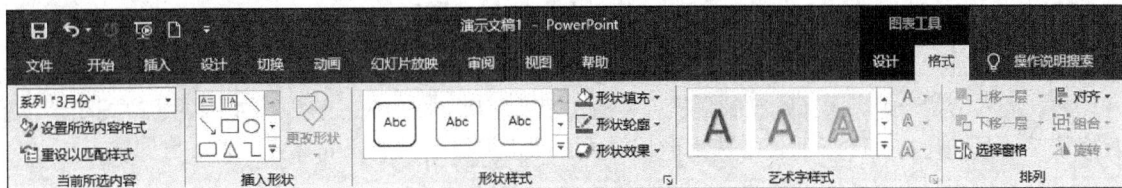

图 5-15　设置图表中单个数据系列的样式

（4）设置图表格式

图表主要由图表区、数据系列、图例、网格线和坐标轴等组成，用户可以通过单击"图表工具 设计"/"图表布局"组中"添加图表元素"按钮对其进行设置，即单击"添加图表元素"按钮，在打开的下拉列表中选择要设置的图表元素后，再在打开的子列表中选择相应的选项进行设置，如图 5-16 所示。

115

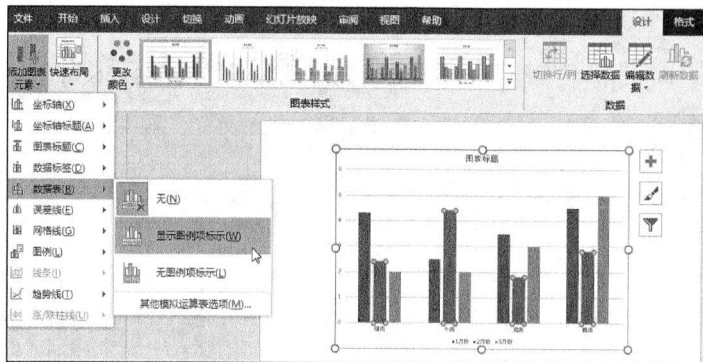

图 5-16 设置图表各组成部分的格式

提示： 在幻灯片中选择插入的图表后，图表的右上角会显示 3 个快捷图标。用户单击最上面的"图表元素"按钮➕，在打开的下拉列表中单击选中相应的复选框后，便可对图表格式进行快速设置。

5. 插入形状

PowerPoint 2016 为用户提供了形状绘制功能，该功能不仅可用于展示幻灯片内容，还常用于演示文稿版式设计。下面对 PowerPoint 2016 的形状功能进行介绍。

（1）绘制形状

单击"插入"/"插图"组中的"形状"按钮，在打开的下拉列表中选择形状样式，此时鼠标指针变成+形状，按住鼠标左键进行拖动，即可绘制所选择的形状。

（2）编辑形状

插入形状后，用户在"绘图工具 格式"选项卡中便可对形状的大小和外观等进行编辑，如图 5-17 所示，同时还可以对插入的形状应用样式。

图 5-17 "绘图工具 格式"选项卡

下面对"绘图工具 格式"选项卡的各组选项功能进行介绍。

• "插入形状"组：选择绘制的形状，单击"编辑形状"按钮，在打开的下拉列表中选择"更改形状"选项，在打开的子列表中选择形状样式，即可更换当前形状的样式。若选择"编辑顶点"选项，拖动形状四周出现的控制柄，便可改变形状。

• "形状样式"组：单击下拉列表框旁的"其他"按钮，在打开的下拉列表中选择形状样式选项，可为形状快速应用样式。单击右侧的"形状填充""形状轮廓""形状效果"等按钮，可对形状的颜色填充效果、形状轮廓效果和立体效果等进行自定义设置。

• "艺术字样式"组：通过该组，用户可以为形状中的文字设置艺术字效果。方法为：选择文字，再选择相应的艺术字样式即可。

• "排列"组：对于多个重叠放置的形状，用户可以对其上下位置的排列顺序进行调整。除此之外，还可以对形状的可见性、对齐、组合和旋转等进行设置。

- "大小"组：设置形状宽度和高度的数值。

6. 插入 SmartArt 图形

PowerPoint 2016 中的 SmartArt 图形可以直观地说明图形内各个部分的关系，它包括列表、流程、循环、层次结构、关系、矩阵等类型，不同的类型分别适用于不同的场合。

（1）创建 SmartArt 图形

单击"插入"/"插图"组中的"SmartArt"按钮 📃，打开"选择 SmartArt 图形"对话框。在对话框左侧选择 SmartArt 图形的类型，如单击"列表"选项卡，在对话框右侧的列表框中选择所需的样式，然后单击"确定"按钮。返回幻灯片，即可查看创建的 SmartArt 图形，最后在 SmartArt 图形的形状中分别输入相应的文本并设置文本格式即可。

（2）编辑 SmartArt 图形

创建 SmartArt 图形后，用户在"SmartArt 工具 设计"选项卡中可以对 SmartArt 的样式进行设置，如图 5-18 所示。

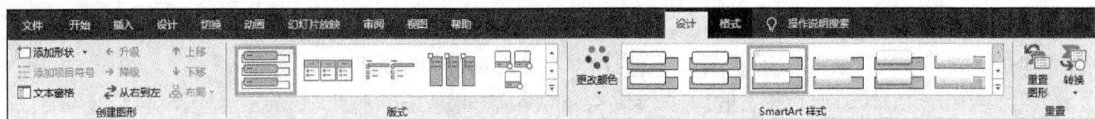

图 5-18 "SmartArt 工具 设计"选项卡

下面对"SmartArt 工具 设计"选项卡的各组选项功能进行介绍。

- "创建图形"组：该组主要用于编辑 SmartArt 图形中的形状。如果默认的 SmartArt 图形中的形状不够，用户可单击"添加形状"按钮 🞏 右侧的下拉按钮，在打开的下拉列表中选择相应选项添加形状。如果形状的等级不对，用户可单击"升级"按钮 ←、"降级"按钮 → 对形状的级别进行调整；此外，也可单击"上移"按钮 ↑、"下移"按钮 ↓ 调整形状的顺序。

- "版式"组：该组主要用于更换 SmartArt 图形的布局，用户在该组下拉列表框中选择要更换的布局样式即可更换。

- "SmartArt 样式"组：该组主要用于设置 SmartArt 图形的样式，用户在下拉列表框中选择所需样式即可。单击"更改颜色"按钮 ⫶，在打开的下拉列表中还可以设置 SmartArt 图形的颜色。

- "重置"组：单击"重置图形"按钮 🞊，可清除 SmartArt 图形的样式；单击"转换"按钮 🞍，可将 SmartArt 图形转换为文本或形状。

7. 插入图片

图片是 PowerPoint 2016 中非常重要的一种元素，其不仅可以提高幻灯片的美观度，还可以更好地衬托文字，以达到图文并茂的效果。在幻灯片中可以插入计算机中保存的图片，也可以插入联机图片。

（1）插入本地图片

选择需要插入图片的幻灯片，单击"插入"/"图像"组中的"图片"按钮，在打开的下拉列表中选择"此设备"选项，打开"插入图片"对话框，在其中选择需插入图片的保存位置，然后选择需插入的图片，单击"插入"按钮。

（2）插入联机图片

选择需要插入图片的幻灯片，单击"插入"/"图像"组中的"联机图片"按钮 🞮，打开"插入图片"界面，如图 5-19 所示，其中提供了"必应

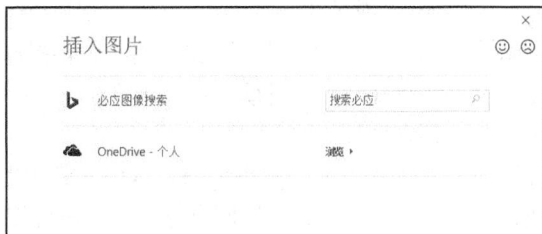

图 5-19 插入联机图片

图像搜索"和"OneDrive-个人"两种途径，用户可根据需要搜索或浏览图片将其插入幻灯片。

（3）编辑图片

选择图片后，用户通过单击"图片工具 格式"选项卡的"调整"组、"图片样式"组、"排列"组和"大小"组中的按钮可对图片格式进行设置，如图5-20所示。

图 5-20　编辑图片

（4）插入并编辑相册

PowerPoint 2016为用户提供了批量插入图片或制作相册的功能。通过该功能，用户可以在幻灯片中创建电子相册并对其进行设置。这里将在演示文稿中插入图片，并应用"Wisp"主题，其具体操作如下。

插入并编辑相册

① 启动PowerPoint 2016后，单击"插入"/"图像"组中的"相册"按钮，打开"相册"对话框，单击"相册内容"栏中的"文件/磁盘"按钮。

② 打开"插入新图片"对话框后，选择要插入的多张图片，单击"插入"按钮。

③ 返回"相册"对话框，在"相册版式"栏中的"图片版式"下拉列表框中可以设置每张幻灯片的版式，在"相框形状"下拉列表框中选择相框样式。

④ 单击"相册版式"栏中"主题"文本框后的"浏览"按钮，在打开的对话框中选择"Wisp"主题，然后单击"选择"按钮。

⑤ 返回"相册"对话框，单击"创建"按钮，系统将自动创建应用所选择主题的相册演示文稿，如图5-21所示。

图 5-21　创建电子相册

8. 插入媒体文件

媒体文件是演示文稿中比较常用的一种多媒体元素，如在很多演讲场合需要通过音频或视频等媒体文件来烘托气氛或辅助讲解。用户在PowerPoint 2016中可以插入计算机中的音频和视频文件。

（1）插入音频文件

选择幻灯片，单击"插入"/"媒体"组中的"音频"按钮，在打开的下拉列表中提供了"PC上的音频"和"录制音频"两个选项，用户可根据需要进行选择。若选择"PC上的音频"选项，将打开"插入音频"对话框，在其中选择需插入幻灯片中的音频文件后，单击"插入"按钮，即可将该音频文件插入幻灯片。

在幻灯片中插入音频文件后，PowerPoint 2016 的操作界面中将自动激活"音频工具 格式"选项卡和"音频工具 播放"选项卡。通过这两个选项卡，用户可以对音频文件的外观和播放方式等进行设置，如图 5-22 所示。

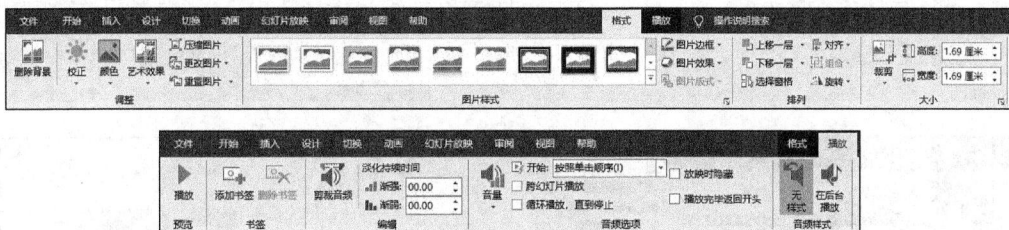

图 5-22　编辑音频文件的选项卡

（2）插入视频文件

跟音频一样，视频也是演示文稿中十分常见的一种多媒体元素，常用于宣传类演示文稿中。在 PowerPoint 2016 中可以插入本机视频和来自网站的视频。

插入本机视频的方法如下：选择幻灯片，单击"插入"/"媒体"组中的"视频"按钮，在打开的下拉列表中选择"PC 上的视频"选项，在打开的"插入视频文件"对话框中选择要插入的视频文件，单击"插入"按钮即可。

插入视频文件后，PowerPoint 2016 的操作界面中将自动激活"视频工具 格式"选项卡和"视频工具 播放"选项卡。通过这两个选项卡，用户可以对视频文件的外观和播放方式等进行设置，如图 5-23 所示。

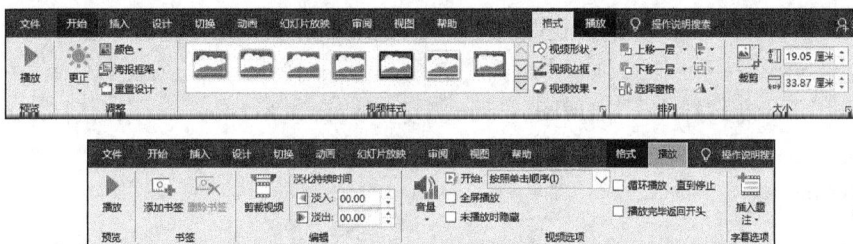

图 5-23　编辑视频文件的选项卡

5.1.3　应用幻灯片主题

幻灯片版式中的各个元素并不是独立存在的，而是由背景、文本、图形、表格、图片等元素组合而成的。为了使演示文稿的整体效果更加美观，用户通常需要对其主题和版式进行设置。PowerPoint 2016 为用户提供了多种预设了颜色、字体、背景、效果等的主题样式，用户在选择主题样式后，还可自定义幻灯片的颜色方案和字体方案等。

1. 应用幻灯片主题方案

PowerPoint 2016 的主题样式均已经对颜色、字体和效果进行了合理的搭配，用户只需选择一种固定的主题效果，就可以为演示文稿中各幻灯片的内容应用相同的效果，从而达到统一幻灯片风格的目的。单击"设计"/"主题"组中的"其他"按钮，在打开的下拉列表中选择一种主题选项即可应用幻灯片主题。

2. 更改主题颜色方案

PowerPoint 2016 为预设的主题样式提供了多种主题颜色方案，用户可以直接选择所需的颜色方案，对幻灯片的主题颜色搭配效果进行调整。

单击"设计"/"变体"组中的"其他"按钮，在打开的下拉列表中选择"颜色"选项。在打开的子列表中选择一种主题颜色，如图 5-24 所示，即可将颜色方案应用于所有幻灯片；在打开的子列表中选择"自定义颜色"选项，在打开的对话框中可对幻灯片主题颜色的搭配进行自定义设置，如图 5-25 所示。

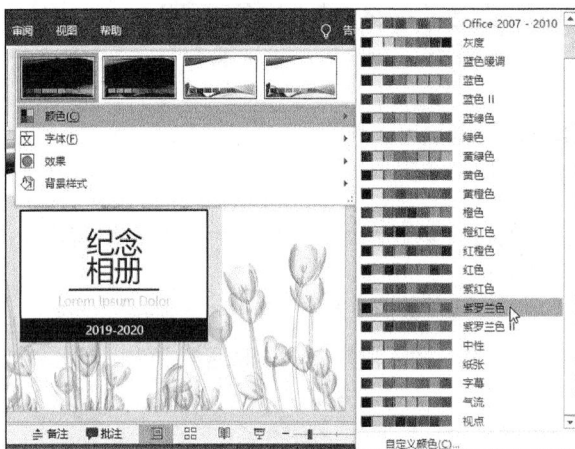

图 5-24　更改主题颜色　　　　　　　图 5-25　自定义主题颜色

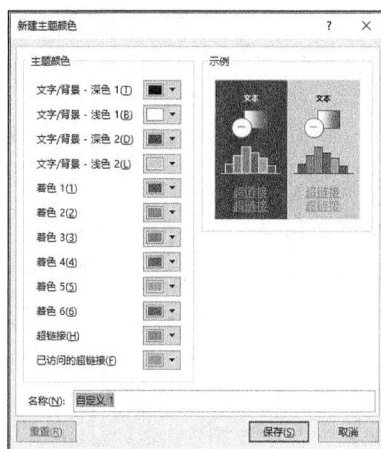

3. 更改字体方案

PowerPoint 2016 为不同的主题样式提供了多种字体搭配设置。用户单击"设计"/"变体"组中的"其他"按钮，在打开的下拉列表中选择"字体"选项，在打开的子列表中选择一种选项，即可将字体方案应用于所有幻灯片；在打开的子列表中选择"自定义字体"选项，在打开的"新建主题字体"对话框中可对幻灯片中的标题和正文字体进行自定义设置。

4. 更改效果方案

单击"设计"/"变体"组中的"其他"按钮，在打开的下拉列表中选择"效果"选项，在打开的下拉列表中选择一种效果，可以快速更改图表、SmartArt 图形、形状、图片、表格和艺术字等幻灯片对象的外观效果。

5.1.4　应用幻灯片母版

幻灯片母版是用于统一和存储相关应用的设计模板，它包括字形、占位符大小或位置、背景设计和配色方案等。一般情况下，用户在制作演示文稿之初就要设计幻灯片母版，因为母版的质量对整个演示文稿起着至关重要的作用。用户在完成母版的编辑后，即可对母版样式进行快速应用，减少重复输入，提高工作效率。

通常情况下，用户如果想为幻灯片应用同一背景、标志、标题文本及主要文本格式，就需要使用 PowerPoint 2016 的幻灯片母版功能。

1. 认识母版的类型

PowerPoint 2016 中的母版包括幻灯片母版、讲义母版和备注母版 3 种，其作用和视图模式各不相同，下面分别介绍。

（1）幻灯片母版

单击"视图"/"母版视图"组中的"幻灯片母版"按钮，即可进入幻灯片母版视图，如图 5-26 所示。幻灯片母版视图是编辑幻灯片母版样式的主要场所。在幻灯片母版视图中，左侧为幻灯片版式选择窗格，右侧为幻灯片母版编辑工作区。选择相应的幻灯片版式后，用户便可在右侧对幻灯片的标题、文本样式、背景效果、页面效果等进行设置，在母版中更改和设置的内容将应用于同一演示文稿中所有应用了该版式的幻灯片。

（2）讲义母版

单击"视图"/"母版视图"组中的"讲义母版"按钮，即可进入讲义母版视图，如图 5-27 所示。在讲义母版视图中用户可查看页面上显示的多张幻灯片，也可设置页眉和页脚的内容，以及改变幻灯片的放置方向等。进入讲义母版视图后，通过"讲义母版"/"页面设置"组可以设置讲义的方向，以及幻灯片的大小和每页幻灯片数量等；通过"讲义母版"/"占位符"组可设置是否在讲义中显示页眉、页脚、页码和日期；通过"讲义母版"/"编辑主题"组可以修改讲义幻灯片的主题和颜色等；通过"讲义母版"/"背景"组可设置讲义背景。

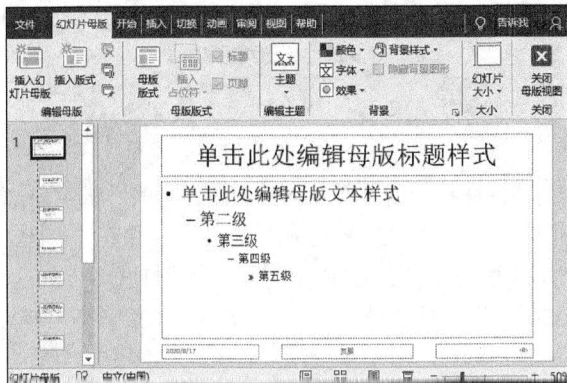

图 5-26　幻灯片母版视图

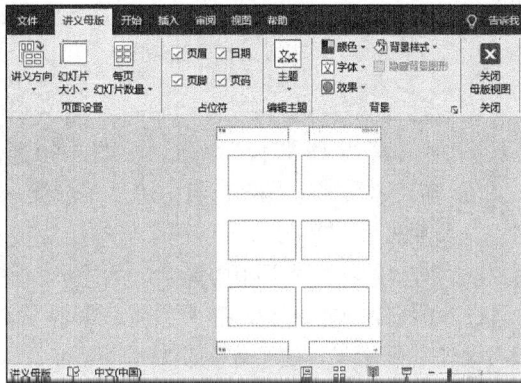

图 5-27　讲义母版视图

（3）备注母版

单击"视图"/"母版视图"组中的"备注母版"按钮，即可进入备注母版视图。备注母版主要用于对幻灯片备注窗格中的内容格式进行设置，选择各级标题文本后即可对其字符格式等进行设置。

2. 编辑幻灯片母版

编辑幻灯片母版的方法与编辑幻灯片的方法非常类似，幻灯片母版中也可以添加图片、音频、文本等对象，但通常只添加通用对象，即只添加在大部分幻灯片中都需要使用的对象。完成母版样式的编辑后，单击"关闭母版视图"按钮即可退出母版视图。这里将新建一个空白演示文稿，并设置母版的文本格式、背景格式及插入页眉和页脚等，其具体操作如下。

编辑幻灯片母版

① 新建一个空白演示文稿，单击"视图"/"母版视图"组中的"幻灯片母版"按钮，进入幻灯片母版视图。

② 在幻灯片母版视图左侧的幻灯片版式选择窗格中选择第 2 张幻灯片版式，即标题幻灯片的母版，选择"单击此处编辑母版标题样式"占位符，在"开始"/"字体"组中设置占位符的文本格式为"方正准雅宋简、60"，在"开始"/"段落"组中设置占位符的文本对齐方式为"中部对齐"，如图 5-28 所示。

③ 选择"单击此处编辑母版副标题样式"占位符，设置副标题文本格式为"方正准雅宋简、28"。

④ 在幻灯片母版视图左侧的幻灯片版式选择窗格中选择第 1 张幻灯片版式，即标题和内容幻灯片母版，单击"插入"/"文本"组中的"页眉和页脚"按钮，打开"页眉和页脚"对话框，在"幻灯片"选项卡中单击选中"页脚"复选框，并在其下的文本框中输入"美德美装饰"，然后单击选中"标题幻灯片中不显示"复选框，单击"全部应用"按钮，如图 5-29 所示。

图 5-28 设置文本和段落格式

图 5-29 设置页眉和页脚

⑤ 返回幻灯片母版视图，单击"幻灯片母版"/"背景"组中的"背景样式"按钮，在打开的下拉列表中选择"样式 11"选项，如图 5-30 所示。

⑥ 在"插入"/"插图"组中单击"形状"按钮，在打开的下拉列表中选择"矩形"形状，然后在第 1 张幻灯片的顶部绘制一个与幻灯片宽度相同、高度为"3.68 厘米"的矩形，并在"绘图工具 格式"/"形状样式"组中为绘制的矩形应用"彩色填充-金色，强调颜色 4"形状样式。

⑦ 选择绘制的矩形，在"绘图工具 格式"/"排列"组中多次单击"下移一层"按钮，将标题占位符显示出来，效果如图 5-31 所示。

图 5-30 设置母版幻灯片背景样式

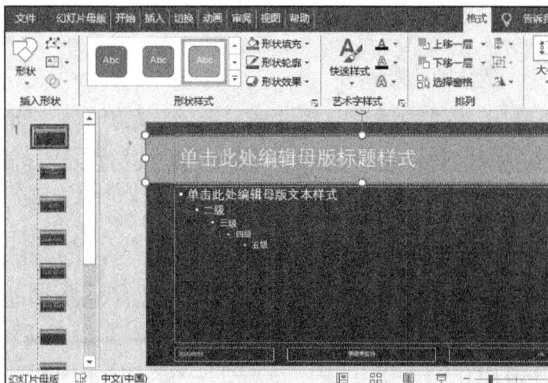

图 5-31 设置形状的显示层次

⑧ 单击"关闭母版视图"按钮切换至普通视图，标题幻灯片中显示了新设置后的版式，如图 5-32 所示。

⑨ 在幻灯片窗格的空白区域单击鼠标右键，在弹出的快捷菜单中选择"新建幻灯片"命令，在新建的幻灯片中便显示了插入的形状和页脚，如图 5-33 所示。

图 5-32 设置后的标题幻灯片

图 5-33 设置后的标题和内容幻灯片

任务 1——制作国家 5A 级景区介绍演示文稿

利用本节所学的知识和素材（配套资源：\素材文件\第 5 章\景区介绍\）制作"国家 5A 级景区介绍.pptx"演示文稿（配套资源：\效果文件\第 5 章\国家 5A 级景区介绍.pptx），效果如图 5-34 所示。

图 5-34 国家 5A 级景区介绍

操作提示：

（1）通过 PowerPoint 2016 新建空白演示文稿，并将其保存为"国家 5A 级景区介绍.pptx"。

（2）新建多张幻灯片，并在幻灯片的占位符中输入文本。

（3）编辑第 2 张幻灯片，为其添加文本框，在文本框中输入文本并进行编辑。

（4）在第 1 张和第 2 张幻灯片中插入图片和形状，并设置其样式。

（5）在第 3 张幻灯片中插入艺术字，并编辑其中的内容，然后复制第 3 张幻灯片，生成第 4 张～第 8 张幻灯片，并修改其中的文本内容和图片等。

（6）在第 6 张幻灯片中插入 SmartArt 图形，在图形中添加图片和文本，并设置其样式。

（7）在第 1 张幻灯片中插入"背景音乐.wma"音频文件（配套资源：\素材文件\第 5 章\景区介绍\背景音乐.wma），设置音乐选项。

5.2 丰富幻灯片的内容

在演示文稿中添加动画效果不仅能充实幻灯片的内容，还能增加幻灯片的专业和精美程度。在制作演示文稿的过程中，不但可以为幻灯片中的文本、图片等对象设置动画效果，还可以在幻灯片的切换过程中添加切换动画效果。

5.2.1 添加动画效果

在 PowerPoint 2016 中，用户可以为每张幻灯片中的不同对象添加动画效果。PowerPoint 动画效果的类型主要包括进入动画、退出动画、强调动画和动作路径动画 4 种。

- 进入：反映文本或其他对象在幻灯片放映时进入放映界面的动画效果。
- 退出：反映文本或其他对象在幻灯片放映时退出放映界面的动画效果。
- 强调：反映文本或其他对象在幻灯片放映过程中需要强调的动画效果。
- 动作路径：指定某个对象在幻灯片放映过程中的运动轨迹。

1. 添加单一动画

为对象添加单一动画效果是指为某个对象或多个对象快速添加进入、退出、强调或动作路径动画。添加单一动画的方法为：在幻灯片编辑区中选择要设置动画的对象，然后在"动画"/"动画"组中单击"其他"按钮，在打开的下拉列表中选择某一类型动画下的动画选项即可。为幻灯片对象添加动画效果后，系统将自动在幻灯片编辑窗口中对设置了动画效果的对象进行预览放映，且该对象旁会出现数字标识，数字顺序代表播放动画的顺序。

2. 添加组合动画

组合动画是指为同一个对象同时添加进入、退出、强调和动作路径动画 4 种类型中的任意动画组合，例如同时添加进入和退出动画等。添加组合动画的方法为：选择需要添加组合动画效果的幻灯片对象，然后在"动画"/"高级动画"组中单击"添加动画"按钮，在打开的下拉列表中选择某一类型的动画后，再次单击"添加动画"按钮，继续选择其他类型的动画效果即可。添加组合动画后，该对象的左侧将同时出现多个数字标识，如图 5-35 所示。

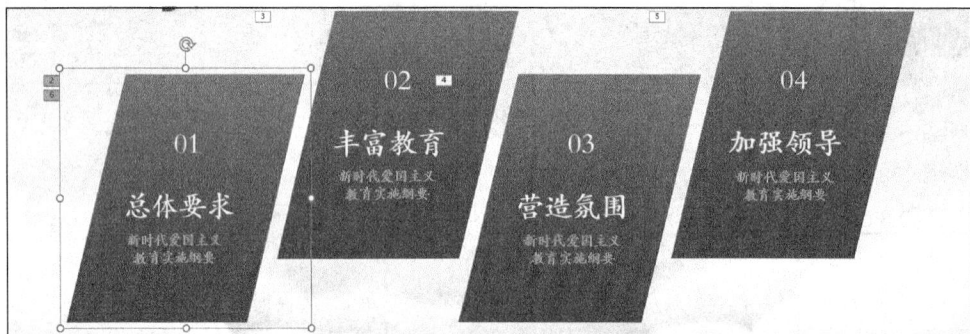

图 5-35　添加组合动画效果

5.2.2 设置动画效果

为对象添加动画效果后，用户还可以对已经添加的动画效果进行设置，使这些动画效果在播放时更具条理性，如设置动画播放参数、调整动画播放顺序等。

1. 设置动画播放参数

默认添加的动画效果总是按照添加的顺序逐一播放，并且默认的动画效果播放速度以及时间是统一的。用户可以根据需要更改这些动画效果的播放速度和播放时间。动画播放参数主要通过"动画"选项卡中的"动画"组和"计时"组进行设置，如图 5-36 所示。

图 5-36 "动画"组和"计时"组

"动画"组主要用来设置动画的效果选项，其中包括"序列""方向""形状"等，也用来重新选择动画效果。

"计时"组中主要包括以下几个选项。

- "开始"下拉列表中可设置动画开始播放的方式，其中包括"单击时""与上一动画同时""上一动画之后"。"单击时"指单击鼠标开始播放动画，"与上一动画同时"和"上一动画之后"指与上一动画同时播放或上一动画播放结束即开始播放，属于自动播放。
- "持续时间"数值框可用来输入动画播放的时间。
- "延迟"数值框可设置动画延迟播放时间，即上一动画效果播放后经过多少秒，再播放当前动画。

2. 调整动画播放顺序

用户在为幻灯片中的对象添加完动画效果后，还应检查并调整各动画的播放顺序，其方法主要有以下两种。

- 在幻灯片编辑区中单击要调整顺序的动画序号，然后单击"动画"/"计时"组中的"向前移动"按钮▲或"向后移动"按钮▼，可将所选动画的播放顺序向前移或向后移动一位。
- 单击"动画"/"高级动画"组中的"动画窗格"按钮，打开"动画窗格"，选择需要调整顺序的动画，然后单击窗格顶部的按钮或按钮调整动画播放顺序，或者直接选择动画，拖动调整其顺序，如图 5-37 所示，完成后单击"播放自"按钮预览动画效果。

图 5-37 手动调整动画播放顺序

5.2.3 设置幻灯片切换动画效果

设置幻灯片切换动画即设置当前幻灯片与下一张幻灯片的过渡动画效果，切换动画可使幻灯片之间的衔接更加自然、生动。这里打开"企业资源分析.pptx"演示文稿（配套资源：\素材文件\第 5 章\企业资源分析.pptx），为幻灯片设置切换动画，其具体操作如下。

设置幻灯片切换动画效果

① 打开"企业资源分析.pptx"演示文稿，选择要设置切换效果的幻灯片，在"切换"/"切换到此幻灯片"组中单击"切换效果"下拉按钮，在打开的下拉列表中选择一种切换效果，如图 5-38 所示，此时在幻灯片编辑区中将显示切换动画效果。

② 用同样的方法为其他幻灯片设置各种切换效果。用户如果需要为整个演示文稿设置统一的切换效果，在"切换"/"计时"组中单击"应用到全部"按钮即可。

③ 在"切换"/"计时"组中单击"声音"下拉列表框右侧的下拉按钮，在打开的下拉列表中可以设置幻灯片切换时的音效，在"持续时间"数值框中输入切换动画的持续时间。

④ 在"换片方式"栏中单击选中"单击鼠标时"复选框，如图 5-39 所示，表示单击时播放切换动画；若单击选中"设置自动换片时间"复选框并设置时间，则可在放映幻灯片时根据所设置的间隔时间自动播放切换动画并切换幻灯片。

图 5-38　选择切换效果

图 5-39　设置切换方式

5.2.4　添加动作按钮

添加动作按钮

动作按钮的功能与超链接的功能比较类似，用户在幻灯片中创建动作按钮后，可将其设置为单击或经过该动作按钮时快速切换到上一张幻灯片、下一张幻灯片或第一张幻灯片。这里将在"员工培训"演示文稿中创建并设置动作按钮，其具体操作如下。

① 打开"员工培训.pptx"演示文稿（配套资源：\素材文件\第 5 章\员工培训.pptx），选择要添加动作按钮的幻灯片，单击"插入"/"插图"组中的"形状"按钮，在打开的下拉列表中的"动作按钮"栏中选择要绘制的动作按钮，如选择"动作按钮：转到主页"。

② 此时鼠标指针将变为+形状，将其移至幻灯片右下角，按住鼠标左键并向右下角拖动绘制一个动作按钮。

③ 与此同时，自动打开"操作设置"对话框，用户可根据需要选择"单击鼠标"或"鼠标悬停"选项卡。这里选择"单击鼠标"选项卡，然后在"超链接到"下拉列表中选择要链接到的目标位置，单击"确定"按钮，如图 5-40 所示。

④ 在放映幻灯片时，单击该动作按钮便可切换到第一张幻灯片。

图 5-40　在幻灯片中添加并设置动作按钮

5.2.5　创建超链接

除了使用动作按钮链接到指定幻灯片外，用户还可以为幻灯片中的文本或者图片等对象创建超链接。创建超链接后，在放映幻灯片时单击该对象便可将页面跳转到链接所指向的幻灯片进行播放。这里将在"员工培训"演示文稿中为目录中的对象创建超链接，其具体操作如下。

① 在"员工培训.pptx"演示文稿中选择目录页幻灯片，在幻灯片编辑区中选择要添加超链接的对象，这里选择文本"一、培训目标"，单击"插入"/"链接"组中的"链接"按钮。

② 在打开的"插入超链接"对话框左侧的"链接到"列表框中选择"本文档中的位置"选项，然后在"请选择文档中的位置"列表框中选择要链接到的幻灯片位置，在右侧"幻灯片预览"栏中将显示所选幻灯片的缩略图，如图 5-41 所示。

③ 单击"确定"按钮，返回幻灯片编辑区中即可查看设置超链接后的效果（配套资源：\效果文件\第 5 章\员工培训.pptx），如图 5-42 所示。

图 5-41　为文本添加超链接

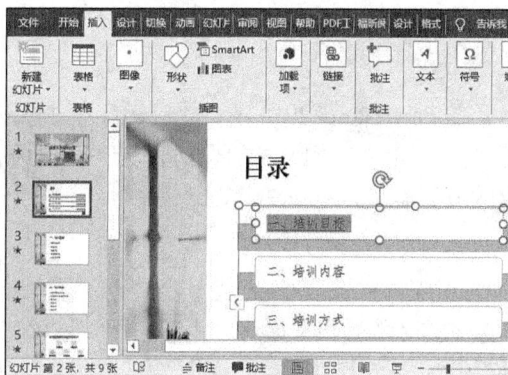

图 5-42　设置超链接后的效果

任务 2——制作市场分析演示文稿

利用本节所学的知识制作"市场分析.pptx"演示文稿（配套资源：\效果文件\第 5 章\市场分析.pptx），效果如图 5-43 所示。

图 5-43　市场分析演示文稿

操作提示：

（1）打开"市场分析.pptx"演示文稿（配套资源：\素材文件\第 5 章\市场分析.pptx），为其应用

"丝状"主题，并设置效果为"光面"、颜色为"绿色"。

（2）将"首页背景.png"图片（配套资源：\素材文件\第 5 章\首页背景.png）设置成第 1 张幻灯片的背景。

（3）利用幻灯片母版统一设置文本格式，并插入标志图片和艺术字，使所有幻灯片统一应用设置的效果。

（4）为所有幻灯片设置"旋转"切换效果，然后设置切换声音为"照相机"。

（5）为第 1 张幻灯片中的各对象设置动画，并调整动画顺序。

5.3 放映与导出演示文稿

演示文稿的主要功能就是向观众展示，以实现制作的目的，所以演示文稿需要放映出来。除了放映之外，演示文稿还需要导出，例如，打印或将其导出为其他格式的文件。下面就介绍放映与导出演示文稿的相关知识。

5.3.1 设置放映

在 PowerPoint 2016 中，放映幻灯片时可以设置不同的放映方式，例如演讲者控制放映、观众自行浏览或演示文稿自动循环放映，还可以隐藏不需要放映的幻灯片和录制旁白等，从而满足不同场合的放映需求。

1. 设置放映方式

设置幻灯片的放映方式主要包括设置放映类型、放映幻灯片的数量和换片方式等。用户在"幻灯片放映"/"设置"组中单击"设置幻灯片放映"按钮，打开"设置放映方式"对话框，如图 5-44 所示。其中各主要设置功能介绍如下。

* 设置放映类型：在"放映类型"栏中选中相应的单选按钮，即可为幻灯片设置相应的放映类型。其中，"演讲者放映（全屏幕）"方式是 PowerPoint 2016 默认的放映类型，放映时幻灯片全屏显示，且在放映过程中演讲者具有完全的控制权；"观众自行浏览（窗口）"方式是一种让观众自行观看幻灯片的交互式放映类型，观众可以通过快捷菜单翻页、打印和浏览，但不能单击鼠标进行放映；"在展台浏览（全屏幕）"方式以全屏显示幻灯片，与"演讲者放映（全屏幕）"方式不同的是除了保留鼠标指针用于选择屏幕对象进行放映外，不能进行其他放映控制，要终止放映只能按"Esc"键。

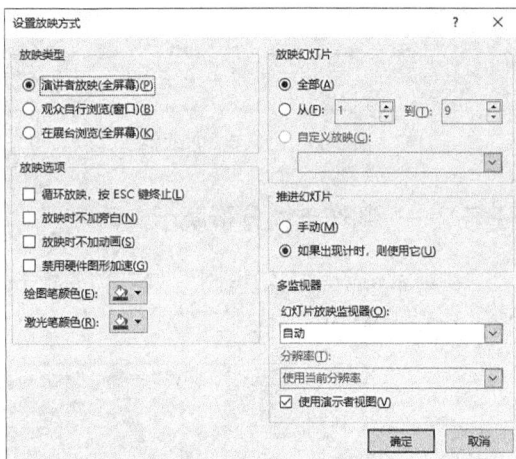

图 5-44 "设置放映方式"对话框

* 设置放映选项：在"放映选项"栏中选中 4 个复选框可分别设置循环放映、不添加旁白、不播放动画效果和禁用图形加速效果，还可设置绘图笔和激光笔的颜色等，用户可以在"绘图笔颜色"和"激光笔颜色"下拉列表中选择一种颜色，放映幻灯片时可使用该颜色的绘图笔在幻灯片上写字或做标记。

* 设置放映幻灯片的数量：在"放映幻灯片"栏中可设置需要放映幻灯片的数量，用户可以选

择放映演示文稿中所有的幻灯片或手动输入放映开始和结束的幻灯片页数。

- 设置换片方式：在"推进幻灯片"栏中可设置幻灯片的切换方式，选中"手动"单选按钮，表示在演示过程中将手动切换幻灯片及演示动画效果；选中"如果出现计时，则使用它"单选按钮，表示演示文稿将按照幻灯片的排练时间自动切换幻灯片和动画，但是如果没有已保存的排练计时，即使选中该单选按钮，放映时还是以手动方式进行控制。

2. 自定义幻灯片放映

自定义幻灯片放映是指选择性地放映部分幻灯片。它可以先将需要放映的幻灯片另存为一个放映组合并命名，再进行放映。这类放映主要适用于内容较多的演示文稿。这里打开"企业资源分析 1.pptx"演示文稿，在其中新建自定义放映方案，其具体操作如下。

自定义幻灯片放映

① 打开"企业资源分析 1.pptx"演示文稿（配套资源：\素材文件\第 5 章\企业资源分析 1.pptx），在"幻灯片放映"/"开始放映幻灯片"组中单击"自定义幻灯片放映"按钮，在打开的下拉列表中选择"自定义放映"选项，打开"自定义放映"对话框，单击"新建"按钮。

② 在打开的"定义自定义放映"对话框的"幻灯片放映名称"文本框中输入本次放映名称，在"在演示文稿中的幻灯片"列表框中单击选中要放映的幻灯片前的复选框，单击"添加"按钮，如图 5-45 所示。

③ 添加后单击右侧的 ↑向上(U) 按钮或 ↓向下(D) 按钮，可以调整播放顺序，单击"确定"按钮，返回"自定义放映"对话框，单击"放映"按钮，即可进入幻灯片放映状态进行观看，如图 5-46 所示。

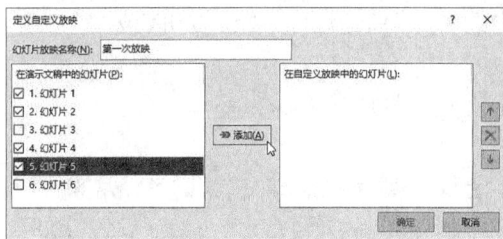

图 5-45　选择需要放映的幻灯片　　　　图 5-46　放映幻灯片

3. 隐藏幻灯片

放映幻灯片时，用户如果只需要放映其中的几张幻灯片，除了可以通过自定义放映来选择幻灯片之外，还可将不需要放映的幻灯片隐藏起来，需要放映时再将其重新显示。

在"幻灯片"窗格中选择需要隐藏的幻灯片，在"幻灯片放映"/"设置"组中单击"隐藏幻灯片"按钮，即可隐藏幻灯片，再次单击该按钮便可将其重新显示。被隐藏的幻灯片上将出现相应的标志。

4. 录制旁白

在没有解说员或演讲者的情况下，可事先为演示文稿录制好旁白。在"幻灯片放映"/"设置"组中单击"录制幻灯片演示"按钮，打开"录制幻灯片演示"对话框，如图 5-47 所示，在其中选择要录制的内容后单击"开始录制"按钮，此时幻灯片开始放映并开始计时录音。系统只要安装了音频输入设备就可直接录制旁白。放映结束的同时将完成旁白的录制，并返回幻灯片浏览视图，每张幻灯片右下角会出现一个喇叭图标，表示已添加旁白。

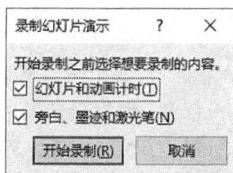

图 5-47　设置录制内容

5. 设置排练计时

在正式放映幻灯片之前，演讲者可预先统计出放映整个演示文稿和放映每张幻灯片所需的大致时间。通过排练计时，演示文稿可以自动按照设置好的时间和顺序进行播放，放映过程不需要人工操作。

在"幻灯片放映"/"设置"组中单击"排练计时"按钮🔲，进入放映排练状态，并在放映左上角打开"录制"工具栏。然后用户开始放映幻灯片，幻灯片在人工控制下不断进行切换，同时在"录制"工具栏中进行计时，完成后弹出提示对话框确认是否保留排练计时，单击"是"按钮完成排练计时操作。

5.3.2 放映演示文稿

对演示文稿进行放映设置后，演讲者即可开始放映演示文稿。在放映过程中，演讲者可以进行标记和定位等控制操作。

1. 放映演示文稿操作

演示文稿的放映包含开始放映和切换放映操作，下面分别进行介绍。

（1）开始放映

开始放映演示文稿的方法有以下 3 种。

- 单击"幻灯片放映"/"开始放映幻灯片"组中的"从头开始"按钮🔳或按"F5"键，将从第 1 张幻灯片开始放映。
- 单击"幻灯片放映"/"开始放映幻灯片"组中的"从当前幻灯片开始"按钮🔳或按"Shift+F5"组合键，将从当前选择的幻灯片开始放映。
- 单击状态栏上的"幻灯片放映"按钮🔳，将从当前幻灯片开始放映。

（2）切换放映

在放映需要讲解或介绍的演示文稿（如课件类、会议类演示文稿）时，演讲者经常需要切换到上一张或切换到下一张幻灯片，此时就需要使用幻灯片放映的切换功能。

- 切换到上一张幻灯片。按"Page Up"键、按"←"键或按"Backspace"键。
- 切换到下一张幻灯片。单击鼠标、按"Space"键、按"Enter"键或按"→"键。

2. 放映过程中的控制

在演示文稿的放映过程中，用户有时需要对某一张幻灯片进行更多的说明和讲解，此时可以暂停该幻灯片的放映，即直接按"S"键，也可以在需暂停的幻灯片中单击鼠标右键，在弹出的快捷菜单中选择"暂停"命令。此外，用户还可以在快捷菜单中选择"指针选项"命令，在其子菜单中选择"笔"命令或"荧光笔"命令，如图 5-48 所示，以对幻灯片中的重要内容做标记。

提示：在放映演示文稿的过程中，除了可以使用笔和荧光笔来做重要内容标记外，演讲者还可以使用激光笔来指出幻灯片中的重点内容。方法为：在正在放映的幻灯片上单击鼠标右键，然后在弹出的快捷菜单中选择"指针选项"/"激光笔"命令，此时鼠标指针将变为⊙形状，可以指向屏幕上任何一个地方。需要注意的是，激光笔只能用来指示位置，不能在屏幕上留下标记。

图 5-48　放映过程中使用荧光笔

5.3.3　打包演示文稿

为了确保编辑的 PowerPoint 幻灯片在其他计算机上也能正常放映，用户在制作好演示文稿后可以对其进行打包操作，即将当前演示文稿及其所有的链接文件集合在一起，并将其复制到一个指定的文件夹或光盘中。

对演示文稿进行打包的方法为：选择"文件"/"导出"命令，打开"导出"界面，选择"将演示文稿打包成 CD"选项，在打开的列表中单击"打包成 CD"按钮，打开图 5-49 所示的"打包成 CD"对话框，在其中可以选择添加多个演示文稿进行打包，同时还可以选择打包文件的存放方式，如文件夹或 CD；单击"复制到文件夹"按钮，在打开的对话框中设置好文件夹名称和存放的位置后，单击"确定"按钮，系统即可进行打包操作。

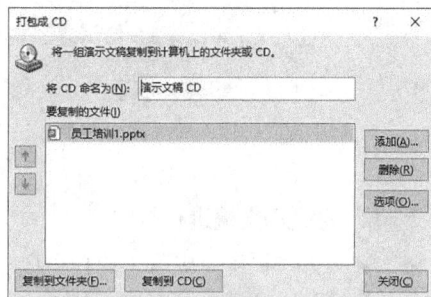

图 5-49　"打包成 CD"对话框

5.3.4　导出演示文稿

通过 PowerPoint 的导出功能，用户可以将演示文稿导出为 PDF 文件或视频文件。另外，将演示文稿打印出来也可以作为导出演示文稿的一种方式。

1. 将演示文稿导出为 PDF 文件

PDF（Portable Document Format，便携文件格式）是一种可移植文档格式，这种文档格式与操作系统无关，这一特点使它成为在互联网上进行电子文档发行和数字化信息传播的理想文档格式。

PowerPoint 可以将演示文稿导出为 PDF 格式，其方法为：选择"文件"/"导出"命令，打开"导出"界面，选择"创建 PDF/XPS 文档"选项，在打开的列表中单击"创建 PDF/XPS"按钮，打开图 5-50 所示的"发布为 PDF 或 XPS"对话框，在其中设置文件的保存位置和文件名称，再单击"发布"按钮即可。

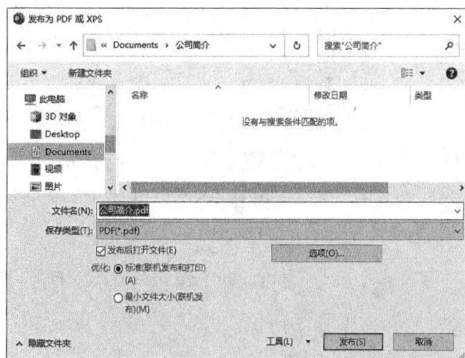

图 5-50　"发布为 PDF 或 XPS"对话框

131

2. 将演示文稿导出为视频文件

将演示文稿导出为视频文件不仅可以保留所有的动画、切换效果和音频与视频内容，还可以保留计时、旁白、墨迹等内容，很多视频课程都是通过这种方式制作的。

将演示文稿导出为视频文件的方法为：选择"文件"/"导出"命令，打开"导出"界面，选择"创建视频"选项，然后在右侧设置视频的大小、是否使用录制的计时和旁白以及放映每张幻灯片的秒数，如图 5-51 所示。设置完成后单击"创建视频"按钮，在打开的对话框中设置视频文件的保存位置和文件名称，再单击"保存"按钮即可。

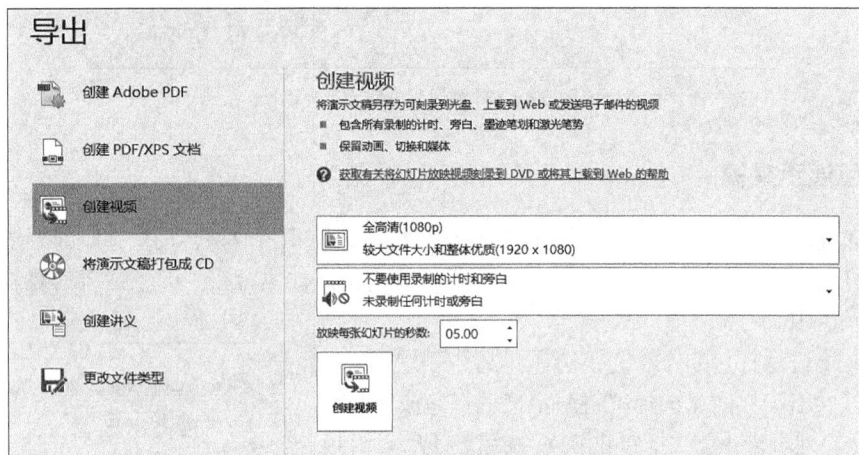

图 5-51　将演示文稿导出为视频文件

3. 将演示文稿进行打印

演示文稿制作完成后，用户可以根据实际需要以不同的颜色（如彩色、灰度或黑白）打印整个演示文稿中的幻灯片、大纲、备注和讲义，但在打印之前，用户还需进行页面设置及打印预览，使打印出来的效果符合实际需要。

（1）页面设置

对幻灯片进行页面设置主要包括调整幻灯片的大小、设置幻灯片编号起始值以及打印方向等，以使其适合各种类型的纸张。

单击"设计"/"自定义"组的"幻灯片大小"按钮，在开的下拉列表中选择"自定义幻灯片大小"选项，打开"幻灯片大小"对话框。在"幻灯片大小"下拉列表中选择打印纸张大小；在"宽度"和"高度"数值框中设置宽度和高度的具体数值；在"方向"栏中选择幻灯片及备注、讲义和大纲的打印方向；在"幻灯片编号起始值"数值框中输入打印的起始编号，完成后单击"确定"按钮即可，如图 5-52 所示。

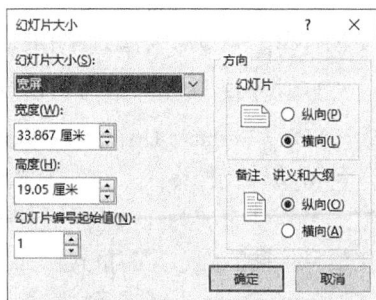

图 5-52　"幻灯片大小"对话框

（2）预览并打印幻灯片

对演示文稿进行页面设置后，用户便可预览打印效果并进行打印。选择"文件"/"打印"命令，在右侧即可预览打印效果，然后在中间列表框中可以对打印机、要打印的幻灯片编号、每页打印的张数和颜色模式等进行设置，如图 5-53 所示。设置完成后单击"打印"按钮，即可开始打印幻灯片。

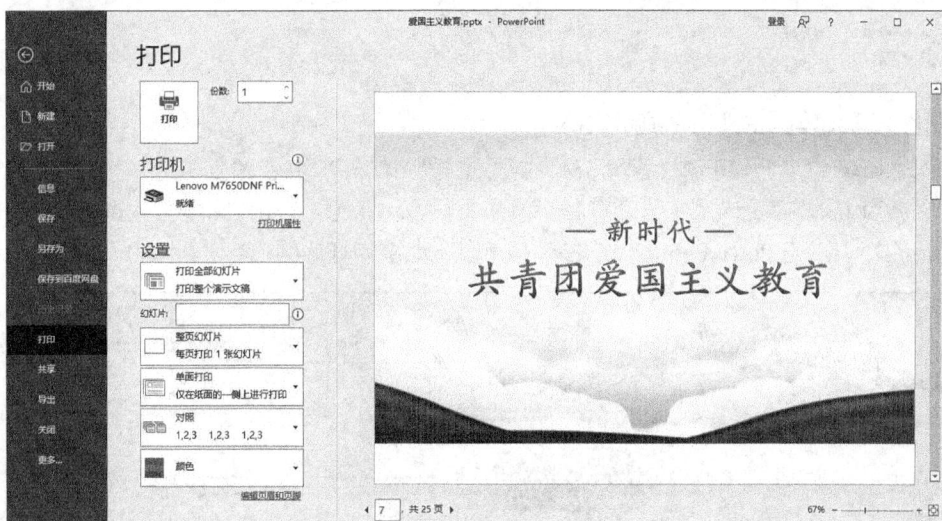

图 5-53　打印演示文稿

任务 3——放映并输出环保宣传演示文稿

利用本节所学的知识制作"环保宣传.pptx"演示文稿（配套资源：\素材文件\第 5 章\环保宣传.pptx），并将其放映和输出（配套资源：\效果文件\第 5 章\环保宣传\），如图 5-54 所示。

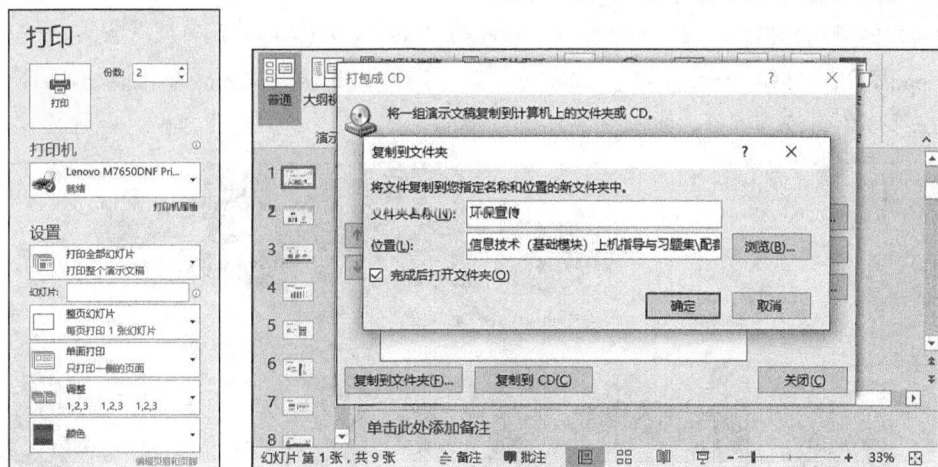

图 5-54　环保宣传演示文稿

操作提示：

（1）打开"环保宣传.pptx"演示文稿（配套资源：\素材文件\第 5 章\环保宣传.pptx），为目录中的各内容创建超链接，然后添加动作按钮控制页面。

（2）放映演示文稿。放映者需要掌握放映的一些方法，特别是定位到某个具体的幻灯片、返回上次查看的幻灯片、标记幻灯片的重要内容等。

（3）隐藏第 6 张幻灯片。

（4）设置排练计时。

（5）单面打印演示文稿，打印 2 份。

（6）将演示文稿打包成 CD。

课后练习

1. 制作共青团爱国主义教育演示文稿

利用本章所学的知识和素材（配套资源：\素材文件\第 5 章\共青团爱国主义教育\）制作"共青团爱国主义教育.pptx"演示文稿（配套资源：\效果文件\第 5 章\共青团爱国主义教育.pptx），如图 5-55 所示。涉及的知识点为 PowerPoint 2016 的基本操作、丰富幻灯片的内容。

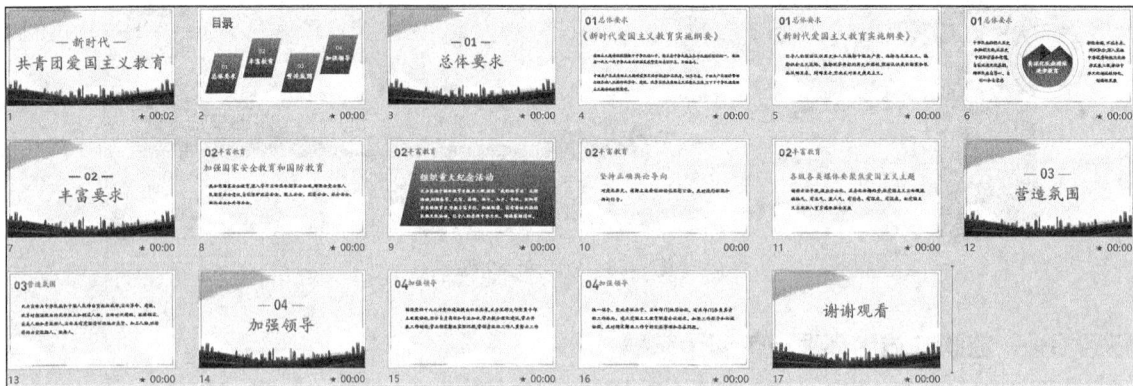

图 5-55　共青团爱国主义教育演示文稿

2. 制作并导出管理培训总结演示文稿

利用本章所学的知识和素材（配套资源：\素材文件\第 5 章\管理培训总结\）制作并导出"管理培训总结.pptx"演示文稿（配套资源：\效果文件\第 5 章\管理培训总结.pptx），如图 5-56 所示。涉及的知识点为丰富幻灯片的内容、放映与导出演示文稿。

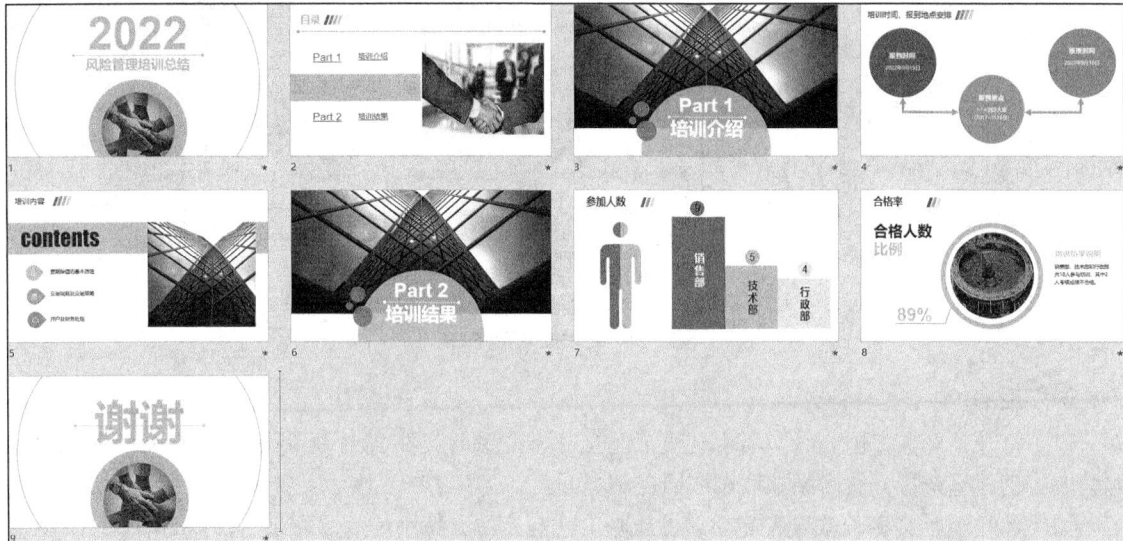

图 5-56　管理培训总结演示文稿

第6章 信息检索

6.1 信息检索概述

在信息社会中，人们的日常生活、工作和学习都需要传输和利用各种信息，而信息技术也在促进整个社会的发展。人们日常接触的信息太多，内容太庞大。为了能够快速地查找信息和有序地整理信息，人们创造出了信息检索技术。在学习信息检索应用技术之前，本节将带领大家了解信息检索的一些基础知识，主要内容包括信息检索的概念、类型、发展历程和流程等。

6.1.1 信息检索的概念

人们通常会使用搜索引擎搜索各种信息。像这种从一定的信息集合中找出所需信息的过程就是狭义的信息检索。

广义的信息检索则包括信息存储和信息获取两个过程。信息存储是指通过对大量无序化信息进行选择、收集、著录、标引后，组建成各种信息检索工具或系统，使之转化为有序化信息集合的过程。信息获取是根据特定的需求，运用已组织好的信息检索系统将特定的信息查找出来的过程。

6.1.2 信息检索的类型

根据检索对象的不同，信息检索可以分为以下3种。
- 文献检索（Document Retrieval）：文献检索以特定的文献为检索对象，其中包括全文、文摘、题录等。文献检索是一种相关性检索，它不会直接给出用户所提出问题的答案，只会提供相关的文献以供参考。
- 数据检索（Data Retrieval）：数据检索以特定的数据为检索对象，如统计数字、工程数据、图表、计算公式、化学结构式等。数据检索是一种确定性检索，它能够返回确切的数据，直接回答用户所提出的问题。

- 事实检索（Fact Retrieval）：事实检索以特定的事实为检索对象，如有关某一事件发生的时间、地点、人物和过程等。事实检索也是一种确定性检索，它一般能够直接提供给用户所需的并确定的事实。

提示：根据检索手段的不同，信息检索还可以分为手工检索、机械检索和计算机检索 3 种。手工检索是一种传统的检索方法，是利用工具书（包括图书、期刊）、目录卡片等进行信息检索的一种手段；机械检索是指利用计算机检索数据库的过程，其优点是速度快，缺点是回溯性不好，且有时间限制；计算机检索是指在计算机或者计算机检索网络终端上，使用特定的检索策略、检索指令、检索词，从计算机检索系统的数据库中检索出所需信息后，再由终端设备显示、下载和打印相应信息的过程。计算机检索具有检索方便快捷、获得信息类型多、检索范围广泛等特点。

6.1.3　信息检索的发展历程

信息检索主要经历了手工检索和计算机检索两个阶段。

1. 手工检索阶段

手工检索阶段是指通过印刷型的检索工具来进行检索的阶段。这一阶段主要有书本式和卡片式两种检索工具。

- 书本式检索工具：书本式检索工具是以图书、期刊等形式出版的各种检索工具书，如各种目录、索引、百科全书、年鉴等。
- 卡片式检索工具：卡片式检索工具就是可以帮助检索的各类卡片，如图书馆的各种卡片目录。

2. 计算机检索阶段

随着社会的进步和发展，各种信息呈爆炸式增长，手工检索已经无法满足日益增长的信息检索需求，同时，计算机技术、网络技术以及数据传输技术也在飞速发展，为计算机检索提供了技术保障，于是信息检索迈入了计算机检索阶段。计算机检索经历了脱机批处理阶段、联机检索阶段、光盘检索阶段和网络化联机检索阶段 4 个阶段。

（1）脱机批处理阶段

在这个阶段计算机还没有连接网络，也没有远程终端，用户主要是利用计算机对各种期刊中的文献做检索。检索方式是脱机批处理方式，即用户不直接接触计算机，而是向计算机操作人员提出具体问题和要求，由计算机操作人员对问题进行分析后编写相应的检索式，定期对新到的文献进行批量检索，最后再将检索结果返回给用户。

（2）联机检索阶段

在这个阶段计算机的软硬件、数据库管理和网络通信技术都有所发展，这些技术的发展拉动计算机信息检索进入联机检索阶段。在这个阶段，用户可以直接进行检索操作，即使是多个用户也可以进行远程实时检索。

（3）光盘检索阶段

在这个阶段，光盘在信息检索中得到了广泛的应用，大量的以光盘为载体的数据库和电子出版物不断涌现。同时，为了满足多用户同时检索的需求，光盘检索系统还发展出了复合式光盘驱动器、自动换盘机以及光盘网络等技术，从而实现了同一数据库多张光盘同时检索的功能。

（4）网络化联机检索阶段

随着互联网的飞速发展，互联网集成了多种信息检索方式。其中主要有以下两大类信息检索方式。

- 搜索引擎：搜索引擎可以从海量的网页中自动收集信息，以供用户进行检索。它是目前互联网检索的核心和主要方式。
- 传统的联机检索企业提供的互联网检索服务：联机检索企业将自己的数据库安装到互联网服务器上，使其成为互联网的组成部分，由此将自己的服务区域从原来的有限范围扩展到全世界。这些企业提供的信息通常是某个领域的专业信息，并且往往只能检索该企业数据库或合作企业数据库中的信息。

6.1.4 信息检索的流程

在信息技术被广泛应用的信息社会中，信息检索是人们获取信息的主要方式之一。信息检索的流程分为 6 个步骤，如图 6-1 所示。

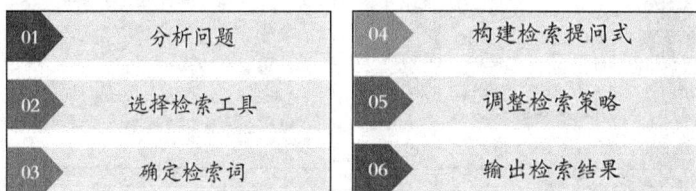

图 6-1 信息检索的流程

① 分析问题：信息检索的第一步就是分析要检索内容的特点和类型，以及所涉及的学科范围、主题要求等，为后面的检索收集相关的信息。

② 选择检索工具：需要根据收集的关键信息，并综合考虑信息类型、时间范围、检索经费等因素，选择一种合适的检索工具。

③ 确定检索词：检索词是计算机检索系统中进行信息匹配的基本单元，选择的检索词越精确，检索结果就会越令人满意。检索词通常是专业术语、同义词或相关词等。

④ 构建检索提问式：检索提问式是在计算机信息检索中用来表达用户检索提问的逻辑表达式，由检索词和各种布尔逻辑算符、截词符、位置算符组成。通常，构建检索提问式的结果能直接影响信息检索的查全率和查准率。

> 提示：截词符是用于截断一个检索词的符号。不同的检索系统使用的截词符有所不同，截词符包括 "*" "?" "#" "$" 等符号。位置算符是用来规定符号两边的词出现在文献中的位置的逻辑运算符，它主要用于表示词与词之间的相互关系和前后次序，常见的位置算符有 W 算符、N 算符、S 算符等。

⑤ 调整检索策略：在得到检索结果时，用户若发现其与检索要求不一致，则可以根据检索结果对检索工具、检索词和检索提问式做出相应的修改和调整，再次进行检索，直至得到满意的结果为止。

⑥ 输出检索结果：根据检索系统提供的检索结果输出格式，用户可以选择需要的记录及相应的字段，输出检索结果包括存储到磁盘或者进行打印等方式。

任务 1——使用微信搜索"大学生素养"

在手机中打开微信 App，以"大学生素养"为检索词，检索大学生素养的相关内容，效果如图 6-2 所示。

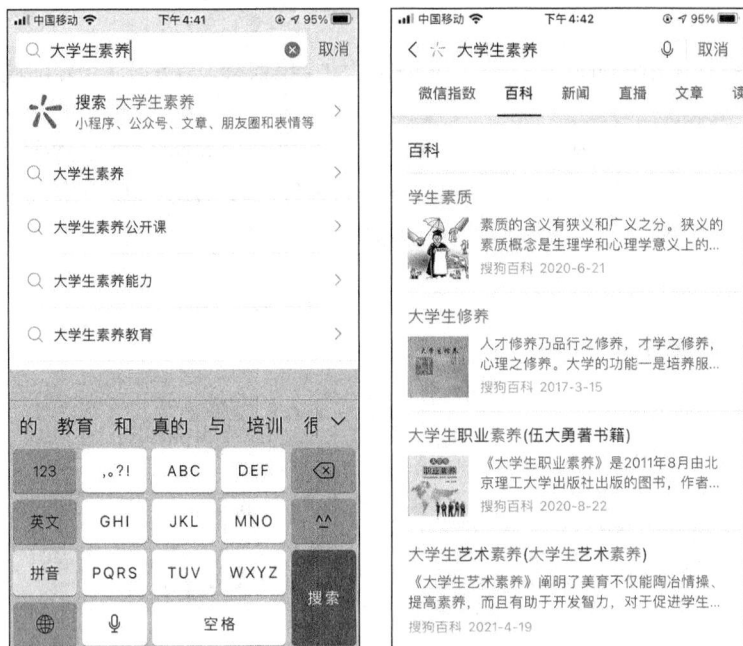

图 6-2　微信搜索大学生素养

操作提示：

（1）分析"大学生素养"涉及的学科范围和主题要求。

（2）根据任务要求，将检索工具确定为微信 App，将检索词确定为"大学生素养"。

（3）这里的检索提问式比较简单，不需要加入布尔逻辑算符、截词符、位置算符，直接使用检索词进行搜索即可。

（4）查看检索结果，发现微信中还有更多分类选项，这里单击"百科"选项卡，然后在其中检索到的结果中选择一项，查看内容。

6.2　搜索引擎

在现阶段的信息社会中，最常用的信息检索工具就是搜索引擎。下面介绍搜索引擎的类型、常用的搜索引擎以及搜索引擎的使用方法。

6.2.1　搜索引擎的类型

随着搜索引擎技术的不断发展，搜索引擎的种类也越来越多，主要包括全文搜索引擎、目录索引、元搜索引擎等。

1．全文搜索引擎

全文搜索引擎（Full Text Search Engine）是目前广泛应用的搜索引擎，国外比较有代表性的全文搜索引擎就是 Google，国内的则是百度和 360 搜索。这些全文搜索引擎从互联网中提取各个网站的信息（以网页文字为主），建立起数据库。用户使用这些搜索引擎进行检索时，搜索引擎检索出与用户查询条件相匹配的记录，并按一定的排列顺序将结果返回给用户。

根据搜索结果来源的不同，全文搜索引擎又可以分为两类：一类是拥有自己的蜘蛛程序的搜索引擎，它能够建立自己的网页和自己的数据库，也能够直接从其数据库中调用搜索结果，如 Google、百度和 360 搜索；另一类则是租用其他搜索引擎的数据库，然后按照自己的规则和格式来排列和显示搜索结果，如 Lycos 搜索引擎。

2．目录索引

目录索引（Search Index/Directory）也称为分类检索，它是互联网上最早提供的网站资源查询服务。目录索引主要通过搜集和整理互联网的资源，根据搜索到的网页内容，将其网址分配到相关分类主题目录的不同层次类目之下，形成像图书馆目录一样的分类树状结构索引。用户在目录索引中查找网站时，可以使用关键词进行查询，也可以按照相关目录逐级查询。但是需要注意的是，使用目录索引检索的时候，只能够按照网站的名称、网址、简介等内容进行查询，这样也就导致了目录索引的查询结果只是网站的 URL 地址，而不是具体的网站页面。国内的搜狐目录、hao123 以及国外的 DMOZ 等都是目录索引。

3．元搜索引擎

元搜索引擎（Meta Search Engine）在接收用户查询请求后会同时在多个搜索引擎上搜索，并将结果返回给用户。知名的元搜索引擎有 InfoSpace、Dogpile、Vivisimo 等。在搜索结果排列方面，有的直接按来源排列搜索结果，如 Dogpile；有的元搜索引擎则按自定的规则将结果重新排列组合，如 Vivisimo。

6.2.2 常用的搜索引擎

常用的搜索引擎主要有百度、搜狗搜索、360 搜索等。

1．百度

百度于 2000 年 1 月创立于北京中关村，致力于向人们提供"简单，可依赖"的信息获取方式。百度搜索引擎的界面如图 6-3 所示。

图 6-3　百度搜索引擎的界面

据市场调研机构 StatCounter 的数据显示，2021 年国内搜索引擎市场中，百度搜索引擎的市场份额为 85.48%。另外，百度的服务器分布在全国各地，能直接从最近的服务器上把搜索信息返回给当地用户，使用户享受到极快的搜索传输速度。

2．搜狗搜索

搜狗搜索是第三代互动式搜索引擎，支持微信公众号和文章搜索、知乎搜索、英文搜索及翻译等，其搜索引擎的核心是自主研发的人工智能算法。搜狗搜索引擎的界面如图 6-4 所示。

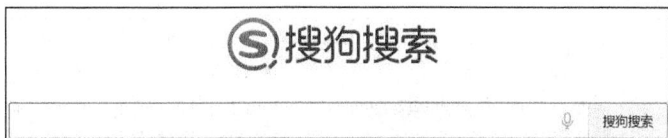

图 6-4　搜狗搜索引擎的界面

在搜狗搜索中，图片搜索具有独特的组图浏览功能，新闻搜索具有能够及时反映互联网热点事件的首页，地图搜索具有全国无缝漫游的功能，这些功能极大地满足了用户的日常需求，使用户可以更加便利地畅游互联网。

3. 360 搜索

360 搜索属于全文搜索引擎，是目前广泛应用的主流搜索引擎之一，其界面如图 6-5 所示。它包含网页、新闻、影视等搜索产品，为用户带来安全、真实的搜索服务体验。

图 6-5　360 搜索引擎的界面

360 搜索不仅掌握了通用搜索技术，而且独创了 PeopleRank 算法、拇指计划等新技术。目前，360 搜索建立了由数百名工程师组成的核心搜索技术团队，拥有上万台服务器及庞大的爬虫系统，收录的优质网页数量很多，网页搜索速度和质量都处于业内领先地位。

6.2.3　搜索引擎的使用方法

搜索引擎优化（Search Engine Optimization，SEO）人员需要熟练掌握搜索引擎的使用方法，其中包括基本查询、高级查询和搜索引擎指令的使用。下面分别进行讲解。

1. 使用搜索引擎进行基本查询操作

搜索引擎的基本查询方法就是直接在搜索框中输入搜索关键词进行查询。这里将在百度中搜索一月之内发布的包含"中华优秀传统文化"关键词的 Word 文档，其具体操作如下。

① 启动浏览器，在地址栏中输入百度的网址后，按"Enter"键进入百度首页，然后在中间的搜索框中输入要查询的关键词"中华优秀传统文化"，最后按"Enter"键或单击"百度一下"按钮。

使用搜索引擎进行基本查询操作

② 打开搜索结果页面，单击搜索框下方的"搜索工具"按钮 ，如图 6-6 所示。

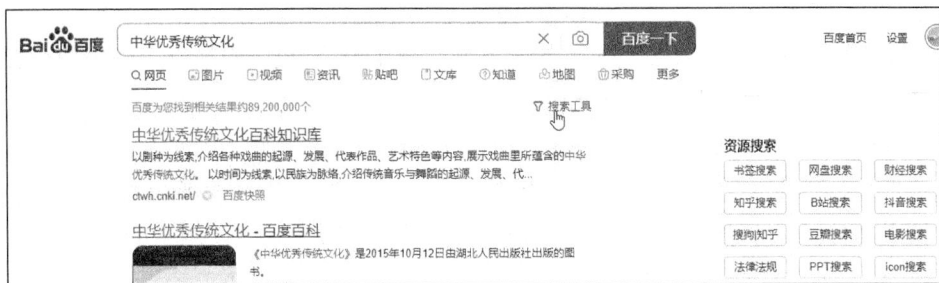

图 6-6　单击"搜索工具"按钮

③ 显示出搜索工具，单击"站点内检索"按钮，在打开的搜索文本框中输入百度的网址，然后单击"确认"按钮，此时将返回百度网站中的搜索结果页面，如图 6-7 所示。

图 6-7　选择检索数据库

④ 在搜索工具中单击"所有网页和文件"按钮，在打开的下拉列表中选择"微软 Word(.doc)"选项，搜索结果页面中将只显示搜索到的 Word 文件，如图 6-8 所示。

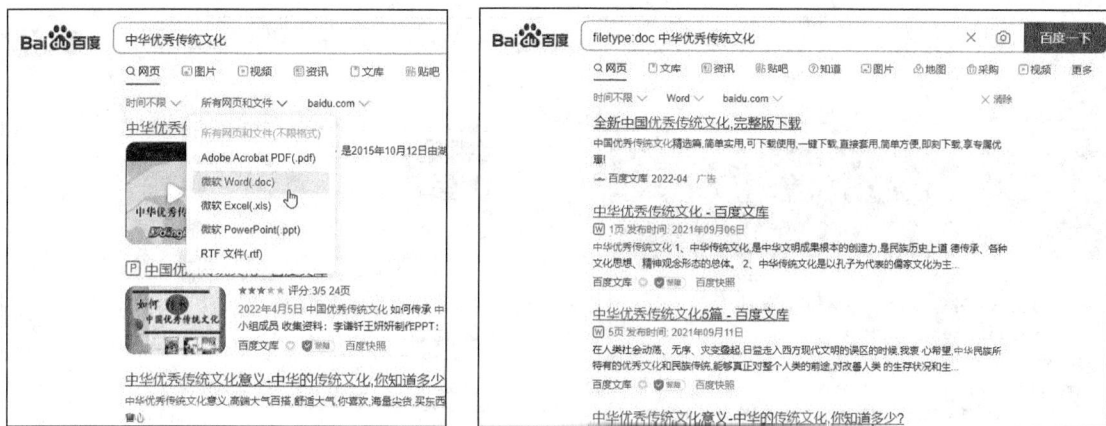

图 6-8　选择检索文件的类型

⑤ 在搜索工具中单击"时间不限"按钮，在打开的下拉列表中选择"一月内"选项，最终搜索结果为百度网站中一月之内发布的包含"中华优秀传统文化"关键词的所有 Word 文档，如图 6-9 所示。

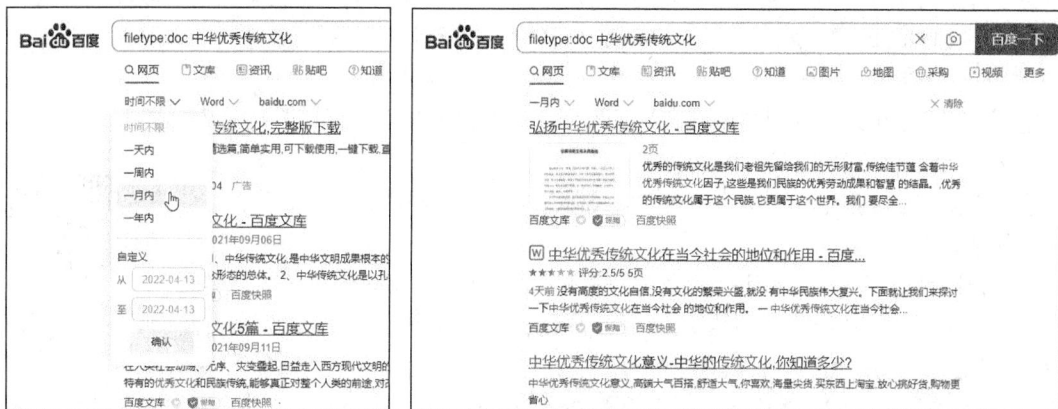

图 6-9　选择检索时间

141

2. 搜索引擎的高级查询功能

使用搜索引擎的高级查询功能可以在搜索时实现包含完整关键词、包含任意关键词或不包含某些关键词等搜索。这里将使用百度的高级查询功能搜索高职院校大学生素质教育中立德树人的相关知识，其具体操作如下。

① 打开百度首页，将鼠标指针移至右上角的"设置"超链接上，在打开的下拉列表中选择"高级搜索"选项。

② 打开"高级搜索"对话框后，在"包含全部关键词"文本框中输入"立德树人"文本，要求查询结果页面中要同时包含"立德树人"这个关键词；在"包含完整关键词"文本框中输入"素质教育"文本，要求查询结果页面中要包含"素质教育"完整的关键词，即关键词不会被拆分；在"包含任意关键词"文本框中输入"大学生 高职"文本，要求查询结果页面中要包含"大学生"和"高职"其中一个关键词；在"不包括关键词"文本框中输入"中学生 小学生 中职"文本，要求查询结果页面中不包含"中学生""小学生"和"中职"关键词，单击"高级搜索"按钮完成搜索，如图 6-10 所示。

搜索引擎的高级查询功能

图 6-10　搜索引擎的高级查询功能

3. 使用搜索引擎指令

使用搜索引擎指令可以实现较多功能，如查询某个网站被搜索引擎收录的页面数量、查找 URL 中包含指定文本的页面数量、查找网页标题中包含指定关键词的页面数量等。

（1）site 指令

使用 site 指令可以查询到某个域名被该搜索引擎收录的页面数量，其格式为：

"site"+半角冒号":"+网站域名

这里将使用 site 指令在百度中查询"人民邮电出版社"网站的收录情况，其具体操作如下。

① 打开百度网站，在中间的搜索框中输入"site:ptpress.com.cn"文本，然后单击"百度一下"按钮得到查询结果，在其中可以看到该网站共有 19 800 个页面被收录，如图 6-11 所示。

site 指令

② 删除搜索框中的文本内容，重新输入"site:www.ptpress.com.cn"文本，然后单击"百度一下"按钮得到查询结果，可以看到只有 14 700 个页面被收录，如图 6-12 所示。

图 6-11　不包含"www"的查询结果

图 6-12　包含"www"的查询结果

（2）inurl 指令

使用 inurl 指令可以查询到 URL 中包含指定文本的页面数量，其格式为：

"inurl"+半角冒号":"+指定文本

"inurl"+半角冒号":"+指定文本+空格+关键词

这里将在百度中查询所有 URL 中包含"教育"文本的页面，以及 URL 中包含"教育"文本，同时页面的关键词为"立德树人"的页面，其具体操作如下。

① 在百度首页的搜索框中输入"inurl:教育"文本后，按"Enter"键得到查询结果，可以看到每个页面的网址中都包含"教育"文本，如图 6-13 所示。

② 删除搜索框中的文本，重新输入"inurl:教育 立德树人"文本，然后按"Enter"键得到查询结果，可以看到每个页面的网址中都包含"教育"文本，并且页面内容中还包含"立德树人"关键词，如图 6-14 所示。

inurl 指令

> **提示：** 使用引擎指令进行检索实质上就是一种限制检索方法。限制检索是指通过限制检索范围，达到优化检索结果目的的一种方法。限制检索的方式有多种，包括使用限制符、采用限制检索命令、进行字段检索等。例如，属于主题字段限制的有 Title、Subject、Keywords 等；属于非主题字段限制的有 Image、Text 等。

图 6-13　输入"inurl:教育"的搜索结果

图 6-14　输入"inurl:教育 立德树人"的搜索结果

（3）intitle 指令

使用 intitle 指令可以查询到在页面标题（title 标签）中包含指定关键词的页面数量，其格式为：

"intitle"+半角冒号":"+关键词

这里将在百度中查询标题中包含"女足精神"关键词的所有页面，其具体操作如下。

① 在百度首页的搜索框中输入"intitle:女足精神"文本。

② 按"Enter"键或单击"百度一下"按钮得到查询结果，可以看到每个页面的标题中都包含"女足精神"关键词，如图 6-15 所示。

图 6-15　输入"intitle:女足精神"的搜索结果

任务 2——使用百度搜索"5G"

利用本节所学的知识，在百度中搜索 5G 的相关知识，结果如图 6-16 所示。

操作提示：

（1）打开百度官网，以"5G"为关键词搜索相关内容。

（2）缩小搜索范围，搜索华为的 5G 技术和拥有专利技术的 5G 技术，且时间在一年内的网页内容。

图 6-16　百度搜索结果

6.3　检索各类专业信息

在检索学术、期刊、商标和专利的信息，以及学位论文、社交媒体等各种类型的专业信息时，用户可以利用一些专业的网站进行检索。

6.3.1　检索学术信息

互联网上有很多用于检索学术信息的网站，用户在其中可以检索各种学术论文。在国内，这类网站主要有百度学术、万方数据知识服务平台（以下简称"万方数据"）、中国知网等。这里将在百度学术中检索有关"信息时代的思想政治教育"的学术信息，其具体操作如下。

检索学术信息

① 打开"百度学术"网站首页，在首页的搜索框中输入要检索的关键词"信息时代的思想政治教育"，然后单击"百度一下"按钮。

② 在打开的页面中可以看到检索结果，同时在每条结果中还可以看到论文的标题、简介、作者、被引量、来源等信息，如图 6-17 所示。

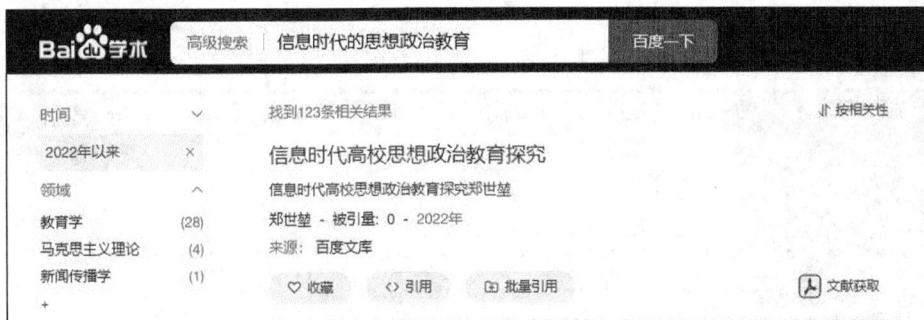

图 6-17　查看在百度学术中检索的信息

③ 单击要查看的某个论文的标题，即可打开该论文的网页，显示更详细的信息，并展示相似的文献和参考文献，如图 6-18 所示。

图 6-18　查看论文详细信息

④ 继续单击该论文的标题，即可进入该文献的来源网站。用户可以直接打开论文的原文件，查看该论文的内容。

145

6.3.2 检索学位论文

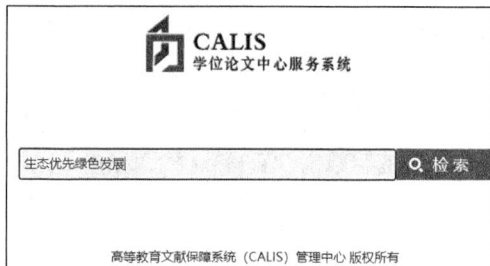

学位论文是作者为了获得相应的学位而撰写的论文，其中硕士论文和博士论文非常有价值。因为学位论文不像图书和期刊那样会公开出版，所以学位论文信息的检索和获取较为困难。在国内，检索学位论文的平台主要有中国高等教育文献保障系统（China Academic Library & Information System，CALIS）的学位论文中心服务系统、万方中国学位论文数据库、中国知网的硕士与博士论文数据库等。这里将在CALIS的学位论文中心服务系统中检索有关"生态优先绿色发展"的学位论文，其具体操作如下。

① 打开CALIS的学位论文中心服务系统页面，在搜索框中输入关键词"生态优先绿色发展"，然后单击"检索"按钮，如图6-19所示。

② 在打开的页面中将显示查询结果，其中包括学术论文的"名称""作者""学位年度""学位名称""主题词""摘要"等信息，如图6-20所示。用户单击论文名称，即可在打开的页面中看到该论文的详细内容。

图 6-19 输入关键词后单击"检索"按钮

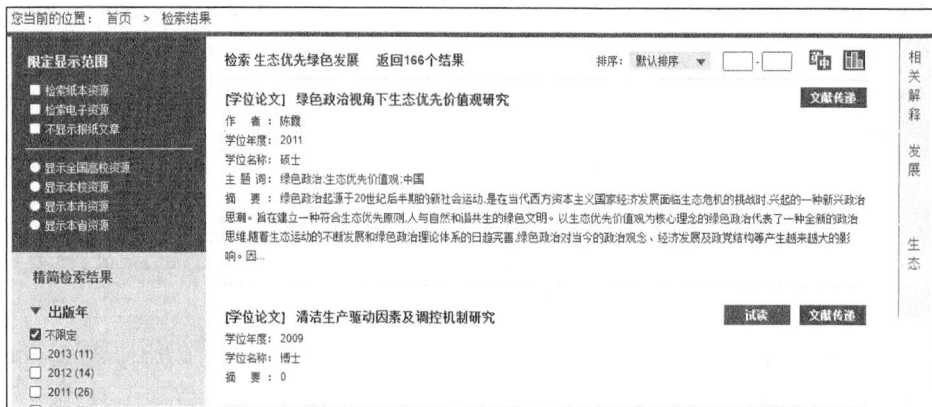

图 6-20 检索结果

6.3.3 检索期刊信息

期刊是指定期出版的刊物，它包括周刊、旬刊、半月刊、月刊、季刊、半年刊、年刊等。"国内统一连续出版物号"的简称是"国内统一刊号"，即"CN号"，它是我国新闻出版行政部门分配给连续出版物的代号；"国际标准连续出版物号"的简称是"国际刊号"，即"ISSN号"。这里将在国家科技图书文献中心网站中检索有关"人民论坛"的期刊，其具体操作如下。

① 打开"国家科技图书文献中心"网站首页，撤销"会议""学位论文"两个选项，在"文献检索"搜索框中输入关键词"人民论坛"，最后单击"检索"按钮，如图6-21所示。

② 在打开的页面中可以看到查询结果，但其中有些内容是不属于"人民论坛"期刊的。此时单击网页左侧"期刊"栏中的"人民论坛"超链接，如图6-22所示。用户单击该超链接即可进行限定条件搜索，稍后便可检索到只包含"人民论坛"期刊的内容。

图 6-21　输入关键词并单击"检索"按钮

图 6-22　限定条件搜索

6.3.4　检索商标信息

商标用于区分一个经营者和其他经营者的品牌或服务不同之处。与专利信息一样，用户可以在世界知识产权组织的官网、各个国家商标管理机构的网站及各种提供商标信息的商业网站中进行商标信息检索。这里将在国家知识产权局商标局的中国商标网中查询与"比亚迪"类似的商标，其具体操作如下。

检索商标信息

① 打开网站首页，然后单击网页中间的"商标网上查询"超链接，如图 6-23 所示。

图 6-23　单击"商标网上查询"超链接

② 进入商标查询页面，单击"我接受"按钮后，如图 6-24 所示，打开"商标网上查询"页面，然后单击页面左侧的"商标近似查询"按钮，如图 6-25 所示。

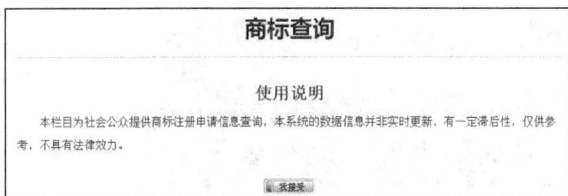

图 6-24　单击"我接受"按钮

图 6-25　单击"商标近似查询"按钮

147

③ 打开"商标近似查询"页面，在"自动查询"选项卡中设置要查询商标的"国际分类""查询方式""商标名称"信息，然后单击"查询"按钮，如图 6-26 所示。

图 6-26　设置"自动查询"信息

④ 在打开的页面中可以看到查询结果，其中包括每个商标的"申请/注册号""申请日期""商标名称""申请人名称"等信息，如图 6-27 所示。单击申请/注册号或者商标名称即可在打开的页面中看到该商标的详细内容。

图 6-27　查看检索结果

6.3.5　检索专利信息

专利即专有的权利和利益。用户可以在世界知识产权组织（World Intellectual Property Organization，WIPO）的官网、各个国家的知识产权机构的官网（如我国的国家知识产权局官网、中国专利信息网）及各种提供专利信息的商业网站（如中国知网、万方数据等）进行专利信息检索。这里将在万方数据中搜索有关"5G技术"的专利信息，其具体操作如下。

检索专利信息

① 进入万方数据首页，在中间的搜索框中输入关键词"5G 技术"，单击搜索框左侧的"全部"按钮，在打开的下拉列表中单击"专利"超链接，然后单击"检索"按钮，如图 6-28 所示。

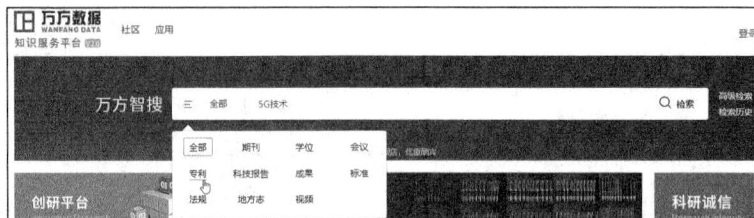

图 6-28　输入关键字"5G 技术"后进行专利信息检索

② 在打开的页面中可以看到检索结果，其中包括每条专利的名称、专利人、摘要等信息，如图 6-29 所示。用户单击相应的按钮还可以查看专利的详细信息，以及下载专利内容等。

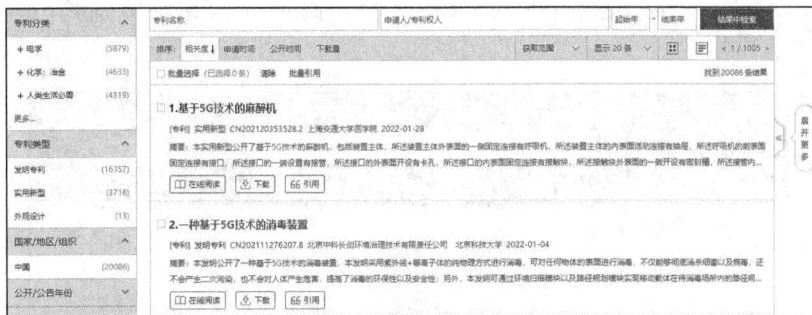

图 6-29　查看检索结果

6.3.6　检索社交媒体

社交媒体（Social Media）是指互联网上基于用户关系的内容生产与交换平台，其传播的信息已成为人们浏览互联网的重要内容。通过社交媒体，人们彼此之间可以分享意见、见解、经验等，甚至还可能制造社交生活中争相讨论的一个又一个热门话题。现在，国内主流的社交媒体有抖音、微信和微博等。这里将在抖音中检索有关"社会主义新农村"的内容，其具体操作如下。

检索社交媒体

① 在智能手机中下载抖音 App，然后在手机桌面上找到抖音 App 并点击，进入抖音界面后，点击右上角的"搜索"按钮🔍。

② 进入搜索界面，在上方的搜索框中输入"社会主义新"，此时，搜索框下方将自动显示与之相关的词条，这里点击第一个选项，如图 6-30 所示。

③ 进入搜索结果界面，其中显示了与"社会主义新农村"相关的所有内容，如图 6-31 所示，点击相应的视频画面即可查看内容。

④ 继续在搜索结果界面中点击右上角的"筛选"按钮▽，在打开的列表中可以设置排序依据、发布时间、视频时长和搜索范围等筛选条件，如图 6-32 所示，抖音平台将会根据设置自动播放满足筛选条件的视频。

图 6-30　输入关键词　　　图 6-31　查看搜索结果　　　图 6-32　设置筛选条件

任务 3——在国家科技图书文献中心网站查询"碳中和"

利用本节所学的知识，在国家科技图书文献中心网站查询有关"碳中和"的学位论文，如图 6-33 所示。

图 6-33　查询"碳中和"的学位论文

操作提示：

（1）打开国家科技图书文献中心网站，以"碳中和"为关键词搜索学位论文。

（2）缩小搜索范围，将出版年限设置为"2021"、学位设置为"博士"、专业设置为"材料学"。

（3）选择一篇学位论文，查看其详细信息，其中包括作者、机构、总页数、院校、专业、授予机构、导师、语种、分类号和关键词等。

课后练习

1. 在百度中搜索"新时代大学生的使命和担当"

利用本章所学的知识，在百度中搜索一年内与"新时代大学生的使命和担当"相关的内容，如图 6-34 所示。涉及的知识点为搜索引擎的使用。

图 6-34　使用百度搜索

2.　**在人民日报微博中搜索"新时代的中国青年"**

　　利用本章所学的知识，打开新浪微博的网页版，然后进入人民日报的官方微博，在其中搜索与"新时代的中国青年"相关的内容，如图 6-35 所示。涉及的知识点为检索各类专业信息。

图 6-35　搜索微博

07 第 7 章 计算机网络与 Internet

【学习目标】
- 了解计算机网络的基础知识。
- 了解计算机网络的组成与分类。
- 了解网络的传输介质和通信设备。
- 了解局域网。
- 掌握 Internet 应用的基本操作方法。

7.1 计算机网络入门

　　网络与计算机的结合是现阶段信息技术的重要表现方式。特别是 Internet（因特网），它是一个全球性的网络，将全世界的计算机设备连在一起，使全球用户都可以共享各种资源。下面将介绍计算机网络的基础知识，内容包括其概念、发展、功能、体系结构等。

7.1.1 计算机网络的概念

　　在计算机网络发展的不同阶段，人们对计算机网络的理解也不尽相同。针对不同的观点，人们对计算机网络提出了不同的定义。就计算机网络现状来看，从资源共享的观点出发，通常将计算机网络定义为以能够相互共享资源的方式连接起来的独立计算机系统的集合。换句话说，计算机网络就是将相互独立的计算机系统以通信线路相连接，按照全网统一的网络协议进行数据通信，以实现网络资源共享的功能。

　　从计算机网络的定义可以看出，构成计算机网络需要具备以下 4 点要求。

- 计算机相互独立：从地理位置的分布来看，计算机是独立的，既可以近在咫尺，也可以相隔千里；从数据处理功能上来看，计算机也是独立的，既可以连网工作，也可以脱离网络独立工作，而且联网工作时也没有明确的主从关系，即网内的一台计算机不能强制性地控制另一台计算机。
- 通信线路相连接：各计算机系统必须用传输介质和通信设备实现互连，传输介质可以是双绞线、同轴电缆、光纤、微波和其他频段的无线电信道等，通信设备则包括路由器、交换机等，具体内容将在 7.3 节详细介绍。

- 采用统一的网络协议：计算机网络中的各台计算机在通信过程中需共同遵守"全网统一"的通信规则，即网络协议。
- 资源共享：计算机网络中一台计算机的资源（包括硬件、软件和信息）可以提供给全网其他计算机系统共享。

7.1.2 计算机网络的发展

计算机网络出现的时间不长，但发展迅速，经历了从简单到复杂、从地方到全球的发展过程。从形成初期到现在，计算机网络的发展大致可以分为 4 个阶段。

1. 第一代计算机网络

这一阶段的计算机网络又称为面向终端的计算机网络，时间可以追溯到 20 世纪 50 年代。人们将多台终端通过通信线路连接到一台中央计算机上构成"主机—终端"系统。这里的终端不具备自主处理数据的能力，仅能完成简单的输入/输出功能，所有数据处理和通信处理任务均由主机完成。这一阶段进行的计算机技术与通信技术相结合的研究是计算机网络发展的基础。

2. 第二代计算机网络

这一阶段的计算机网络又称为以分组交换网为中心的计算机网络。20 世纪 60 年代，计算机日益普及，许多部门（如工业、商业机构）都开始配置大、中型计算机系统。这些地理位置分散的计算机之间自然需要进行信息交换，于是将多个计算机系统连接，形成一个计算机通信网络。其重要特征是通信在"计算机—计算机"之间进行，计算机各自具有独立处理数据的能力，并且不存在主从关系。美国的 ARPAnet 就是第二代计算机网络的典型代表。

3. 第三代计算机网络

这一阶段的计算机网络又称为体系结构标准化的计算机网络。从 20 世纪 70 年代中期开始，许多计算机生产商纷纷开发出自己的计算机网络系统并形成各自不同的网络体系结构，例如 IBM 公司的系统网络体系结构（Systems Network Architecture，SNA）。这些网络体系结构有很人的差异，无法实现不同网络之间的互连。1977 年，国际标准化组织（International Organization for Standardization，ISO）提出了知名的开放系统互连（Open System Interconnection，OSI）参考模型，形成了一个计算机网络体系结构的国际标准。第三代计算机网络的重要特征是全网所有的计算机遵守同一种协议，强调以实现资源共享（硬件、软件和数据）为目的。

4. 第四代计算机网络

这一阶段的计算机网络又称为以网络互连为核心的计算机网络。从 20 世纪 90 年代开始，Internet 实现了全球范围的电子邮件、WWW、文件传输等数据服务的普及，并利用宽带综合业务数字网（Broadband Integrated Services Digital Network，B-ISDN）来传输语音、数据和视频等。支持第四代计算机网络的技术有异步传输模式（Asynchronous Transfer Mode，ATM）、光纤传输介质、分布式网络、智能网络、高速网络、互联网技术等。人们对这些新技术投以极大的热情和关注，并在不断进行深入研究和应用尝试。

5. 未来的计算机网络

Internet 技术的飞速发展以及在企业、学校、政府、科研部门和千家万户的广泛应用，使人们对计算机网络提出了越来越高的要求。未来的计算机网络应具有以下特点：能提供目前电话网、电视网和计算机网络的综合服务；能支持多媒体信息通信，以提供多种形式的视频服务；具有高度安全的管理机制，以保证信息安全传输；具有开放统一的应用环境，具有智能的系统自适应性和高可靠性，网络的使用、管理和维护将更加方便。总之，计算机网络将进一步朝着"开放、综合、智能"的方向发展，必将对未来世界的经济、军事、科技、教育与文化的发展产生重大影响。

7.1.3　计算机网络的功能

计算机网络最主要的功能就是信息的传输与共享。具体而言，计算机网络的功能主要包括数据通信、资源共享、集中管理、分布式处理和均衡负荷等。

* 数据通信：数据通信可以实现计算机与计算机、计算机与其他终端，以及终端与终端之间的数据信息传递，数据通信中传递的信息均以二进制数据形式表现。数据通信是计算机网络最重要的功能之一。

* 资源共享：资源共享是人们建立计算机网络的主要目的之一，其中包括硬件资源共享、软件资源共享和数据资源共享。硬件资源共享可以提高计算机设备的利用率，避免设备的重复投资，如利用计算机网络构建网络打印系统；软件资源和数据资源共享可以充分利用已有的信息资源，减少软件开发过程中的劳动量，避免大型数据库的重复建设。

* 集中管理：计算机网络技术的发展和应用，使得各种信息管理系统、办公自动化系统等不断建立起来，用户通过这些系统便可以实现日常工作的集中管理，提高工作和学习效率。

* 分布式处理：在计算机网络环境下，相关人员可以用多个计算机或终端来共同研发大型项目或课题，将项目或课题的内容划分为许许多多的细分项目，指定不同的计算机或终端分别完成，最后集中起来，实现项目或课题的研发并提高工作效率。

* 均衡负荷：均衡负荷指工作被均匀地分配给网络上的各台计算机。实际操作中，网络控制中心负责分配和检测；当某台计算机负荷过重时，系统自动将负荷转移到负荷较轻的计算机。

7.1.4　计算机网络体系结构和 TCP/IP 参考模型

计算机网络体系结构和传输控制协议/网际协议（Transmission Control Protocol/Internet Protocol，TCP/IP）参考模型都是为了更好地实现网络通信而建立的标准。它们是计算机网络中最基础、最重要的标准之一。

1. 计算机网络体系结构（ISO/OSI 参考模型）

计算机网络体系结构指计算机网络层次结构模型，它是各层的协议以及层次之间端口的集合。目前广泛采用的是国际标准化组织提出的开放系统互连参考模型，常称为 ISO/OSI 参考模型或七层模型。

ISO/OSI 参考模型从逻辑上把一个网络系统分为功能上相对独立的 7 个有序的子系统，这样计算机网络体系结构就由功能上相对独立的 7 个层次组成，如图 7-1 所示，由低到高分别是物理层、数据链路层、网络层、传输层、会话层、表示层和应用层。

* 物理层（Physical，PH）：该层的主要任务是为上层提供一个物理的连接，以及该物理连接表现出来的机械、电气功能和过程特性，实现透明的比特流传输。在这一层，数据还没有组织，仅作为原始的比特流提交给上层。

* 数据链路层（Data-link，D）：该层负责在两个相邻的节点之间的链路上实现无差错的数据帧传输。每一帧包括一定的数据和必要的控制信息，在接收方接收到数据出错时要通知发送方重发，直到这一帧无差错地到达接收节点。

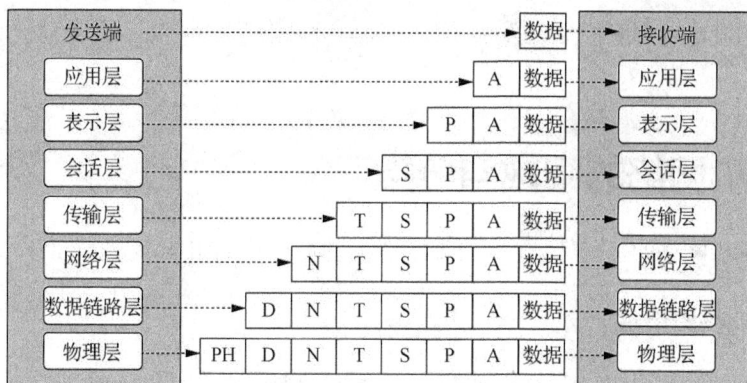

图 7-1 ISO/OSI 参考模型

- 网络层（Network，N）：该层的主要任务是为要传输的数据［单位为"包"（Packet）］选择一条合适的路径，使发送包能够正确无误地按照给定的目的地址找到目的主机，交付给目的主机的传输层。

- 传输层（Transport，T）：该层的主要任务是在两个终端系统的会话层之间建立一条连接通道，以透明地传输报文。

- 会话层（Session，S）：该层不参与具体的传输，其主要任务是提供包括访问验证和会话管理在内的建立以及维护应用之间的通信机制，如服务器验证用户登录便是由会话层完成的。

- 表示层（Presentation，P）：该层的主要任务是解决用户信息的语法表示问题，它将要交换的数据从适合某一用户的抽象语法转换为适合 ISO/OSI 内部表示使用的传送语法，即提供格式化的表示和转换数据服务。

- 应用层（Application，A）：该层确定进程之间通信的性质以满足用户的需求，以及提供网络与用户软件之间的接口服务。

2. TCP/IP 参考模型

TCP/IP 参考模型是 Internet 上所有网络和主机之间进行交流时所使用的共同"语言"，是 Internet 上使用的一组完整的标准网络连接协议。TCP/IP 参考模型共有 4 个层次，分别是网络接口层、网际层、传输层和应用层，其与 ISO/OSI 参考模型的对照关系如图 7-2 所示。

- 网络接口层：网络接口层包括了可使用 TCP/IP 与物理网络进行通信的协议。

ISO/OSI参考模型	TCP/IP参考模型
应用层	应用层
表示层	
会话层	
传输层	传输层
网络层	网际层
数据链路层	网络接口层
物理层	

图 7-2 TCP/IP 参考模型与 ISO/OSI 参考模型的对照关系

- 网际层：网际层负责处理来自传输层的分组，将分组形成数据包，并为数据包在不同的网络之间进行路径选择，最终将数据包从源主机发送到目的主机。

- 传输层：传输层负责主机到主机之间的端对端可靠通信。

- 应用层：应用层用于提供网络服务，例如，文件传输、远程登录、域名服务和简单网络管理等。

任务 1——描述常见的计算机网络

利用本节所学的知识说说日常生活中存在哪些计算机网络，并说明该计算机网络具备哪些基本的功能。然后搜索我国计算机网络的发展历程，分小组讨论工匠精神在我国计算机网络发展过程中起到了哪些作用。

7.2　计算机网络的组成与分类

在了解了计算机网络的基础知识后，下面介绍计算机网络的组成和分类的知识。

7.2.1　计算机网络的组成

计算机网络的规模不同，其中的各种结构、软硬件和协议的配置也有很大差异。

1. 网络定义的计算机网络组成

根据网络的定义，从系统组成上来说，一个计算机网络主要分为计算机系统（主机与终端）、数据通信系统、网络软件及协议三大部分。

（1）计算机系统

计算机系统是网络的基本组成部分，它主要完成数据信息的收集、存储、管理和输出等任务，并提供各种网络资源。计算机系统根据其在网络中的用途，一般分为主机和终端两个部分。

- 主机（Host）：主机在很多时候被称为服务器（Server），它是一台高性能计算机，用于管理网络、运行应用程序和处理各网络工作站成员的信息请求等，并连接打印机等外部设备。根据其作用的不同分为文件服务器、应用程序服务器和数据库服务器等。一台单独的服务器计算机上可以同时有多个服务器软件包在运行，并向网络上的客户提供多种不同的服务。
- 终端（Terminal）：终端是网络中的用户进行网络操作、实现人机对话的重要工具，在局域网中通常被称为工作站（Workstation）或者客户机（Client）。由服务器进行管理和提供服务的、连入网络的任何计算机都属于工作站，其性能一般低于服务器。个人计算机接入 Internet 后，在获取 Internet 服务的同时，其本身就成为一个 Internet 上的工作站。

> **提示**：在涉及计算机网络的描述中，终端设备和终端是有区别的。终端设备是用户进行网络操作所使用的设备，它种类很多，可以是具有键盘及显示功能的一般终端，也可以是一台计算机；而终端则是指具备网络通信能力的计算机。

（2）数据通信系统

数据通信系统是连接网络的"桥梁"，它提供各种连接技术和信息交换技术，其主要任务是把数据源计算机所产生的数据迅速、可靠、准确地传输到目的计算机或专用外设中。从计算机网络技术的组成部分来看，一个完整的数据通信系统一般由数据终端设备、通信控制器、通信信道和信号变换器 4 个部分组成。

- 数据终端设备：数据终端设备是指数据的生成者和使用者根据协议控制通信所使用的设备。除了计算机外，数据终端设备还可以是网络中的专用数据输出设备，如打印机等。
- 通信控制器：其功能除进行通信状态的连接、监控和拆除等操作外，还可接收来自多个数据终端设备的信息，并转换信息格式。
- 通信信道：通信信道是信息在信号变换器之间传输的通道，如电话线路等模拟通信信道、专用数字通信信道、宽带电缆和光纤等。
- 信号变换器：其功能是把通信控制器提供的数据转换成适合通信信道要求的信号形式或把信

道中传来的信号转换成可供数据终端设备使用的数据，最大限度地保证传输质量。

（3）网络软件及协议

计算机网络的正常工作需要网络软件的控制。网络软件一方面授权用户对网络资源进行访问，帮助用户方便、快速地访问网络；另一方面也能够管理和调度网络资源，提供网络通信和用户所需要的各种网络服务。通常情况下，网络软件分为通信软件、网络协议软件和网络操作系统3 个部分。

● 通信软件：通信软件用以监督和控制通信工作。它除了作为计算机网络软件的基础组成部分外，还可用作计算机与自带终端或附属计算机之间实现通信的软件，通常由线路缓冲区管理程序、线路控制程序以及报文管理程序组成。

● 网络协议软件：网络协议软件是网络软件的重要组成部分，其按网络所采用的协议层次模型组织而成。除物理层外，其余各层协议大都由软件实现，每层协议软件通常由一个或多个进程组成，其主要任务是完成相应层协议所规定的功能，以及与上、下层连接的接口功能。

● 网络操作系统：网络操作系统指能够控制和管理网络资源的软件。网络服务器操作系统要完成目录管理、文件管理、安全性、网络打印、存储管理和通信管理等主要服务；工作站的操作系统软件主要完成工作站任务的识别和与网络的连接等服务。常用的网络操作系统有 Netware、Windows NT、UNIX 和 Linux 等。

2. 网络功能的计算机网络组成

从功能上看，计算机网络主要具有完成网络通信和资源共享两大功能。为实现这两个功能，计算机网络必须具有数据通信和数据处理两种能力。因此，计算机网络可以从逻辑上被划分成两个子网，即通信子网和资源子网，如图 7-3 所示。

● 通信子网：通信子网主要负责网络的数据通信，为网络用户提供数据传输、转接、加工和变换等数据信息处理工作，由通信控制处理机（又称网络节点）、通信线路、网络通信协议以及通信控制软件组成。

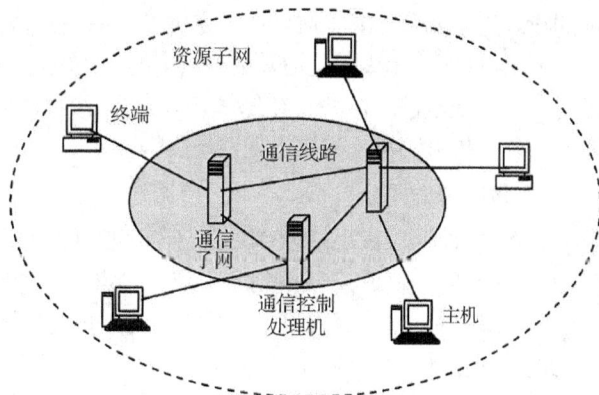

图 7-3　通信子网和资源子网

● 资源子网：资源子网用于网络的数据处理功能，向网络用户提供各种网络资源和网络服务，主要包括通信线路（即传输介质）、网络连接设备（网络接口设备、通信控制处理机、网桥、路由器、交换机、网关、调制解调器和卫星地面接收站等）、网络通信协议和通信控制软件等。

两者的相互关系：在局域网中，资源子网主要由网络的服务器、工作站、共享的打印机和其他设备及相关软件所组成。通信子网由网卡、线缆、集线器、中继器、网桥、路由器、交换机等设备和相关软件组成。

7.2.2　计算机网络的类型

计算机网通常可以按网络覆盖的地理范围、传输介质、服务方式和线路结构进行分类。

1. 按网络覆盖的地理范围分类

根据覆盖的地理范围与规模，计算机网络可以分为局域网（Local Area Network，LAN）、城域网

（Metropolitan Area Network，MAN）和广域网（Wide Area Network，WAN）。

- 局域网：局域网是将较小地理区域内的计算机或数据终端设备连接在一起的通信网络。局域网覆盖的地理范围比较小，一般在方圆几十米到几千米，主要用于实现短距离的资源共享。局域网可以由一个建筑物内或相邻建筑物的几百台至上千台计算机组成，也可以小到连接一个房间内的几台计算机、打印机和其他设备。从功能的角度来看，局域网的服务用户个数有限，但是局域网的配置容易实现，数据传输速率高，使用费用也较低。

- 城域网：城域网是一种大型的通信网络，其覆盖范围介于局域网和广域网之间，一般为方圆几千米至几万米。城域网所使用的通信设备和网络设备的功能要求比局域网高，以便有效地覆盖整个城市的地理范围。一般在一个大型城市中，城域网可以将多个学校、企事业单位、公司和医院的局域网连接起来共享资源。

- 广域网：广域网在地域上可以覆盖全球范围。Internet 是现今世界上最大的广域计算机网络，它是一个横跨全球、供公共商用的广域网络。除此之外，许多大型企业以及跨国公司和组织也建立了内部使用的广域网络。

2. 按网络传输介质分类

网络传输介质是指在网络中传输信息的载体，根据传输介质的不同可以将计算机网络分为有线网和无线网两种。

- 有线网：有线网是指使用有线传输介质连接的网络。有线传输介质指在两个通信设备之间实现的物理连接部分，能将信号从一方传输到另一方，包括同轴电缆、双绞线和光纤等。

- 无线网：无线网是指采用空气中的电磁波作为载体来传输数据的计算机网络。电磁波根据频谱可分为无线电波、微波、红外线和激光等。无线网络的特点为联网费用较高、数据传输速率高、安装方便、传输距离长和抗干扰性不强等。

3. 按服务方式分类

服务方式是指计算机网络中每台计算机之间的关系。按照这种方式，计算机网络可分为对等网（点对点）和客户机/服务器网络（一点对多点）两种形式。

- 对等网：在对等网络中，计算机的数量通常不超过 20 台。在对等网络中各台计算机有相同的功能，无主从之分，网上任意节点计算机既可以作为网络服务器为其他计算机提供资源，也可以作为工作站分享其他服务器的资源；任意一台计算机均可同时兼作服务器和工作站。

- 客户机/服务器网络：在计算机网络中，如果只有一台或者几台计算机作为服务器为网络上的用户提供共享资源，而其他的计算机仅作为客户机访问服务器中提供的各种资源，这样的网络就是客户机/服务器网络。服务器指专门提供服务的高性能计算机或专用设备；客户机指用户计算机。客户机/服务器网络方式的特点是安全性较高，计算机的权限、优先级易于控制，监控容易实现，网络管理能够规范化。图 7-4 所示为客户机/服务器网络。

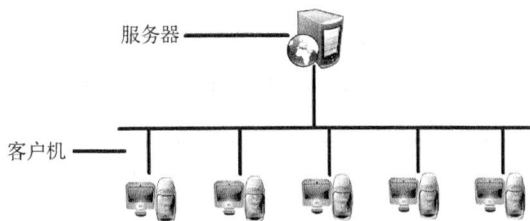

图 7-4　客户机/服务器网络

4. 按网络线路结构分类

根据计算机网络线路布局结构，计算机网络可以分为不同的类型，其中最常见的有总线型网络、星型网络和环型网络。

- 总线型网络：总线型网络结构的计算机网络采用一条公共总线作为传输介质，每台计算机通

过相应的硬件接口接入网络，信号沿总线进行广播式传送，
如图 7-5 所示。总线型网络的优点是容易布线，可以随时增
删节点，并能节约通信介质。但缺点也非常明显，当计算
机节点过多时，容易造成信息阻塞、传递不畅。另外，如
果一台计算机接入总线的接口发生故障，会造成整个网
络瘫痪，且当网络发生故障时，故障诊断和隔离非常困难。

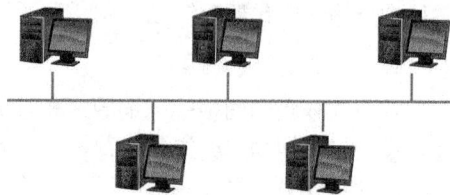

图 7-5　总线型网络

- 星型网络：星型网络结构的计算机网络由一台中央
节点计算机和周围的从节点计算机组成，如图 7-6 所示。中央节点和从节点可以直接通信，而从节点
之间必须经过中央节点转接才能通信。星型网络的优点在于可靠性高，从节点计算机及其接口的故障
不会影响其他计算机和整个网络。星型网络的缺点在于线缆使用量大，布线、安装工作量大，最重要
的是星型网络的可靠性完全依赖于中央节点，如果中央节点计算机发生故障，就可能造成全网瘫痪。

- 环型网络：环型网络结构的计算机网络由计算机通过硬件接口接入网络，这些接口首尾相连
形成一条链路，如图 7-7 所示。环型网络的优点是传输距离远，初始安装容易，线缆用量少。环型网
络的缺点则是扩展性能远不如星型网络，需要中断整个网络来添加或移动节点。

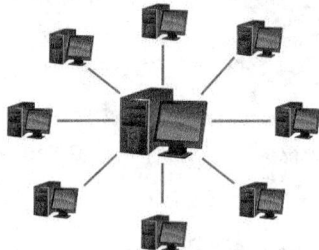

图 7-6　星型网络

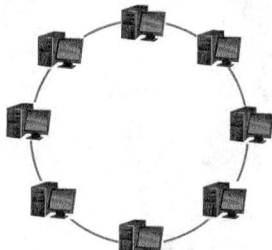

图 7-7　环型网络

任务 2——参观学校网络机房

参观学校的计算机机房和计算机教室，然后利用本节所学的知识将学校计算机网络进行分类，
并将相关内容填写到表 7-1 中，然后绘制计算机网络的草图。

表 7-1　学校计算机网络

分类方式	具体类型	计算机网络草图
按网络覆盖的地理范围分类		
按网络传输介质分类		
按服务方式分类		
按网络线路结构分类		

7.3　网络传输介质和通信设备

组成计算机网络的基础是各种硬件设备，它主要包括网络传输介质和通信设备两种。下面分别
进行介绍。

7.3.1　网络传输介质

网络传输介质是网络中发送方与接收方之间的物理通路，它对网络的数据通信具有一定的影响。

常用的传输介质包括双绞线、光纤和无线传输介质等。

1. 双绞线

双绞线一般由两根绝缘铜导线相互缠绕而成，实际使用时是多对双绞线一起包在一个绝缘电缆套管里的。典型的双绞线一般有 4 对，如图 7-8 所示。双绞线的两端需安装水晶头，如图 7-9 所示，且需要连接网卡与集线器。

2. 光纤

光纤又称为光缆或光导纤维，它由光导纤维纤芯、玻璃网层和能吸收光线的外壳组成，如图 7-10 所示。与其他传输介质比较，光纤电磁绝缘性能好、信号衰减小、频带宽、传输速度快、传输距离大，主要用于要求传输距离较长、布线条件特殊的主干网连接。光纤具有不受外界电磁场的影响、无限制的带宽等特点。目前，光纤主要应用在大型的局域网中作为主干线路。

图 7-8　双绞线　　　　　　　　图 7-9　水晶头　　　　　　　　图 7-10　光纤

3. 无线传输介质

无线传输介质应用于无线网络，是各种特定频率的电磁波。这种传输介质可以避免有线传输介质的束缚，组成无线局域网。常用的无线传输介质有无线电波、微波、蓝牙和红外线，紫外线和更高的波段目前还不能用于通信。

7.3.2　网络通信设备

网络通信设备也是计算机网络必备的组成部分。其中，常见的网络通信设备包括交换机、集线器、路由器和网卡等。

1. 交换机

交换机（Switch）是一种用于转发电信号的网络设备，如图 7-11 所示。交换机可以为接入交换机的任意两个网络节点提供独享的电信号通路，支持端口连接节点之间的多个并发连接（类似于电路中的"并联"效应），从而增加网络带宽，改善局域网性能。交换机的类型则包括以太网交换机、电话语音交换机和光纤交换机等。

2. 集线器

集线器（Hub）是一种对接收到的信号进行再生整形放大以扩大网络的传输距离，同时把所有节点集中在以它为中心的节点上的通信设备，如图 7-12 所示。集线器属于纯硬件网络底层设备，基本不具有类似于交换机的"智能记忆"能力和"学习"能力，它发送数据时都是没有采用针对性的广播方式发送。也就是说，当集线器向某节点发送数据时，不是直接把数据发送到目的节点，而是把数据包发送到与集线器相连的所有节点。因此，当以集线器为中心设备的网络中某条线路产生故障后，并不会影响其他线路的工作，所以集线器在局域网中得到了广泛的应用。

图 7-11　交换机

图 7-12　集线器

提示： 在计算机网络中，交换机的网络性能要远远优于集线器。但随着技术进步，交换机的成本也在逐渐降低，也会逐渐代替集线器。

3. 路由器

路由器（Router）是工作在网络层上的连接设备，其用于不同网络与网络之间的连接，如图 7-13 所示。路由器是各局域网、城域网连接 Internet 的设备，它会根据信道的情况自动选择和设定路由，以最佳路径按前后顺序发送信号。路由器中保存了各种传输路径的相关数据汇总表（即路径表），以供路由器选择路径时使用。路径表可以由系统管理员固定设置，也可以由系统动态修改、由路由器自动调整或由主机控制。

4. 网卡

网卡（Network Interface Card）又称网络适配器，它是计算机网络的必备设备，如图 7-14 所示。网卡通常工作在 OSI 模型的物理层和数据链路层，在功能上相当于广域网的通信控制处理机。用户通过它将工作站或服务器连接到网络，可以实现网络资源共享和相互通信。

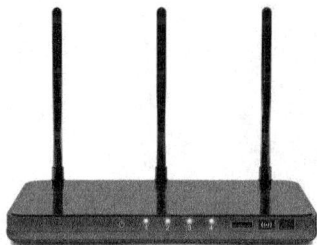

图 7-13　路由器

图 7-14　网卡

任务 3——选购家庭局域网设备

利用本节所学的知识为家庭局域网准备硬件设备，并填写到表 7-2 中。

表 7-2　家庭局域网设备

有线网络		无线网络	
设备名称	数量	设备名称	数量

7.4 局域网

局域网是目前常见的计算机网络类型。包括 Internet 网在内的计算机网络都是由许多的局域网通过特定的网络设备互连而成的。下面就介绍局域网基础、以太网和无线局域网等相关知识。

7.4.1 局域网基础

局域网因其自身的特点和作用，在商场、学校、公司、家庭等各个场所都得到了广泛应用，成为最热门的一种计算机网络应用方式。其主要特点如下。

- 局域网覆盖地理范围较小，例如一间教室、一栋办公楼等。
- 局域网属于数据通信网络的一种，只能够提供物理层、数据链路层和网络层的通信功能。
- 可以联入局域网中的数据通信设备非常多，如计算机、终端、电话机及传真机等。
- 局域网的数据传输速率高，能够达到 10Mbit/s～10000Mbit/s，而且其误码率较低。
- 局域网十分易于安装、维护以及管理，且可靠性高。

无论是公司还是家庭，都有组建局域网的需求，以实现多台计算机或其他信息终端同时访问 Internet 的目的。以公司为例，组建局域网时首先需要将多台计算机终端通过网线连接到交换机，然后将交换机连接到路由器中，如图 7-15 所示，之后利用调制解调器即可访问 Internet。

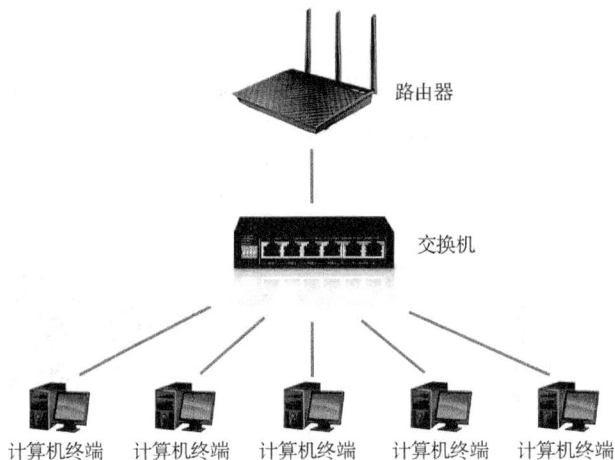

图 7-15　局域网的布局

7.4.2 以太网

以太网（Ethernet）指的是由 Xerox（施乐）公司创建并由 Xerox、Intel 和 DEC 公司联合开发的基带局域网规范。它是现有局域网采用的最通用的通信协议标准。根据传输速率，以太网可以分为以下 5 种。

- 快速以太网：快速以太网（Fast Ethernet）也就是常说的百兆以太网，它在保持帧格式、MAC 机制和最大传输单元（Maximum Transmission Unit，MTU）质量的前提下，其速率比双绞线以太网（10Base-T）增加了 10 倍。
- 千兆以太网：千兆以太网是一种新型高速局域网，它可以提供 1Gbit/s 的通信带宽，采用与传统 100Mbit/s 以太网同样的 CSMA/CD 协议、帧格式和帧长，因此可以实现在原有低速以太网基础上平滑、连续性的网络升级。

- 万兆以太网：万兆以太网技术与千兆以太网类似，仍然保留了以太网的帧结构，通过不同的编码方式提供 10Gbit/s 的传输速率。
- 光纤以太网：光纤以太网可以借助以太网设备采用以太网数据包格式实现城域网通信业务，该技术适用于任何光传输网络。目前，光纤以太网可以实现 10Mbit/s、100Mbit/s 以及 1Gbit/s 等标准以太网速度。
- 端到端以太网：端到端以太网方案以以太网作为接入技术，不但成本低，而且带宽比现行的不对称数字用户线（Asymmetric Digital Subscriber Line，ADSL）、综合业务数字网（Integrated Services Digital Network，ISDN）、MODEM 接入都要高，因此不但可以用作一般用户 Internet 连接、多媒体点播或广播，而且可以满足企业用户私有虚拟专用网络的使用需求。

7.4.3　无线局域网

随着技术的发展，无线局域网已逐渐代替有线局域网，成为现在家庭、小型公司主流的局域网组建方式。无线局域网（Wireless Local Area Network，WLAN）是利用射频技术，使用电磁波取代双绞线所构成的局域网络。

WLAN 的实现协议有很多，其中应用最为广泛的是无线保真技术（WiFi），它提供了一种能够将各种终端都使用无线进行互连的技术，为用户屏蔽了各种终端之间的差异性。要实现无线局域网功能，目前用户一般需要一台无线路由器、多台有无线网卡的计算机和手机等可以上网的智能移动设备。无线路由器可以被看作一个转发器，它将宽带网络信号通过天线转发给附近的无线网络设备，同时它还具有其他的网络管理功能，如 DHCP 服务、NAT 防火墙、MAC 地址过滤和动态域名等。

任务 4——连接局域网设备

利用本节所学的知识，连接办公局域网设备。

操作提示：

（1）使用一根网线连接计算机网卡和交换机。

（2）使用一根网线连接交换机和路由器。

（3）使用一根网线连接路由器和 ADSL 调制解调器。

7.5　Internet

Internet 指的是网络与网络之间所串联成的庞大网络，这些网络以一组通用的协议相连，形成巨大的国际网络，使得全世界的网络用户都能实现资源共享与信息交流。

7.5.1　Internet 基础

Internet 是全球最大、连接能力最强，并由遍布全世界的众多大大小小的网络相互连接而成的计算机网络，是由美国的阿帕网发展起来的。Internet 主要采用 TCP/IP，它使网络上各个计算机可以相互交换各种信息。目前，Internet 通过全球的信息资源及覆盖五大洲的 160 多个国家和地区的数百万个网点，在网上提供数据、电话、广播、出版、软件分发、商业交易、视频会议以及视频节目点播等服务。Internet 为全球范围内的用户提供了极为丰富的信息资源，一旦连接到 Web 节点，就意味着你的计算机已经进入 Internet。

使用 Internet 时，用户免不了会遇到各种专业的名词和技术术语，其中最常见的便是 WWW、IP 地址、DNS 等。在此将这些名词术语的含义归纳如下。

● WWW：WWW 即万维网的英文缩写，其全称为 World Wide Web。WWW 起源于位于瑞士日内瓦的欧洲粒子物理实验室，是一种基于超文本的、方便用户在 Internet 上搜索和浏览信息的信息服务系统。WWW 通过超链接把世界各地不同 Internet 节点上的相关信息有机地组织在一起，用户只需发出检索要求，就能自动进行定位并找到相应的检索信息。

● IP 地址：IP 地址即网络协议地址，IP 的全称是 Internet Protocol。连接在 Internet 上的每台计算机都有一个在全世界范围内唯一的 IP 地址。目前使用的 IP 地址分为 IPv4 和 IPv6 两个版本。在 IPv4 协议下，一个 IP 地址由 4 字节组成，通常用小圆点分隔，其中每字节可用一个十进制数来表示。例如，192.168.1.51 就是一个 IPv4 地址。

● DNS：DNS（Domain Name System）即域名系统。数字形式的 IP 地址难以记忆，故在实际使用时常采用字符形式的域名系统来表示 IP 地址。DNS 由若干子域名构成，子域名之间用小圆点来分隔。每一级的子域名都由英文字母和数字组成。例如，中华人民共和国教育部的 WWW 服务器域名是"www.moe.gov.cn"。在这个域名中，顶级域名为 cn（代表中华人民共和国），二级域名为 gov（代表政府部门），三级域名为 moe（代表教育部）。

7.5.2　接入 Internet

计算机连入 Internet 的方法有多种，一般都是用户联系因特网服务提供方（Internet Service Provider，ISP），对方派专人根据当前的情况实际查看、连接后，进行 IP 地址分配、网关及 DNS 设置等，从而实现上网。目前，连入 Internet 的方法主要有 ADSL 拨号上网和光纤宽带上网两种，下面分别介绍。

● ADSL：ADSL 可直接利用现有的电话线路，通过 ADSL MODEM 进行数字信息传输，ADSL 连接理论速率可达到 8Mbit/s。它具有速率稳定、带宽独享、语音数据不干扰等优点，可满足家庭、个人等用户的大多数网络应用需求。它可以与普通电话线共存于一条电话线上，接听、拨打电话的同时能进行 ADSL 传输，二者互不影响。

● 光纤：光纤是目前宽带网络中多种传输媒介中最理想的一种，它具有传输容量大、传输质量好、损耗小和中继距离长等优点。现在光纤连入 Internet 一般有两种形式：一种是通过光纤接入小区节点或楼道，再由网线连接到各个共享点上；另一种是光纤到户，将光缆一直扩展到每一个计算机终端上。

7.5.3　下载资源

Internet 中拥有海量的资源，用户可根据需要将其下载到计算机中以供使用。如果需要下载文字内容，用户可以直接通过选择并复制的方法将文字资源复制到 Word 等文档编辑软件中保存；如果需要下载图片，则可在图片上单击鼠标右键，在弹出的快捷菜单中选择"图片另存为"命令，在打开的对话框中指定图片的保存名称和位置，然后将其保存到计算机中；如果需要下载各种工具软件，则可结合搜索引擎来实现。下面将从国家法律法规数据库网站中下载《中华人民共和国噪声污染防治法》，其具体操作如下。

下载资源

① 打开国家法律法规数据库网站，在搜索文本框中输入"中华人民共和国噪声污染防治法"，按"Enter"键，单击搜索到资源的标题，如图 7-16 所示。

图 7-16 搜索下载资源

② 用户打开该资源的网页，可以查看资源，然后单击"下载"按钮，如图 7-17 所示。

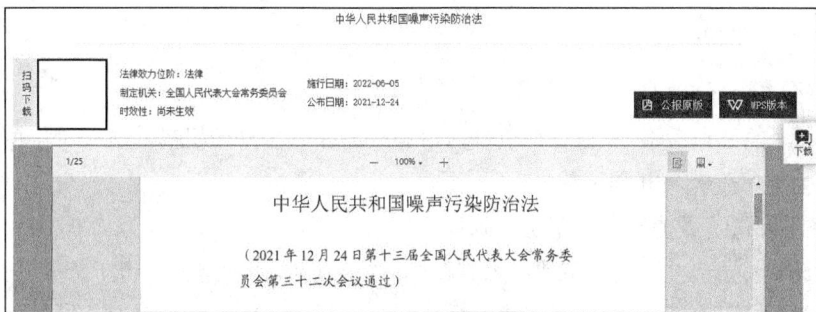

图 7-17 查看并下载资源

③ 在打开的"另存为"对话框中，设置下载资源的保存位置、保存名称，然后单击"保存"按钮，即可将搜索到的资源下载到计算机中。

7.5.4 传送邮件

邮件是 Internet 中最常见，也是最基础的沟通工具之一。虽然随着 Internet 的不断发展和各种新兴通信技术的不断出现，网络交流的方式得到了极大丰富，但邮件交流仍是不可或缺的一种沟通方式。

传送邮件

当需要向对方发送邮件时，用户可以借助的工具也很多，例如，常见的有利用 QQ 软件进行邮件的发送。其具体操作如下。

① 单击 QQ 聊天软件界面上方的"QQ 邮箱"图标，进入 QQ 邮箱界面，如图 7-18 所示，选择左上方的"写信"选项。

② 进入撰写邮件的界面，在"收件人"文本框中输入收件人的邮箱地址，在"主题"文本框中输入邮件标题，在"正文"文本框中输入邮件内容，完成后单击"发送"按钮，如图 7-19 所示。

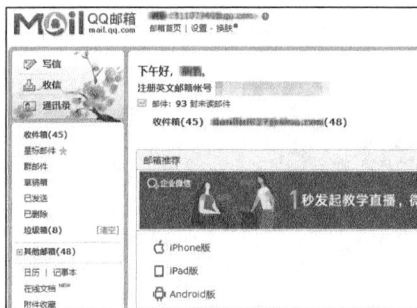

图 7-18 登录 QQ 邮箱

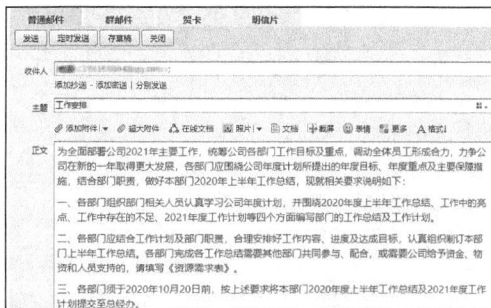

图 7-19 撰写并发送邮件

任务 5——配置无线局域网连接 Internet

利用本节所学的知识，将无线局域网连入 Internet。

操作提示：

（1）连接无线局域网的硬件设备。

（2）在计算机中输入 ADSL 调制解调器的网络账号和密码，连接 Internet。

（3）在计算机中打开无线路由器的无线网络。

课后练习

1. 搭建小型办公局域网

利用本章所学的知识，将 10 台计算机、一台集线器和一台打印机搭建成一个小型办公网络，并通过 ADSL 调制解调器连入 Internet。

2. 下载资源发送"最美青春在基层"邮件

利用本章所学的知识，从网上下载有关高校毕业生基层就业项目的项目（西部计划、特岗教师、三支一扶、大学生村官）、条件和优惠政策，将其制作成 PowerPoint 演示文稿，利用 QQ 邮箱发送给同学，并以"最美青春在基层"为标题，以附件的方式附上这些内容。

08

第8章 信息安全

【学习目标】
- 了解信息安全的基础知识。
- 了解计算机病毒和网络黑客的防范方法。
- 了解信息安全的相关规定。

8.1 信息安全概述

信息安全的研究直接关系着我国信息化发展的进程，因此计算机操作者应对信息技术有一个基本的了解。信息安全是指保护信息和信息系统在未经授权时不被访问、使用、泄露、中断、修改与破坏。信息安全可以为信息和系统提供保密性、完整性、可用性、可控性和不可否认性，信息安全的范围很广泛，如防范商业机密泄露、防范个人信息泄露等都属于信息安全的范畴。

8.1.1 信息安全的影响因素

信息技术的飞速发展使人们在享受网络信息带来的巨大利益时，也面临着信息安全的严峻考验。此外，政治安全、军事安全、经济安全等均以信息安全为前提条件。影响信息安全的因素很多，下面对主要影响因素进行介绍。

- 硬件及物理因素：该因素是指系统硬件及环境的安全性，如机房设施、计算机主体、存储系统、辅助设备、数据通信设施以及信息存储介质的安全性等。
- 软件因素：该因素是指系统软件及环境的安全性，软件的非法删改、复制与窃取都可能造成系统损失、泄密等情况，例如计算机网络病毒就是以软件为手段侵入系统造成破坏。
- 人为因素：该因素是指人为操作、管理的安全性，如工作人员的素质、责任心及严密的行政管理制度、法律法规等。防范人为因素方面的安全，即防范人为主动因素直接对系统安全所造成的威胁。
- 数据因素：该因素是指数据信息在存储和传递过程中的安全性。数据因素是计算机犯罪的核心途径，也是信息安全的重点考虑因素。

- 其他因素：信息和数据传输通道在传输过程中产生的电磁波辐射可能被检测或接收而造成信息泄露，同时空间电磁波也可能对系统产生电磁干扰而影响系统的正常运行。此外，一些不可抗力的自然因素也可能对系统的安全造成威胁。

8.1.2 信息安全的基本策略

信息安全策略是指为保证提供一定级别的安全保护所必须遵守的规则。国家要保证信息安全，则需不断对先进的技术、法律约束、严格的管理、安全教育等方面进行完善。

- 先进的技术：先进的信息安全技术是网络安全的根本保障。要形成全方位的安全系统，用户需对自身所面临的威胁进行风险性的评估，然后对所需的安全服务种类进行确定，并通过相应的安全机制集成先进的安全技术。
- 法律约束：法律法规是信息安全的基石。计算机网络作为一种新生事物，在很多行为上可能会出现无法可依、无章可循的情况，从而无法对网络犯罪进行合理的管制，因此国家必须建立与网络安全相关的法律法规，对网络犯罪行为实施约束。
- 严格的管理：信息安全管理是提高信息安全的有效手段。计算机网络使用机构、企事业单位必须建立相应的网络安全管理办法和安全管理系统，加强对内部信息安全的管理，建立起合适的安全审计和跟踪体系，提高网络安全意识。
- 安全教育：要建立网络安全管理系统，在提高技术、制定法律、加强管理的基础上，相关单位等还应该开展安全教育，提高用户的安全意识，使其对网络攻击与攻击检测、网络安全防范、安全漏洞与安全对策、信息安全保密、系统内部安全防范、病毒防范、数据备份与恢复等有一定的认识和了解，及时发现潜在问题，尽早解决安全隐患。

8.1.3 信息安全的常用技术

计算机网络具有连接形式多样性、终端分布不均匀性、网络开放性和互联性等特性，因此在单机系统、局域网或广域网中，都不可避免地存在一些自然或人为因素的威胁。为了保证网络信息的保密性、完整性和可用性，相关人员必须对影响计算机网络安全的因素进行研究，通过各种信息安全技术保障计算机网络信息的安全。信息安全主要有 4 种常用技术，如图 8-1 所示。

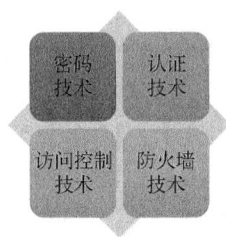

图 8-1 信息安全的常用技术

1. 密码技术

信息网络安全领域是一个综合和交叉的领域，涉及数学、计算机科学、电子与通信、密码学等多个学科。其中，密码学作为一门古老的学科，不仅在军事、政治、外交等领域应用广泛，在日常工作中也备受不同用户的青睐。密码技术是信息加密中十分常见且有效的一种保护手段，特别是计算机与网络安全所使用的技术、认证、访问控制、电子证书等都可以通过密码技术实现。

密码技术包括加密和解密两部分的内容。加密即研究和编写密码系统，将数据信息通过某种方式转换为不可识别的密文；解密即对加密系统的加密途径进行研究，对数据信息进行恢复。加密系统中未加密的信息被称为明文，加密后的信息称为密文。在较为成熟的密码体系中，一般算法是公开的，但密钥是保密的。密钥被修改后，改密过程和加密结果都会发生更改。

密码技术通过对传输数据进行加密来保障数据的安全性，是一种主动的安全防御策略，是信息安全的核心技术，也是计算机系统安全的基本技术。一个密码系统采用的基本工作方式称为密码体制。根据原理不同，密码体制可分为对称密钥密码体制和非对称密钥密码体制。

（1）对称密钥密码体制

对称密钥密码体制又称为单密钥密码体制或常规密钥密码体制，它是一种传统密码体制。对称密钥密码体制的加密密钥和解密密钥一般都相同；若不相同，也能由其中的任意一个推导出另一个，拥有加密能力就意味着拥有解密能力。对称密钥密码体制的特点主要表现为两点：一是加密密钥和解密密钥相同或本质相同；二是对称密钥密码体制的加密速度快，但开放性差，密钥必须严格保密。这就意味着通信双方在对信息完成加密后，可在一个不安全的信道上传输，但通信双方在传递密钥时必须通过安全、可靠的信道。

（2）非对称密钥密码体制

计算机网络技术的发展以及密钥空间的增大，使大量密钥通过安全信道进行分发的问题成为对称密码体制待解决的问题。1976 年提出的新密钥交换协议可以在不安全的媒体上通过通信双方交换信息，安全传送密钥。基于此，密码学家们研究出了公开密钥密码体制。公开密钥密码体制又称非对称密钥密码体制或双密钥密码体制，它是现代密码学上重要的发明。公开密钥密码体制的加密和解密操作分别使用两个不同的密钥，由加密密钥不能推导出解密密钥。公开密钥密码体制的加密密钥和解密密钥不同，且难以互推。公钥公开，私钥保密，虽然密钥量增大，却很好地解决了密钥的分发和管理问题。

2. 认证技术

认证是指对证据进行辨认、核实和鉴别，从而建立某种信任关系。通信认证主要包括两个阶段：一是提供证据或标识；二是对证据或标识的有效性进行辨认、核实和鉴别。常用的认证技术有数字签名和身份验证。

（1）数字签名

数字签名又称公钥数字签名或电子签章，它是数字世界中的一种信息认证技术。数字签名与普通的纸上签名类似，但使用了公钥加密领域的技术，其是对非对称密钥加密技术与数字摘要技术的应用。数字签名可以根据某种协议来产生一个反映被签署文件的特征和签署人特征的数字串，从而保证文件的真实性和有效性。数字签名不仅是对信息发送者发送信息真实性的一个有效证明，还可核实接收者是否存在伪造和篡改行为。一套数字签名通常会定义两个互补的运算：一个用于签名，另一个用于验证。

（2）身份验证

身份验证是身份识别和身份认证的统称。它指用户向系统提供身份证据，完成对用户身份确认的过程。身份验证的方法有很多种，其中包括基于共享密钥的身份验证、基于生物学特征的身份验证和基于公开密钥加密算法的身份验证等。在信息系统中，身份验证决定着用户对请求资源的存储和使用权。

3. 访问控制技术

访问控制技术是按用户身份和所归属的某项定义组来限制用户对某些信息项的访问权或某些控制功能使用权的一种技术。访问控制主要是对信息系统资源的访问范围和方式进行限制，即通过对不同访问者的访问方式和访问权限进行控制，达到防止合法用户非法操作的目的，从而保障网络安全。访问控制通常用于系统管理员控制用户对服务器、目录、文件等网络资源的访问，涉及的技术比较广，主要包括入网访问控制、网络权限控制、目录级安全控制、属性安全控制和服务器安全控制等多种手段。

（1）入网访问控制

入网访问控制的主要内容包括控制哪些用户能够登录到服务器并获取网络资源，控制允许用户入网的时间和允许在哪台工作站入网，为网络访问提供了第一层访问控制。一般来说，用户的入网访问控制可分为用户名的识别与验证、用户口令的识别与验证、用户账号的默认限制检查 3 个步骤。在这 3 个步骤中，如果有任何一个步骤未通过，该用户都不能进入该网络。

对用户名和口令进行验证是防止非法访问的第一道防线。口令不能显示在显示屏上，口令长度应不少于 6 个字符，且最好由数字、字母和其他字符混合组成，用户口令必须经过加密。用户还可采用一次性用户口令或使用便携式验证器（如智能卡）来验证身份。用户每次访问网络都应该提交用户口令，用户可以修改自己的口令，但系统管理员应该对最小口令长度、强制修改口令的时间间隔、口令的唯一性、口令过期失效后允许入网的宽限次数进行限制和控制。当用户名和口令验证有效后，再履行用户账号的默认限制检查。

网络应该控制用户登录入网的站点、限制用户入网的时间、限制用户入网的工作站数量。如果用户的网络访问"资费"不足，网络还应能对用户账号进入网络访问网络资源进行限制。网络应该对所有用户的访问进行审计，当出现多次输入口令不正确的情况时，则判断为非法用户入侵，应给出报警信息。

（2）网络权限控制

网络权限控制的主要内容包括控制用户和用户组可以访问哪些目录、子目录、文件和其他资源，用户对这些文件、目录、设备能够执行哪些操作。网络权限控制是针对网络非法操作所提出的一种安全保护措施。受托者控制用户和用户组如何使用网络服务器的目录、文件和设备，继承权限限制子目录从父目录继承哪些权限。

根据访问权限，用户可以分为特殊用户、一般用户和审计用户 3 类。其中，特殊用户指系统管理员，一般用户由系统管理员根据他们的实际需要为其分配操作权限，审计用户负责网络的安全控制与资源使用情况的审计。

（3）目录级安全控制

网络应该控制用户对目录、文件、设备进行访问，用户在目录一级指定的权限对所有文件和子目录有效，且可进一步指定目录下的子目录和文件的权限。网络管理员应为用户指定适当的访问权限，控制用户对服务器的访问。对目录和文件的访问权限一般可以分为系统管理员权限、读权限、写权限、创建权限、删除权限、修改权限、文件查找权限和访问控制权限 8 种。网络管理员将这 8 种权限进行有效的组合可以控制用户对服务器资源的访问，更有效地完成工作，加强网络和服务器的安全性。

（4）属性安全控制

属性安全控制可以在权限安全的基础上提供更进一步的安全性，网络系统管理员应给文件、目录等指定访问属性，为网络上的资源预先标出一组安全属性，制作出用户对网络资源访问权限的控制表，用以描述用户对网络资源的访问能力。属性控制的权限一般包括向某个文件写数据、复制一个文件、删除目录或文件、查看目录和文件、执行文件、隐含文件、共享文件、系统属性等内容，属性设置可以覆盖已指定的任何受托者指派和有效权限。

（5）服务器安全控制

用户使用控制台可以进行装载和卸载模块、安装和删除软件等操作。网络服务器的安全控制可以设置口令锁定服务器控制台，从而防止非法用户修改、删除和破坏重要信息或数据，也可以设定服务器登录时间限制、非法访问者检测和关闭的时间间隔。

4. 防火墙技术

防火墙是一种位于内部网络与外部网络之间的网络安全防护系统，有助于实施一个比较广泛的安全性政策。防火墙可以依照特定的规则允许或限制传输的数据通过。网络中的"防火墙"主要用于对内部网络和公众访问网进行隔离，使一个网络不受另一个网络的攻击。

防火墙系统的主要用途是控制对受保护网络的往返访问，只允许符合特定规则的数据通过，最大限度地防止黑客的访问，阻止他们对网络进行非法操作。防火墙不仅可以有效地监控内部网络和 Internet 之间的活动，保证内部网络的安全，还可以将局域网的安全管理集中起来，屏蔽非法请求，防止跨权限访问。下面对防火墙的一些主要功能进行介绍。

（1）网络安全的屏障

防火墙由一系列的软件和硬件设备组合而成。它是保护网络通信时执行的访问控制尺度，可以极大地提高一个内部网络的安全性，过滤不安全的服务。只有符合规则的应用协议才能通过防火墙，例如，它可以禁止不安全的 NFS 协议，防止攻击者利用脆弱的协议来攻击内部网络。同时，防火墙也可以防止未经允许的访问进入外部网络；它的屏障作用具有双向性，可进行内外网络之间的隔离，如地址数据包过滤、代理和地址转换。

（2）强化网络安全策略

管理人员通过配置以防火墙为中心的安全方案，可以将所有安全软件（如口令、加密、身份认证、审计等）配置在防火墙上，使得防火墙的集中安全管理成本更低。

（3）对网络存取和访问进行监控审计

所有的访问经过防火墙时，防火墙可以记录这些访问并做出日志记录，同时提供网络使用情况的统计数据，利于网络需求分析和威胁分析。日志数据量一般比较大，可将日志挂接在内网的一台专门存放日志的日志服务器上，也可将日志直接存放在防火墙本身的存储器上。

管理人员通过审计可以监控通信行为和完善安全策略，检查安全漏洞和错误配置，对入侵者起到一定的威慑作用。当出现可疑动作时，报警机制可以用声音、邮件、电话、手机短信等多种方式及时报告给管理人员。防火墙的审计和报警机制在防火墙体系中十分重要，可以快速向管理员反映受攻击情况。

（4）防止内部信息泄露

管理人员通过防火墙对内部网络进行划分，可实现对内部网重点网段的隔离，限制局部重点或敏感网络安全问题对全局网络造成影响。此外，隐私是内部网络中非常重要的问题，内部网络中一个任意的小细节都可能包含有关安全的线索，引起外部攻击者的攻击，甚至暴露内部网络的安全漏洞，而通过防火墙则可以隐蔽这些透露内部细节的服务。

（5）远程管理

远程管理是防火墙产品的一种管理功能的扩展，其一般是完成对防火墙的配置、管理和监控工作。利用防火墙的远程管理功能，用户可以在办公室管理、托管防火墙产品，甚至可以在家中重新调整防火墙的安全规则和策略。

（6）流量控制、统计分析和流量计费

流量控制可以分为基于 IP 地址的控制和基于用户的控制。前者是指对通过防火墙各个网络接口的流量进行控制；后者是指通过用户登录控制每个用户的流量。防火墙通过对基于 IP 的服务、时间、协议等进行统计，与管理界面实现挂接，并输出统计结果。流量控制可以有效地防止某些用户占用过多资源，保证重要用户和重要接口的连接。

此外，防火墙还可以设置同时上网人数、使用时间、特定使用者发送邮件、FTP 只能下载而不能上传文件、MAC 与 IP 地址绑定等限制条件，以满足不同用户的不同需求。

任务1——清除上网痕迹

计算机上网过程中经常会有访问的历史记录、账号密码、缓存数据等被暂时保存在计算机中，清除这些上网痕迹就可以在一定程度上维护信息安全。下面就在 Windows 10 操作系统中分别清除 Microsoft Edge 和 360 极速两种浏览器中的上网痕迹，如图 8-2 所示。

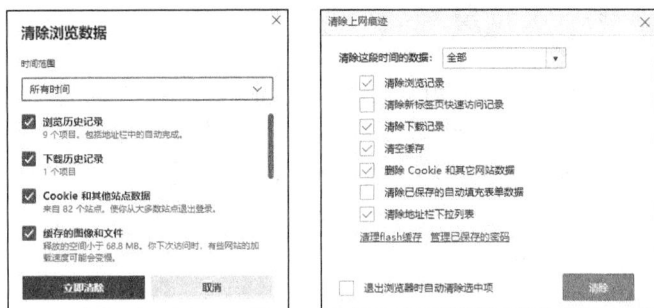

图 8-2　清除上网痕迹

操作提示：

（1）打开 Microsoft Edge 浏览器，单击工具栏右侧的"设置及其他"按钮，在打开的列表中选择"历史记录"选项，打开"历史记录"列表，单击"更多选项"按钮，在打开的列表中选择"清除浏览数据"选项，打开"清除浏览数据"对话框，设置时间范围和清除选项后，单击"立即清除"按钮。

（2）打开 360 极速浏览器，单击工具栏右侧的"自定义和控制 360 极速浏览器"按钮≡，在打开的列表中选择"历史记录"选项，打开"历史记录"网页，单击右侧的"清除上网痕迹"按钮，打开"清除上网痕迹"对话框，设置时间范围和清除选项后，单击"清除"按钮。

8.2　计算机中的信息安全

计算机中通常保存着很多重要的数据和信息，内容可能涉及政治、经济和军事等多个领域，因此，用户需要了解和学习计算机信息安全的相关知识，例如，了解与防范计算机病毒、了解与防范网络黑客等。下面分别进行介绍。

8.2.1　了解与防范计算机病毒

计算机病毒指在计算机程序中插入的破坏计算机功能或毁坏数据，从而影响计算机正常使用，并能自我复制的一组计算机指令或程序代码。它能寄生在系统的启动区、设备的驱动程序、操作系统的可执行文件，甚至任何应用程序上。

1. 计算机病毒的特点

计算机病毒可谓五花八门，其共有的特点主要包括以下 5 项。

- 传染性：计算机病毒具有极强的传染性，病毒一旦侵入，就会不断地自我复制，占据磁盘空间，寻找适合其传染的介质，向与该计算机联网的其他计算机传播，达到破坏数据的目的。
- 破坏性：计算机病毒的危害性显而易见，如计算机病毒不仅占用系统资源，还可以删除、修改文件或数据，降低计算机运行效率或者中断系统运行，甚至使整个计算机网络瘫痪。

- 隐蔽性：计算机病毒具有很强的隐蔽性，用户一般无法事先知道计算机被感染上病毒，因此只有定期对计算机进行病毒扫描和查杀才能最大限度减少病毒入侵。

- 潜伏性：当计算机系统或数据被感染病毒后，有些病毒并不立即"发作"，而是等待达到引发病毒条件（如到达"发作"的时间等）时才开始破坏系统。潜伏性越好，病毒在系统中的时间就会越长，传染范围就会越大，危害也就越大。

- 诱惑性：计算机病毒会充分利用人们的好奇心理通过网络浏览或邮件等多种方式进行传播，所以用户对一些看似免费或内容刺激的超链接不可贸然单击。

2. 计算机病毒的类型

计算机病毒的类型较多，常见的主要包括以下 7 种。

- 文件型病毒：文件型病毒通常指寄生在可执行文件（文件扩展名为.exe 等）中的病毒。当计算机运行这些文件时，病毒程序也被激活。

- "蠕虫"病毒："蠕虫"病毒主要通过计算机网络进行传播，不改变文件和资料信息，利用网络从一台计算机的内存传播到其他计算机的内存，将自身的病毒通过网络发送。这种病毒一般除了内存外，不占用其他的资源。

- 系统引导型病毒：系统引导型病毒隐藏在硬盘的引导区，当计算机从感染了引导区病毒的硬盘启动，或者当计算机从受感染的硬盘中读取数据时，引导区病毒就会被激活。一旦加载系统，启动时病毒会将自己加载在内存中，然后开始感染其他被执行的文件。

- 混合型病毒：混合型病毒综合了系统引导型和文件型病毒的特性，它的危害更大。混合型病毒不仅感染系统引导区，还感染文件。混合型病毒通过两种方式感染，提高了病毒的传染性以及存活率。这种病毒是最难杀灭的。

- 宏病毒：宏病毒主要是利用软件本身所提供的宏来传播的病毒，所以凡是具有编写宏能力的软件都有宏病毒存在的可能，如 Word 软件。宏病毒是一种寄存于文档或模板的宏中的计算机病毒。如果网上其他用户打开了感染宏病毒的文档，宏病毒就会被传染到其他计算机上。宏病毒传播速度很快，对系统和文件都可以造成破坏。

- 复制型病毒：复制型病毒会以不同的病毒码传染到别的地方。每一个中毒的文件所包含的病毒码都不一样，对于扫描固定病毒码的杀毒软件来说，这类病毒很难清除。

- 开机型病毒：开机型病毒藏匿在硬盘的第一个扇区等位置。病毒可以在每次开机时，在操作系统还没被加载之前就被加载到内存中，这个特性使得病毒可拥有更强的传染性与破坏力。

3. 计算机感染病毒的表现

计算机感染病毒后，根据感染的病毒类型，其症状差异也较大。当计算机出现以下情况时，用户可以考虑对计算机进行病毒扫描。

- 计算机系统引导速度或运行速度减慢，经常无故发生死机。
- Windows 操作系统无故频繁出现错误，计算机屏幕上出现异常显示。
- Windows 操作系统异常，无故重新启动。
- 计算机存储容量异常减少，执行命令出现错误。
- 在一些不要求输入密码的时候，要求用户输入密码。
- 不应驻留内存的程序一直驻留在内存。
- 磁盘卷标发生变化，或者不能识别硬盘。
- 文件丢失或文件损坏，文件的长度发生变化。
- 文件的日期、时间、属性等发生变化，文件无法正确读取、复制或打开。

4. 计算机病毒的防治防范

计算机病毒的危害性很大，用户可以采取一些方法来防范病毒的感染。在使用计算机的过程中采用一些方法、技巧可减少计算机感染病毒的概率。

- 切断病毒的传播途径：最好不要使用和打开来历不明的可移动存储设备，使用移动存储设备前最好先进行查毒操作以确认这些移动存储设备中无病毒。
- 良好的使用习惯：网络是计算机病毒最主要的传播途径，因此用户在上网时不要随意浏览不良网站，不要打开来历不明的电子邮件，不要下载和安装未经过安全认证的软件。
- 提高安全意识：在使用计算机的过程中，用户应该有较强的安全防护意识。例如，及时更新操作系统、备份硬盘的主引导区和分区表、定时扫描计算机中的文件并清除威胁等。

5. 杀毒软件

杀毒软件是一种反病毒软件，它主要用于对计算机中的病毒进行扫描和消除。杀毒软件通常集成了监控识别、病毒扫描清除和自动升级等多项功能，可以防止病毒和木马程序入侵计算机、查杀病毒和木马程序、清理计算机垃圾和冗余注册表、防止用户进入钓鱼网站等，有的杀毒软件还具备数据恢复、防范黑客入侵、保护网购、保护用户账号等功能。杀毒软件是计算机防御系统中的重要组成部分。现在市面上提供杀毒功能的软件很多，如 360 杀毒、金山毒霸等。

8.2.2 了解与防范网络黑客

黑客指利用系统安全漏洞对网络进行攻击、破坏或窃取资料的人。黑客伴随着计算机和网络的发展而出现，一般都精通各种编程语言和各类操作系统，拥有熟练的计算机技术。

事实上根据黑客的具体行为还可以对黑客的类型进行更细致的划分。在未经许可的情况下，进入对方系统的一般被称为黑帽黑客。黑帽黑客对计算机安全或账户安全都具有很大的威胁性，如非法获取支付结算、证券交易、期货交易等网络金融服务的账号和口令等信息。而调试和分析计算机安全系统的则被称为白帽黑客。白帽黑客有能力破坏计算机安全但没有恶意目的，他们一般有明确的职业道德规范，其行为也以发现和改善计算机安全弱点为主。

1. 网络黑客的攻击方式

根据攻击手段的不同，黑客攻击方式可分为非破坏性攻击和破坏性攻击两种。非破坏性攻击一般指只扰乱系统运行，不盗窃系统资料的攻击；而破坏性攻击则指可能会侵入计算机系统盗窃系统保密信息，破坏目标系统数据的攻击。下面对黑客的主要攻击方式进行介绍。

（1）获取口令

获取口令主要包括 3 种方式：通过网络监听非法得到用户口令、知道用户的账号后利用一些专门软件强行破解用户口令、获得一个服务器上的用户口令文件后使用暴力破解程序破解用户口令。

通过网络监听非法得到用户口令具有一定的局限性，但对局域网安全威胁巨大，监听者通常能够获得其所在网段的所有用户账号和口令。知道用户的账号后利用一些专门软件强行破解用户口令的方法不受网段限制，但比较耗时。获得一个服务器上的用户口令文件后使用暴力破解程序破解用户口令的方法危害非常大，这种方法不需要频繁尝试登录服务器，只要黑客获得口令的 Shadow 文件并经相关比较就能非常轻松地破获用户密码，特别是针对账号安全系数低的用户，其密码被破获速度非常快。

（2）放置特洛伊木马程序

特洛伊木马程序常伪装成工具程序、游戏等而被用户从网上直接下载，通常表现为在计算机系统中隐藏的可以跟随 Windows 操作系统启动而悄悄执行的程序，当用户连接到 Internet 时，该程序会马上通知黑客，报告用户的 IP 地址以及预先设定的端口，黑客利用潜伏在其中的程序可以进行任意修改用户的计算机参数设定、复制文件、窥视硬盘内容等非法操作，最终达到非法控制计算机的目的。

（3）WWW 的欺骗技术

用户在日常工作和生活中进行网络活动时，通常会浏览很多网页，而在这众多网页中可能暗藏着一些已经被黑客篡改过的网页。这些网页上的信息是虚假的，且布满陷阱，如黑客将用户要浏览的网页统一资源定位系统（Uniform Resource Locator，URL）改写为指向自己的服务器，用户浏览目标网页时就会向黑客服务器发出请求，达成黑客的非法目的。

（4）电子邮件攻击

电子邮件攻击主要表现为电子邮件轰炸和电子邮件诈骗两种形式。电子邮件轰炸指用伪造的 IP 地址和电子邮件地址向同一邮箱发送数量众多、内容相同的垃圾邮件，致使受害人邮箱被"炸"，甚至可能使电子邮件服务器操作系统瘫痪。在电子邮件诈骗这类攻击中，攻击者一般伴称自己为系统管理员，且邮件地址和系统管理员完全相同，给用户发送邮件要求用户修改口令或在看似正常的附件中加载病毒等。

（5）通过一个节点攻击其他节点

黑客在突破一台计算机后，通常会将该计算机作为根据地，攻击其他计算机，达到隐蔽入侵路径的目的。黑客在使用网络监听的方法攻破同一网络内计算机后，即可直接攻击其他计算机或通过 IP 欺骗和信任关系攻击其他计算机。

（6）网络监听

网络监听是计算机的一种工作模式。在网络监听模式下，计算机可以接收到本网段同一条物理通道上传输的所有信息，如果两台计算机进行通信的信息没有加密，此时黑客只要使用某些网络监听工具，就可以轻而易举地截取包括口令和账号在内的信息资料。

（7）寻找系统漏洞

许多系统都存在一定程度的安全漏洞（Bugs）。有些漏洞是操作系统或应用软件本身具有的，这些漏洞在补丁未被开发出来之前一般很难防御黑客的入侵；有些漏洞则是由于系统管理员配置错误引起的，如在网络文件系统中，将目录和文件以可写的方式调出，将未加密码的用户 Shadow 文件以明码方式存放在某一目录下等。

（8）利用账号进行攻击

有的黑客会利用操作系统提供的缺省账户和密码进行攻击，如许多 UNIX 主机都有 FTP 和 Guest 等缺省账户，有的甚至没有口令。黑客利用 UNIX 操作系统提供的命令（如 Finger、Ruser 等）收集信息，提高攻击能力。因此系统管理员需要提高警惕，将系统提供的默认账户关闭或提醒无口令用户增加口令。

（9）偷取特权

偷取特权指利用特洛伊木马程序、后门程序和黑客自己编写的导致缓冲区溢出的程序等进行攻击。前两者可使黑客非法获得对用户计算机的控制权；后者可使黑客获得超级用户权限，从而拥有对整个网络的绝对控制权。这种攻击手段一旦奏效，危害性极大。

2. 网络黑客的防范

黑客攻击会造成不同程度的损失。为了将损失降到最低，计算机用户一定要增强网络安全观念，了解防范措施。下面对防范网络黑客攻击的策略进行介绍。

- 数据加密：数据加密是为了保护信息系统的数据、文件、口令和控制信息等，提高网上传输数据的可靠性。数据加密后，黑客即使截获了网上传输的信息包，一般也无法获得正确信息。
- 身份认证：身份认证指通过密码或特征信息等确认用户身份的真实性，并给予通过确认的用户相应的访问权限。

- 建立完善的访问控制策略：用户可以通过设置入网访问权限、网络共享资源的访问权限、目录安全等级控制、网络端口和节点安全控制、防火墙安全控制等方式来完善访问控制策略，并通过各种安全控制机制的相互配合，最大限度地保护系统。
- 审计：审计指对系统中与安全有关的事件进行记录，并保存在相应的日志文件中，如网络上用户的注册信息、用户访问的网络资源等，记录数据可以用于调查黑客的来源，并作为证据来追踪黑客，通过对这些数据进行分析还可以了解黑客攻击的手段，从而找出应对的策略。
- 关闭不必要的服务：系统中安装的软件越多，所提供的服务就越多，存在的系统漏洞也就越多，因此对于不需要的服务，用户应适当进行关闭。
- 安装补丁程序：为了更好地完善系统以防御黑客利用漏洞进行攻击，用户可定时对系统漏洞进行检测，安装相应的补丁程序。
- 关闭无用端口：计算机要进行网络连接必须通过端口，黑客控制用户计算机也必须通过端口，如果是暂时无用的端口，用户可将其关闭，以减少黑客的攻击路径。
- 管理账号：删除或限制 Guest 账号、测试账号、共享账号，也可以一定程度地减少黑客攻击计算机的路径。
- 及时备份重要数据：黑客攻击计算机时，可能会对数据造成损坏和丢失，因此对于重要数据，用户需及时进行备份，避免损失。
- 养成良好的上网习惯：不要随便从 Internet 上下载软件、不运行来历不明的软件、不随便打开陌生邮件中的附件，使用反黑客软件检测、拦截和查找黑客攻击。经常检查系统注册表和系统启动文件的运行情况等可以提高防止黑客攻击的能力。

任务 2——使用 360 安全卫士保护计算机

使用 360 安全卫士保护计算机是一种比较常用的防范计算机病毒和网络黑客的方式。360 安全卫士是奇虎 360 公司推出的上网安全软件，具有使用方便、应用全面、功能强大等特点，是较为常用的保护计算机的工具软件之一，其操作界面如图 8-3 所示。下面就使用 360 安全卫士来进行保护计算机的相关操作。

操作提示：

（1）打开 360 安全卫士，单击"立即体检"按钮，对计算机进行体检，全面扫描计算机系统安全性。

图 8-3　360 安全卫士

（2）单击"木马查杀"选项卡中的"快速查杀"按钮，查杀木马程序。

（3）单击"电脑清理"选项卡中的"一键清理"按钮，清理计算机垃圾和使用痕迹。

（4）单击"系统修复"选项卡中的"一键修复"按钮，修复计算机系统漏洞。

8.3 信息安全的相关规定

在信息社会中，任何人在传递和利用信息时，都应该对自己的相关行为有一个正确的认识，并遵循有关信息安全的相关规定。

8.3.1 使用计算机应遵守的若干原则

无规矩不成方圆。网络行为与其他社会行为一样，都需要有一定的规矩对网络参与者的行为进行约束。下面对网络参与者应该遵循的基本行为准则进行介绍。

- 不应用计算机伤害别人。
- 不应用计算机干扰别人工作。
- 不应窥探别人的计算机。
- 不应用计算机进行偷窃。
- 不应用计算机作伪证。
- 不应使用或复制未付钱的软件。
- 未经许可，不应使用别人的计算机资源。
- 不应盗用别人的成果。
- 慎重使用自己的计算机技术，不做危害他人或社会的事，认真考虑所编写程序的社会影响和社会后果。

8.3.2 我国信息安全的法律法规

随着 Internet 的发展，各项涉及网络信息安全的法律法规相继出台。我国在涉及网络信息安全方面的条例和办法很多，例如，《计算机信息网络国际联网安全保护管理办法》《中华人民共和国网络安全法》《中华人民共和国计算机信息系统安全保护条例》等，它们都对网络信息安全进行了约束和规范，用户也可查询和参考相关的法律书籍，了解更多的法律法规知识。

任务 3——设置手机防盗

智能手机已成为人们日常生活中的重要物品之一。手机不仅可以打电话、发短信，还可以实现购物、支付、社交等功能，因此手机中会留下大量的信息，如电话号码、社交账号和密码、支付账号和密码、聊天记录等。若手机不慎遗失或被他人盗用，则可能造成信息泄露、账号被盗或财产损失的风险。下面练习在手机中进行防盗设置，包括设置手机锁屏密码和手机 PIN 码，如图 8-4 所示。

操作提示：

（1）打开手机的锁屏设置，为手机设置锁屏密码，密码可以是指纹密码、字符密码或图案密码。

（2）进入 SIM 卡锁定设置界面，为锁定 SIM 卡更换 PIN 码。

图 8-4　更换手机 PIN 码

课后练习

1. 使用 360 杀毒软件查杀计算机中的病毒

利用本章所学的知识，使用 360 杀毒软件先升级病毒库，然后对计算机进行全盘扫描，查杀可能存在的病毒，如图 8-5 所示。

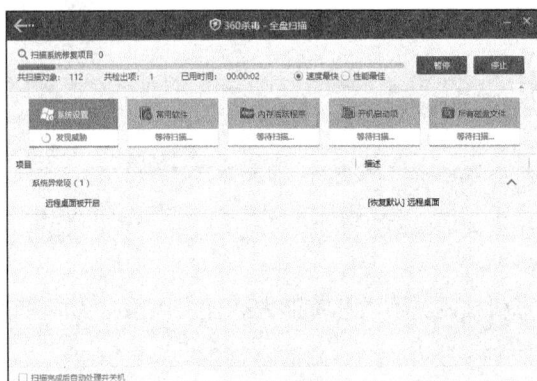

图 8-5　360 杀毒

2. 备份计算机中的数据

备份数据也是保证计算机信息安全的一项重要操作。下面将计算机中重要的数据文件复制到 U 盘或移动硬盘中，并利用 Windows 10 操作系统的系统保护功能来备份系统盘中的数据。

第 9 章　前沿技术

【学习目标】
- 了解人工智能及常见应用。
- 了解大数据的基础知识。
- 了解物联网及常见应用。
- 了解云计算及常见应用。
- 了解移动互联网的基础知识。
- 了解其他一些信息前沿技术。

9.1　人工智能

在信息社会中，有一些能够综合体现国家高科技技术的创新能力，且具有先导性、前瞻性和探索性的重大技术，这些技术也是现在和未来高科技技术更新换代和新兴产业发展的重要基础，被称为前沿技术。人工智能就是前沿技术的一种，本质是计算机科学的一个分支，试图了解智能的实质，并生产出一种新的能以与人类智能相似的方式做出反应的智能机器。人工智能研究的领域比较广泛，相关领域主要包括机器人、语言识别、图像识别以及自然语言处理等。

9.1.1　人工智能的基本概念

人工智能（Artificial Intelligence，AI）也称机器智能，它指由人工制造的系统所表现出来的智能，可以概括为研究智能程序的一门科学，主要目标在于研究用机器来模仿和执行人脑的某些智力功能，如判断、推理、识别、感知、理解、思考、规划、学习等思维活动，探究相关理论、研发相应技术。

人工智能技术已经渗透到人们日常生活的各个方面，涉及的行业很多，包括游戏、新闻媒体、金融等，并运用于各种领先的研究领域，如量子科学等。

9.1.2　人工智能的发展

1956 年夏季，以麦卡赛、明斯基、罗切斯特和申农等为首的一批科学家一起聚会，共同研究和探讨用机器模拟人类的一系列有关问题，并首次提出了"人工智能"这一概念，它标志着"人工智能"这门新兴学科的正式诞生。

从 1956 年正式提出人工智能学科算起，60 多年来人工智能取得长足的发展，成为一门广泛的交叉和前沿学科。总的说来，人工智能的目的就是让机器能够像人一样去思考。当计算机出现后，人类才开始真正有了一个可以模拟人类思维的工具。

如今，全世界几乎所有大学的计算机专业都在研究"人工智能"这门学科。大家或许不会注意到，在很多领域，计算机能帮助人完成原本只属于人类的工作，计算机以它的高速和准确的运算性能为人类发挥着作用。人工智能始终是计算机科学的前沿学科，计算机的编程语言和其他计算机软件也因为有了人工智能的发展而不断发展。

9.1.3 人工智能的应用

随着科学技术的不断发展，人工智能已经得到不同程度的应用，常见的如在线客服、自动驾驶、智慧生活、智慧医疗等。

1. 在线客服

在线客服是一种以网站等为媒介进行即时沟通的通信技术。通过人工智能技术的应用，聊天机器人可以代替人工客服，及时满足大量用户的各种需求。这项技术十分依赖自然语言处理技术，一旦这些机器人能够理解不同的语言表达方式中所包含的实际目的，那么在很大程度上就可以代替人工客服了。

2. 自动驾驶

自动驾驶是现在逐渐发展成熟的一项智能应用。图 9-1 所示为我国自主研发的自动驾驶汽车，它现在已经在很多地方出现并使用。自动驾驶一旦代替人工驾驶，将会带来以下改变。

（1）汽车变化。一辆不需要方向盘、不需要驾驶员的汽车，可以被设计成前所未有的样子。

（2）道路变化。未来道路也会按照自动驾驶汽车的要求重新设计，专用于自动驾驶的车道可以变得更窄，交通信号可以更容易被自动驾驶汽车识别。

（3）共享变化。大多数的自动驾驶汽车可以用共享的模

图 9-1　自动驾驶汽车

式，随叫随到。因为不需要驾驶员，这些车辆可以保证 24 小时待命，可以在任何时间、任何地点提供高质量的租用服务。

3. 智慧生活

目前的机器翻译水平已经可以做到基本表达原文语义，不影响理解与沟通的程度。假以时日，随着人工智能系统的进一步优化和翻译准确度的不断提高，机器的翻译水平就很有可能像下围棋的 Alpha Go 那样悄然超过职业译员，一跃成为翻译专家。

到那时，不只是手机会和人进行智能对话，家里的每一件家用电器都会拥有足够强大的对话功能，从而能够提供更加方便的服务。

4. 智慧医疗

智慧医疗是近年来兴起的专有医疗名词，其旨在通过打造健康档案区域医疗信息平台，利用先进的物联网技术，实现患者与医务人员、医疗机构、医疗设备之间的互动，从而逐步达到信息化。

大数据和基于大数据的人工智能为医生辅助诊断疾病提供了更好的支持，将来医疗行业将融入更多人工智能、传感技术等高科技，医疗服务将走向真正意义上的智能化。在人工智能的帮助下，同样数量的医疗资源可以服务几倍、数十倍，甚至更多的人群。

任务 1——使用人工智能设置闹钟

天猫精灵、小度智能音箱等都是人工智能在日常生活中的应用。下面就使用天猫精灵设置闹钟，以体验人工智能为人们带来的智慧生活，如图 9-2 所示。

操作提示：

（1）在手机中打开天猫精灵 App（Application，应用程序）。

（2）通过语音的方式，设置一个 5 分钟后的闹钟。

图 9-2　体验人工智能

9.2　大数据

数据的重要性已经被越来越多的人所认识，而利用大数据技术挖掘数据价值，推动社会经济、日常生活和科学技术的发展也已成为普遍共识。下面就来学习大数据的相关知识。

9.2.1　大数据的基本概念

大数据是指无法在一定时间范围内用常规软件工具（IT 技术和软硬件工具）进行捕捉、管理、处理的数据集合。对大数据进行分析不仅需要采用集群的方法获取强大的数据分析能力，还需研究面向大数据的新数据分析算法。

大数据技术是指为了传送、存储、分析和应用大数据而采用的软件和硬件技术，也可被看作面向数据的高性能计算系统。从技术层面来看，大数据与云计算的关系密不可分，大数据必须采用分布式架构对海量数据进行分布式数据挖掘，因此它必须依托云计算的分布式处理、分布式数据库、云存储和虚拟化技术。

9.2.2　大数据的发展历程

在大数据行业的快速发展下，大数据几乎涉及所有行业的发展，相继出台的一系列政策更是加快了大数据产业的落地。大数据的发展历程主要有以下 4 个阶段。

1. 出现阶段

在 1980 年阿尔文·托夫勒所著的《第三次浪潮》一书中，将"大数据"称为"第三次浪潮的华彩乐章"。1997 年，迈克尔·考克斯和大卫·埃尔斯沃斯首次使用"大数据"这一术语来描述 20 世纪 90 年代遇到的挑战。

"大数据"在云计算出现之后才凸显其真正的价值，谷歌公司在 2006 年首先提出"云计算"的概念。2007—2008 年，随着社交网络的激增，专业人士为"大数据"概念注入新的生机。2008 年 9 月，《自然》杂志推出了名为"大数据"的封面专栏。

2. 热门阶段

2009 年，欧洲一些研究型图书馆与科技信息研究机构建立了伙伴关系，致力于提高在互联网上获取科学数据的简易性。2010 年，肯尼斯·库克耶发表大数据专题报告《数据，无所不在的数据》。2011 年 6 月，麦肯锡发布了关于"大数据"的报告，正式定义了大数据的概念，后逐渐受到各行各业关注。2011 年 12 月，信息处理技术作为 4 项关键技术创新工程之一被提出来，其中包括海量数据存储、图像/视频智能分析、数据挖掘，这些是大数据的重要组成部分。

3. 时代特征阶段

2012 年，维克托·迈尔·舍恩伯格和肯尼斯·库克耶合著的《大数据时代》一书，把大数据的影响分为 3 个不同的层面来分析，分别是思维变革、商业变革和管理变革。"大数据"这一概念随着互联网的浪潮在各行各业中占据着举足轻重的地位。

4. 爆发期阶段

2017 年，在政策、法规、技术、应用等多重因素的推动下，基本形成了跨部门数据共享共用的格局。我国多个省（区、市）相继出台了大数据研究与发展行动计划，整合数据资源，实现区域数据中心资源汇集与集中建设。全国多所本科学校获批"数据科学与大数据技术"专业，多所专科院校开设"大数据技术与应用"专业。

9.2.3 大数据的结构与应用

大数据包括结构化、半结构化和非结构化数据 3 种，其中非结构化数据逐渐成为大数据的主要部分。据互联网数据中心的调查报告显示：企业中 80%的数据都是非结构化数据，这些数据每年都按指数增长 60%。

在以云计算为代表的技术创新背景下，收集和处理数据变得更加简便。大数据的应用主要体现在以下几个方面。

- 高能物理：高能物理是一个与大数据联系十分紧密的学科，高能物理科学家往往需要从大量的数据中去发现一些小概率的粒子事件，如比较典型的离线处理方式，由探测器组负责在实验时获取数据，而最新的大型强子对撞机实验每年采集的数据高达 15PB（1PB=1024TB）。高能物理中的数据不仅海量，而且没有关联性。人们要从海量数据中提取有用的事件，可以使用并行计算技术对各个数据文件进行较为独立的分析处理。

- 推荐系统：推荐系统可以通过电子商务网站向用户提供产品信息和建议，如产品推荐、新闻推荐、视频推荐等，而实现推荐过程则需要依赖大数据。用户在访问网站时，网站会记录和分析用户的行为并建立模型，将该模型与数据库中的产品进行匹配后，才能完成推荐过程。为了实现这个推荐过程，需要存储海量的客户访问信息，并基于大量数据进行分析，推荐出符合用户行为的内容。

- 搜索引擎系统：搜索引擎是常见的大数据系统，为了有效地完成互联网上数量巨大的信息收集、分类和处理工作，搜索引擎系统大多基于集群架构。搜索引擎的发展历程为大数据研究积累了宝贵的经验。

9.2.4 大数据的处理流程

大数据处理的数据源多种多样，在不同的场合通常需要使用不同的处理方法。处理大数据的过程通常需要经过采集、导入、预处理、统计分析、数据挖掘和数据展现等步骤。在合适工具的辅助下，对广泛异构的数据源进行抽取和集成，按照一定的标准统一存储数据，并通过合适的数据分析技术对其进行分析，最后提取信息，选择合适的方式将结果展示给终端用户。

1. 数据抽取与集成

数据抽取和集成是大数据处理的第一步，即从抽取数据中提取出关系和实体，经过关联和聚合等操作，按照统一定义的格式对数据进行存储。

2. 数据分析

数据分析是大数据处理的核心步骤，其在决策支持、商业智能、推荐系统、预测系统中应用广泛。在从异构的数据源中获取了原始数据后，将数据导入一个集中的大型分布式数据库或分布式存储集群进行一些基本的预处理工作，然后根据需求对原始数据进行分析，如数据挖掘、机器学习、数据统计等。

3. 数据解释和展现

数据解释和展现是指系统在完成数据的分析后，使用合适的、便于理解的展示方式将正确的数据处理结果展示给终端用户。可视化和人机交互是数据解释的主要技术。

任务 2——使用手机查询交通路线

利用手机查询交通路线也是大数据在日常生活中的应用之一。下面介绍使用手机 App 来查询交通路线，图 9-3 所示为在手机 App 中查询目的地"武侯祠"的搜索结果。

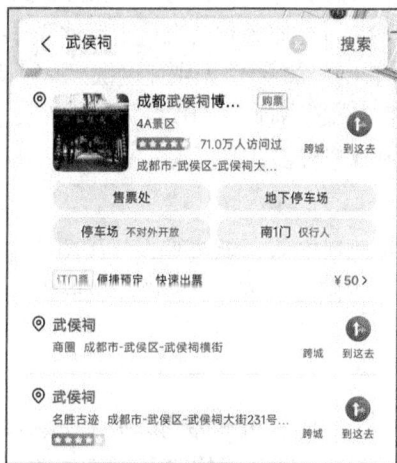

图 9-3　手机上查询目的地

操作提示：

（1）打开一款导航地图 App，在搜索栏中输入要去的目的地，搜索即可查询得到目的地的信息。

（2）点击目的地对应的"到这去"按钮，即可显示当前所在地到达目的地的交通路线。App 会根据交通大数据实时显示路况，及时提示交通事故、道路维修、交通管制等情况，推荐躲避拥堵的路线。

（3）用户还可根据实际需要选择公共交通、步行、骑行、驾车等不同的交通方式。

9.3　物联网

随着我国经济和信息技术的飞速发展，物联网技术已经应用到国民经济和日常生活的各个领域。下面将从物联网的含义、关键技术和应用 3 个方面介绍物联网的相关知识。

9.3.1 物联网的基本概念

物联网是互联网、传统电信网等信息的承载体，是让所有能行使独立功能的普通物品实现互连互通的网络。简单地说，物联网就是把所有能行使独立功能的物品通过信息传感设备与互联网连接起来，进行信息交换，以实现智能化识别和管理。

通过物联网，人们可以应用电子标签将真实的物品与网络连接，利用物联网的中心计算机对机器、设备、人员进行集中管理和控制，也可以对家庭设备、汽车进行遥控，以及搜索位置、防止物品被盗等。也就是说，通过各种物品数据的连接，最终聚集成物品大数据，从而实现物物相联。

9.3.2 物联网的关键技术

物联网目前发展情况良好，在智慧城市、工业、交通以及安防等领域都取得了不错的成就。要推动物联网产业更好地发展，必须从低功耗、高效率、安全性等方面出发，以下 5 项关键技术的应用显得尤为重要。

1. RFID 技术

RFID（Radio Frequency Identification，射频识别）技术是一种通信技术，它可通过无线电信号识别特定目标并读写相关数据，相当于物联网的"嘴巴"，负责让物体说话。

RFID 技术主要的表现形式是 RFID 标签，它具有抗干扰性强（不受恶劣环境的影响）、数据容量大、安全性高（所有标签数据都会有密码加密）、识别速度快（一般情况下在 100ms 内即可完成识别）等优点，主要工作频率有低频、高频和超高频。RFID 技术目前在许多方面都已获应用，在仓库物资、物流信息追踪、医疗信息追踪等领域都有较好的表现。

2. 传感器技术

传感器技术能感受到规定的被测量电压、电流等，并按照一定的规律转换成可用的输出信号，相当于物联网的"耳朵"，负责接收物体"说话"的内容，如应用于生活中空调制冷剂液位的精确控制等。

3. 云计算技术

云计算技术可以为物联网提供动态的、可伸缩的虚拟化资源计算模式，具有十分强大的计算能力，同时还具有超强的存储能力，相当于物联网的"大脑"，具有计算和存储能力。

4. 无线网络技术

物体与物体"交流"的时候需要高速、可进行大批量数据传输的无线网络，无线网络的速度决定了设备连接的速度和稳定性，无线网络技术相当于物联网的"双手"。

随着 5G 时代的来临，移动网络市场将被推到一个全新的高度，而物联网的发展也会因此得到更大的突破。

5. 人工智能技术

人工智能技术与物联网密不可分，物联网负责将物体连接起来，而人工智能技术负责使连接起来的物体进行学习，进而使物体实现智能化。

9.3.3 物联网的应用

物联网已经逐步变成了现实，在很多场合都有物联网的影子。下面将对物联网的应用领域进行简单介绍。

1. 智慧物流

智慧物流指以物联网、人工智能、大数据等信息技术为支撑，在物流的运输、仓储、配送等各个环节实现系统感知、全面分析和处理等功能的技术。其在物联网领域的应用主要体现在仓储、运输监测和快递终端这几个方面。通过物联网技术，人们可以更好地进行货物的仓储管理，可以实现对运输车辆的实时监测，可以优化快递终端业务。

2. 智能交通

智能交通是物联网的一种重要体现形式，利用信息技术将人、车和路紧密地结合起来，改善交通运输环境、保障交通安全以及提高资源利用率。具体应用领域包括智能公交车、智慧停车、共享单车、车联网、充电桩监测以及智能红绿灯等。

3. 智能安防

传统安防对人员的依赖性比较大，非常耗费人力，而智能安防能够通过设备实现智能判断。目前智能安防最核心的部分是智能安防系统，该系统能对拍摄的图像进行传输与存储，并对其进行分析与处理。

4. 智能医疗

在智能医疗领域，新技术的应用需以人为中心。物联网技术是数据获取的主要途径，它能有效地帮助医院实现对人和物的智能化管理。其中对人的智能化管理指通过传感器对人的生理状态进行监测，将获取的数据记录到电子健康文件中，方便个人或医生查阅。

另外，通过 RFID 技术可以对医疗设备、物品进行监控与管理，实现医疗设备、物品可视化，将传统医院打造为数字化医院。

5. 智慧建筑

建筑是城市的基石，技术的进步促进了建筑的智能化发展，以物联网等新技术为主的智慧建筑越来越受到人们的关注。当前的智慧建筑主要体现在节能方面，将设备进行感知、传输并实现远程监控，在节约能源的同时还减少了楼宇人员的维护工作。

6. 智能家居

智能家居指的是使用不同的方法和设备来提高人们的生活水平，使家庭变得更舒适和更高效。物联网应用于智能家居领域，能够对家居类产品的位置、状态、变化进行监测，分析其变化特征，如图 9-4 所示。

智能家居行业发展主要分为单品连接、物物联动和平台集成 3 个阶段，其发展的方向首先是连接智能家居单品，随后走向不同单品之间的联动，最后向智能家居系统平台发展。当前，各个智能家居类企业正在从单品连接向物物联动的过渡阶段发展。

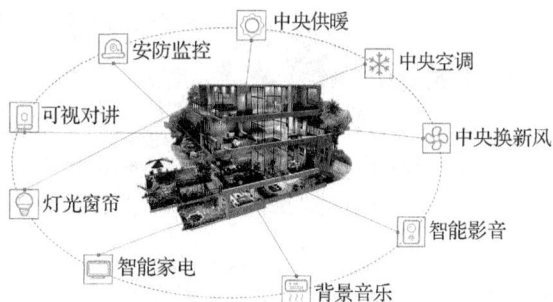

图 9-4　应用物联网的智能家居系统

7. 智慧能源环保

智慧能源环保属于智慧城市的一个部分，其物联网应用主要集中在水能、电能、燃气、路灯等能源。人们将物联网技术应用于传统的水、电、光能设备，通过联网监测，不仅能提升能源的利用效率，还能减少能源的损耗。

8. 智能零售

行业内将零售按照距离，分为远场零售、中场零售、近场零售 3 种，三者分别以电商、超市和自动售货机等为代表。物联网技术可以用于近场和中场零售，且主要应用于近场零售，即无人便利店和自动（无人）售货机。

智能零售通过将传统的售货机和便利店进行数字化升级和改造，打造无人零售模式。通过数据充分分析门店内的客流和活动，为用户提供更好的服务。

任务 3——手机操作扫地机器人

扫地机器人是物联网在智能家居领域的实践应用，它是通过物联网和人工智能技术自动完成清扫、吸尘、擦地等工作的智能家用电器。下面以米家扫地机器人为例，利用手机进行相应设置并操作扫地机器人，如图 9-5 所示。

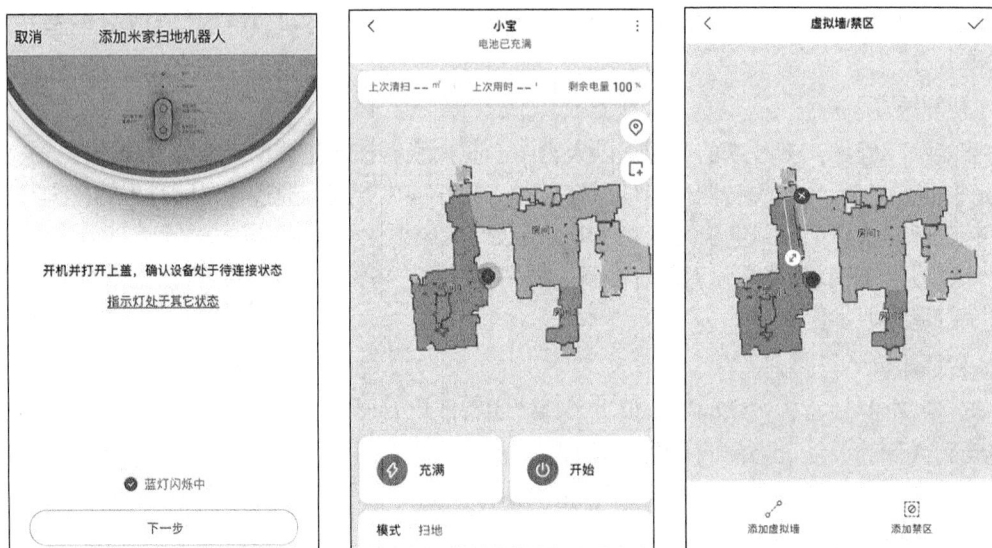

图 9-5　手机操作扫地机器人

操作提示：

（1）打开米家 App，将扫地机器人连接到家庭无线局域网中。

（2）启动扫地机器人完成自动清扫，生成房屋地图。

（3）设置预约定时清理、扫地模式，并添加清理禁区。

9.4　云计算

随着移动互联网时代的到来，人们对数据的存储便捷性、数据运算速度等方面的要求越来越高，在此背景下，云计算应运而生。随着各种技术的成熟，云计算在人们日常生活中的应用越来越广泛，例如，很多人会将手机或计算机中的文件上传至云端，一方面可以节约本地存储空间，另一方面还可以随时随地访问或下载云端的文件；又如，通过在线办公软件，人们只需登录账号即可查看个人的办公文档，还可以将文档分享给他人查看和编辑，实现协同办公。

9.4.1　云计算的基本概念

云计算的概念是谷歌前首席执行官埃里克·施密特在 2006 年 8 月的搜索引擎大会上首次提出的。2009 年，美国国家标准与技术研究院（NIST）将云计算定义为：云计算是一种按使用量付费的模式，这种模式提供可用的、便捷的、按需的网络访问，进入可配置的计算资源共享池（资源包括网络、服务、存储、应用软件等），这些资源能够被快速提供，用户只需要投入很少的管理工作或与服务供应商进行很少的交互。该定义是目前较为公认的云计算定义。

云计算主要具有以下特点。

- 超大规模。"云"具有超大的规模。云计算是对整个市场、整个网络，甚至整个国家或整个世界提供计算服务，这样就需要云计算有足够大的规模来承担这一责任。
- 高可扩展性：分散在不同计算机上的资源，其利用率非常低，通常会造成资源的极大浪费，而人们将资源集中起来后，资源的利用效率会极大地提升。资源的集中化和资源需求的不断提高也对资源池的可扩展性提出了要求，因此云计算系统必须具备优秀的资源扩展能力才能方便新资源的加入，从而有效地应对不断增长的资源需求。
- 按需服务：对用户而言，云计算系统最大的好处是可以适应用户自身对资源不断变化的需求。云计算系统按需向用户提供资源，用户只需为自己实际消费的资源量付费，而不必自己购买和维护大量固定的硬件资源。
- 虚拟化：云计算技术利用软件来实现硬件资源的虚拟化管理、调度及应用，支持用户在任意位置使用各种终端获取应用服务。通过"云"这个庞大的资源池，用户可以方便地使用网络资源、计算资源、数据库资源、硬件资源、存储资源等，极大降低了维护成本，提高了资源的利用率。
- 通用性：云计算不针对特定的应用，在"云"的支撑下可以构造出千变万化的应用，同一个"云"可以同时支撑不同的应用运行。
- 高可靠性：在云计算技术中，用户数据存储在服务器端，应用程序在服务器端运行，计算由服务器端处理，数据被复制到多个服务器节点上，这样当某一个节点任务失败时，即可在该节点进行终止，再启动另一个程序或节点，保证应用和计算的正常进行。
- 成本低："云"的自动化集中式管理使大量企业无须负担日益高昂的数据中心管理成本，"云"的通用性使资源的利用率较之传统系统大幅提升，从而降低用户的使用成本。
- 潜在的危险性：云计算服务除了提供计算服务外，还会提供存储服务。选择云计算服务的政府机构、商业机构就存在数据（信息）被泄露的危险，因此政府机构、商业机构（特别是像银行这样持有敏感数据的商业机构）在选择云计算服务时一定要保持足够的警惕。

9.4.2　云计算的发展历程

21 世纪初，云计算作为一个新的技术趋势已经得到了快速的发展。云计算的崛起无疑将改变 IT 产业，也将深刻改变人们工作和公司经营的方式，它将允许数字技术渗透到经济和社会的每一个角落。云计算的发展基本可以分为 4 个阶段。

1. 理论完善阶段

1984 年，Sun 公司的联合创始人约翰·盖奇提出"网络就是计算机"的名言，用于描述分布式计算技术带来的新世界。1997 年，美国学者拉姆纳特·切拉帕提出"云计算"的第一个学术定义。

2. 准备阶段

IT 企业、电信运营商、互联网企业等纷纷推出云服务，云服务形成。2008 年 10 月，微软公司发布其公共"云计算"平台——Windows Azure Platform，由此拉开了微软的"云计算"大幕。

3. 成长阶段

云服务功能日趋完善，种类日趋多样，传统企业也开始通过自身能力扩展、收购等方式，投入云服务之中。2009 年 4 月，VMware 推出业界首款云操作系统 VMware vSphere 4。2009 年 7 月，我国首个企业"云计算"平台诞生。2009 年 11 月，中国移动"云计算"平台"大云"计划启动。2010年 1 月，微软公司正式发布 Microsoft Azure 云平台服务。

4. 高速发展阶段

通过深度竞争，云服务逐渐形成主流的平台产品和标准，产品功能比较健全、市场格局相对稳定，云服务进入成熟阶段。2015 年，华为在北京正式对外宣布"企业云"战略；2016 年，腾讯云战略升级，并宣布"云出海"计划等。

9.4.3 云计算的主要技术

云计算技术中涉及 6 种主要技术，分别是虚拟化技术、编程模式技术、海量数据分布式存储技术、海量数据管理技术、分布式资源管理技术和云计算平台管理技术。

1. 虚拟化技术

虚拟化是云计算的核心技术之一，它为云计算服务提供基础架构层面的支撑。随着云计算应用的持续升温，业内对虚拟化技术的重视也提升到了一个新的高度。

从技术上讲，虚拟化是一种在软件中仿真计算机硬件，以虚拟资源为用户提供服务的计算形式，旨在合理调配计算机资源，使其更高效地提供服务。从表现形式上看，虚拟化又分两种应用模式：一是将一台性能强大的服务器虚拟成多个独立的小服务器，服务不同的用户；二是将多个服务器虚拟成一个强大的服务器，完成特定的功能。

2. 编程模式技术

从本质上讲，云计算是一个多用户、多任务，且支持并发处理的系统。高效、简捷、快速是其核心理念。它在通过网络把强大的服务器计算资源分发到终端用户手中的同时，还能保证低成本和良好的用户体验。在这个过程中，编程模式的选择显得至关重要。

MapReduce 是当前云计算主流的并行编程模式之一。该模式将任务自动分成多个子任务，通过Map（映射）和 Reduce（化简）两步实现任务在大规模计算节点中的调度与分配，先通过 Map 程序将数据切割成不相关的区块，分配(调度)给大量计算机处理，达到分布式运算的效果，再通过 Reduce程序将结果整合输出。

3. 海量数据分布式存储技术

为了保证数据的高可靠性，云计算通常会采用分布式存储技术，将数据存储在不同的物理设备中。这种模式不仅摆脱了硬件设备的限制，同时扩展性更好，能够更快速地响应用户需求的变化。分布式存储技术采用了可扩展的系统结构，利用多台存储服务器分担存储负荷，利用位置服务器定位存储信息，这样不但提高了系统的可靠性、可用性和存取效率，还易于扩展。

4. 海量数据管理技术

处理海量数据是云计算必须面对的问题，高效的海量数据管理技术也是云计算不可或缺的核心技术之一。云计算不仅要保证数据的存储和访问，还要对海量数据进行特定的检索和分析。因为只有通过高效的管理技术，才能实现数据的高效利用。目前云计算中常用的数据管理技术包括 Google 的 BT（Big Table）数据管理技术和 Hadoop 团队开发的开源数据管理模块 HBase。

5. 分布式资源管理技术

云计算采用了分布式存储技术存储数据，就自然要引入分布式资源管理技术进行管理。在多节点的并发执行环境中，各个节点的状态需要同步，并且在单个节点出现故障时，系统需要有效的机制保障其他节点不受影响。而分布式资源管理技术正是保证系统状态的关键。

6. 云计算平台管理技术

云计算资源规模庞大，服务器数量众多并分布在不同的地点，同时运行着数百种应用，这样就要求云计算的平台管理技术需要具有高效调配大量服务器资源，使其更好协同工作的能力。对于提供者而言，云计算可以有 3 种部署模式，即公共云、私有云和混合云。3 种模式对平台管理的要求大不相同。对于用户而言，企业所需要的云计算系统规模及可管理性能也大不相同。因此，云计算平台管理方案要更多地考虑到定制化需求，以满足在不同场景下的应用。

9.4.4 云计算的应用

随着云计算技术产品的不断成熟，云计算的应用领域不断扩展，衍生出了云制造、云教育、云游戏、云安全等各种功能，对医药医疗领域、制造领域、金融与能源领域、电子政务领域、教育及科研领域的影响巨大，在电子邮箱、数据存储、虚拟办公等方面也提供了非常大的便利。

1. 云通信

云通信是云计算概念的一个分支。它指用户利用云计算基础设施（IaaS）形式的客户端，通过现有局域网或互联网线路进行通信交流，而无须经由传统公共交换电话网络线路的一种新型通信方式。云通信的应用非常普遍，如配置信息备份，聊天记录备份，照片、视频等文件的云存储与分享等都是云通信的应用体现。

2. 云教育

云计算在教育领域中的应用称之为"云教育"。云教育应用中包含教育信息化所必需的一切硬件计算资源，这些资源经虚拟化之后，向教育机构、教育从业人员和学员提供了一个良好的平台，提供各种服务，例如，成绩系统、综合素质评价系统、选修课系统、数字图书馆系统等。

3. 云医疗

云医疗是指在云计算等新技术的基础上，结合医疗技术，使用云计算来创建医疗健康服务云平台，实现医疗资源的共享和医疗范围的扩大。通过医疗云平台，患者可以查看各医院及医生的详细介绍，进行电子挂号，而且患者的电子医疗记录或检验信息将保存至云端。同时，医生、护理人员等也可以在经过允许的前提下随时获取患者的健康资料。医疗云平台使各个医疗机构实现信息联通，有助于医生全方位地了解患者的健康状况，从而做出更准确的诊断。

4. 云交通

云交通能够针对未来的交通行业发展，整合将来所需的各种硬件、软件、数据；针对交通行业的各种需求，例如，基础建设、交通信息发布、交通企业增值服务、交通指挥提供决策支持及交通仿真等；提供全面的交通建设与系统需求，如地下新型窄幅多轨地铁系统、电动步道系统，地面新型窄幅轨道交通，半空天桥人行交通、悬挂轨道交通，空中短程太阳能飞行器交通等，以及建立云交通中心全面负责各种交通工具的管制，并利用云计算中心向个体的云终端提供全面的交通指引和指示标识等服务。

5. 云安全

云安全是云计算技术的重要分支，它在反病毒领域获得了广泛应用。云安全技术可以通过网状的大量客户端对网络中软件的异常行为进行监测，获取互联网中木马病毒和其他恶意程序的最新信息，然后自动分析和处理信息，并将解决方案发送到每一个客户端。云安全融合了并行处理、网格计算、未知病毒行为判断等新兴技术和概念，理论上可以把病毒的传播范围控制在一定区域内，且整个云安全网络对病毒的上报和查杀速度非常快。

任务 4——查询成都地铁实时信息

利用云计算的云交通应用，人们可以查询公共交通的实时信息，为自己的出行提供指导。下面介绍利用成都地铁 App 查看地铁 7 号线茶店子站的实时信息，如图 9-6 所示。

图 9-6　查询成都地铁实时信息

操作提示：

（1）打开成都地铁 App，首先查看 7 号线茶店子站的实时站点信息。

（2）查看 7 号线茶店子站的地铁列车实时位置。

9.5　移动互联网

移动互联网是互联网与移动通信在各自独立发展的基础上相互融合的新兴领域，其涉及无线蜂窝通信、无线局域网以及互联网、物联网、云计算等诸多领域，能广泛应用于个人即时通信、现代物流、智慧城市等多个场景。

9.5.1　移动互联网的基本概念

移动互联网（Mobile Internet，MI）是一种通过智能移动终端，采用移动无线通信方式获取业务和服务的新兴业务。移动互联网涉及终端、软件和应用 3 个层面。

- 终端层：终端层包括智能手机、平板电脑、电子书等。
- 软件层：软件层包括操作系统、数据库和安全软件等。
- 应用层：应用层包括休闲娱乐类、工具媒体类、商务财经类等不同应用与服务。

移动互联网具备以下 4 个特点。

- 便携性：移动互联网的基础网络是一张立体的网络，是通用分组无线服务、4G、5G、WLAN 或 WiFi（Wireless Fidelity，无线保真）等构成的无缝覆盖网络，使得移动终端具有通过上述任何形式方便联通网络的特性。这些移动终端不仅可能是智能手机、平板电脑，还有可能是智能眼镜、智能手表等各类随身物品，并且它们可以随时随地被使用。
- 即时性：由于有了上述便捷性，人们可以充分利用生活、工作中的碎片化时间，接收和处理互联网的各类信息，不用担心错过任何重要信息。
- 感触性和定向性：感触性和定向性不仅体现在移动终端屏幕的触感层面，更重要的是体现在拍照、摄像、二维码扫描，以及移动感应和温度、湿度感应等各种感触功能。而基于位置的服务不仅能够定位移动终端所在的位置，还可以根据移动终端的趋向性，确定其下一步可能去往的位置。
- 隐私性：隐私性决定了移动互联网终端应用的特点，数据共享时既要保障认证用户的有效性，又要保证信息的安全性。在互联网下，PC 端系统的用户信息是可以被搜集的；而移动端用户上网是不需要自己设备上的信息让他人共享甚至知晓的。

9.5.2 移动互联网的发展

作为互联网的重要组成部分，移动互联网还处在发展阶段，但根据传统互联网的发展经验来看，其快速发展的临界点已经出现。随着互联网基础设施的完善以及移动寻址技术等技术的成熟，移动互联网将迎来发展高潮。

- PC 端只是互联网的终端之一，智能手机、平板电脑已成为重要终端，电视机、车载设备等各种设备也已成为或正在成为终端，因此移动互联网将超越 PC 互联网，引领发展新潮流。
- 在移动互联网、云计算、物联网等新技术的推动下，传统行业与互联网的融合将呈现出新的特点，平台和模式都会发生改变。例如，餐饮、娱乐、金融、家电等传统行业的 App 和企业推广平台，便是移动互联网和传统行业相互融合，催生出的新的应用模式。
- 终端的支持是业务推广的生命线。随着移动互联网业务逐渐升温，移动终端解决方案也不断增多，各种移动终端设备层出不穷，例如，智能手表、智能手环、车载系统等。
- 移动互联网业务的新特点为商业模式创新提供了空间。随着移动互联网发展进入快车道，移动互联网也已经融入主流生活与商业社会，如移动游戏、移动广告、移动电子商务等业务模式的流量变现能力正在快速提升。
- 目前的移动互联网领域随着大数据相关技术的发展和人们对数据挖掘的不断深入，针对用户个性化定制的应用服务和营销方式将成为发展新趋势，它将会是移动互联网另一个重要的未知市场空间。

9.5.3 移动互联网的 5G 时代

移动互联网的演进历程是移动通信和互联网等技术汇聚、融合的过程。其中，不断演进的移动通信技术是其持续且快速发展的主要推手，从最初的 1G 时代逐步发展到目前的 5G 时代。

- 1G：1986 年，第一代移动通信系统采用模拟信号传输，即将电磁波进行频率调制后，将语音信号转换到载波电磁波上，载有信息的电磁波成功发射到空间后，由接收设备接收，并从载波电磁波上还原语音信息，完成一次通话。

- 2G：2G 采用的是数字调制技术。随着系统容量的增加，2G 时代的手机已经可以上网，虽然数据传输的速率很慢，但文字信息的传输由此开始。
- 3G：3G 依然采用数字数据传输，但通过开辟新的电磁波频谱、制定新的通信标准等方式，3G 的传输速率可达 384kbit/s。由于其采用更宽的频带，因此传输的稳定性也极大提高。
- 4G：4G 是在 3G 基础上发展起来的，采用更加先进通信协议的第四代移动通信网络。4G 网络在传输速率上有着非常大的提升，可以提供非常流畅的用户体验。

5G：5G 将不同于传统的几代移动通信，它不仅具有更高的速率、更大的带宽、更强的技术，而且是一个多业务、多技术融合的网络，更是面向业务应用和用户体验的智能网络，能够最终打造以用户为中心的信息生态系统。

任务 5——骑行共享单车

共享单车是由物联网与移动互联网技术支持的典型应用。其原理是通过在智能车锁中应用定位系统、二维码等技术，并与智能手机中的 App 通过移动互联网联通，获得反馈结果后再传递给智能车锁，实现了单车的共享使用。下面介绍骑行共享单车的过程，如图 9-7 所示。

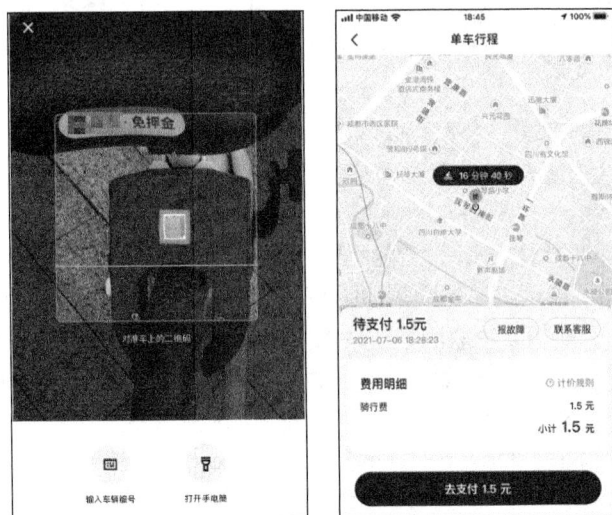

图 9-7　骑行共享单车

操作提示：

（1）打开共享单车 App，扫描二维码并解锁，然后骑行一段距离。

（2）骑行完毕，关闭车锁，再打开共享单车 App，支付本次骑行的费用。

9.6　其他技术

下面介绍 3D 打印、虚拟现实、量子计算机等其他一些新前沿技术。

9.6.1　3D 打印

3D 打印是一种快速成型技术，以数字模型文件为基础，运用特殊蜡材、粉末状金属或塑料等可黏合材料，通过逐层打印的方式来构造三维物体。

3D 打印需借助 3D 打印机来实现。3D 打印机的工作原理是把数据和原料放进 3D 打印机中，3D 打印机按照程序把产品一层一层地打印出来。可用于 3D 打印的介质种类非常多，如塑料、金属、陶瓷、橡胶类物质等。此外，还能结合不同介质，打印出不同质感和硬度的物品。

3D 打印技术作为一种新兴的技术，在模具制造、工业设计等领域应用广泛，在产品制造的过程中人们可以直接使用 3D 打印技术打印出零部件。3D 打印技术在珠宝、鞋类、工业设计、建筑、工程施工、汽车、航空航天、医疗、教育、地理信息系统、土木工程等领域都有所应用。

9.6.2 虚拟现实

虚拟现实是集成计算机、电子信息、传感器等技术实现环境模拟的典型信息化技术。虚拟现实通过构建计算机三维虚拟世界，打造了一个对用户产生听觉、视觉、触觉和嗅觉等感官刺激的交互世界，给予用户身临其境的感受，同时用户能以自然的方式与虚拟环境进行交互操作。发展至今，虚拟现实在教育培训、医疗康复、国防航空、设计规划、影视娱乐等领域已经广泛应用，为人类探索更加广阔的自然和宇宙空间、研究各种复杂和危险的环境，以及各种事物的运动变化规律，提供了极大的便利和全新的方法。

1. VR

虚拟现实（Virtual Reality，VR）技术是一种依靠计算机为载体的集合技术的总称，即开发者利用计算机 3D 图形的运算，衍生出包括多媒体、仿真、传感、立体显示等系统的技术集合。

虚拟现实技术主要包括以下 5 种关键技术。

* 动态环境建模技术：动态环境建模技术是虚拟现实的核心技术，其主要内容是根据应用的需要，利用获取的三维数据建立相应的虚拟环境模型。

* 实时三维图形生成技术：实时三维图形生成技术需要先将二维图形转换为三维图形，再依托虚拟现实技术进行实时的生成。

* 立体显示和传感器技术：立体显示和传感器技术的关键是通过对产品的立体化展示，营造出多维虚拟空间，带动用户沉浸到虚拟现实的环境中。

* 系统集成技术：系统集成技术的使用目的是将隐含在虚拟现实环境中的信息和模型进行渲染与联合，构建出整体环境。系统集成技术包括信息的同步技术、模型的标定技术、数据转换技术、数据管理模型及识别和合成技术等。

* 应用系统开发工具：要想实现虚拟现实的应用，人们必须研究能够开发虚拟现实系统的工具，例如，虚拟现实系统开发平台、分布式虚拟现实技术等。

2. AR

增强现实（Augmented Reality，AR）技术可以实时计算摄影机影像位置及角度，并赋予其相应图像、视频、3D 模型。VR 技术是百分之百的虚拟世界，而 AR 技术则是以现实世界的实体为主体，借助数字技术让用户可以探索现实世界并与之交互。用户通过 VR 技术看到的场景、人物都是虚拟的，而通过 AR 技术看到的场景、人物半真半假，现实场景和虚拟场景的结合需借助摄像头进行拍摄，在拍摄画面的基础上结合虚拟画面进行展示和互动。

AR 技术包含了多媒体、三维建模、实时视频显示及控制、多传感器融合、实时跟踪及注册、场景融合等多项新技术。AR 技术与 VR 技术的应用领域类似，如尖端武器、飞行器的研制与开发等，但 AR 技术对真实环境进行增强显示输出的特性，使其在医疗、军事、古迹复原、网络视频通信、电视转播、旅游展览、建设规划等领域的表现更加出色。

3. MR

混合现实（Mediated Reality，MR）技术可以看作 VR 技术和 AR 技术的集合。VR 技术是纯虚拟数字画面；AR 技术在虚拟数字画面上增加了裸眼现实；MR 技术则是数字化现实加上虚拟数字画面，它结合了 VR 技术与 AR 技术的优势。利用 MR 技术，用户不仅可以看到真实世界，还可以看到虚拟物体，将虚拟物体置于真实世界中，MR 技术使用户可以与虚拟物体进行互动。

9.6.3　量子计算机

量子计算机是用量子力学原理制造的计算机，目前还处于很初步的阶段。我们日常使用的计算机中的数据，每个 bit 的值要么是 0，要么是 1。而量子力学允许一个物体同时处于多种状态，因而在量子计算机中的量子比特（Qubit）的值可以同时为 0 和 1，这就意味着量子计算机可以同时完成很多个任务，因此具有超越普通计算机的运算能力。

例如，1 个 2bit 的数据，普通计算机只能同时处理"00""01""10""11"这 4 个二进制数中的 1 个，而量子计算机则可以并行处理这 4 个数，得到 4 倍于普通计算机的计算速度，而且随着 bit 数的增加，量子计算机的计算速度将呈指数级增长。

任务 6——在国家博物馆网站虚拟看展

下面就在国家博物馆网站中，观看由虚拟现实和增强现实技术制作的"让党中央放心、让人民群众满意——新时代中央和国家机关党的建设成就巡礼展"，效果如图 9-8 所示。

图 9-8　运用虚拟现实网上看展

课后练习

1.　使用百度地图查看全景

利用本章所学的知识规划一条从市中心到学校的交通路线，并查看目的地的 VR 全景画面，如图 9-9 所示。涉及的知识点为人工智能、云计算、移动互联网和虚拟现实。

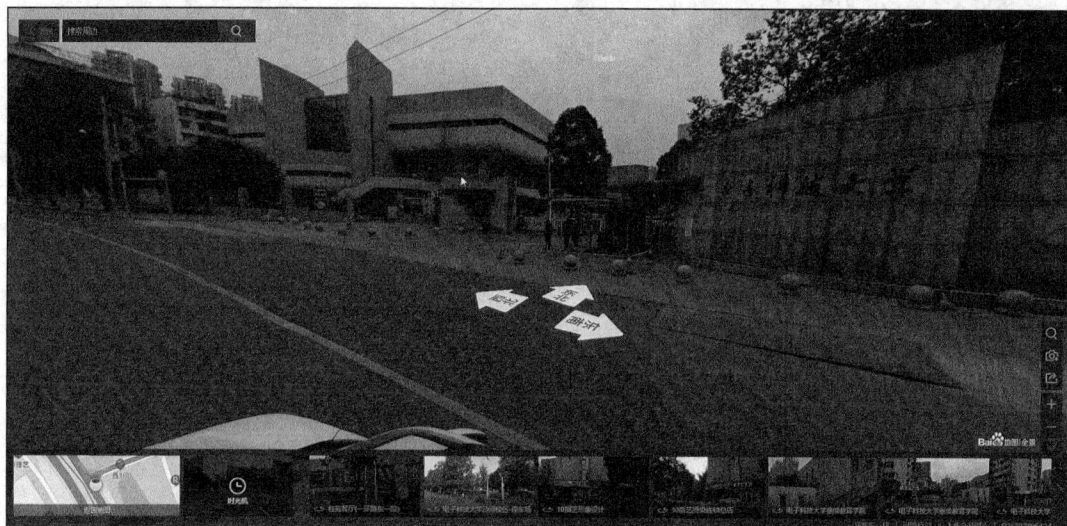

图 9-9　使用百度地图查看全景

2. 使用手机作为电视遥控器

利用本章所学的知识，选择一台智能电视，通过下载和使用对应 App 的方式，使用手机作为电视的遥控器来遥控电视，如图 9-10 所示。涉及的知识点为物联网和移动互联网。

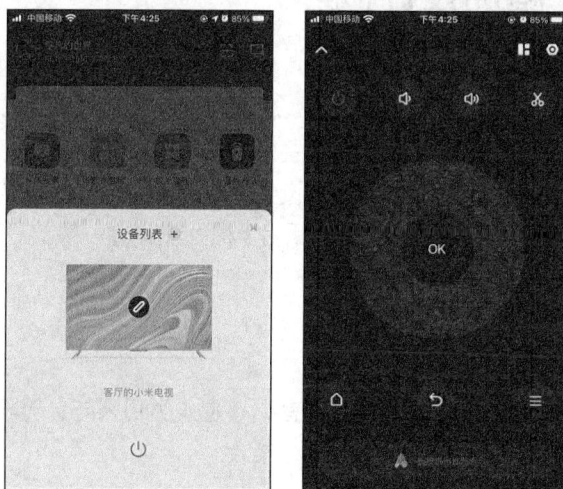

图 9-10　使用手机作为电视遥控器

10 第10章 Python程序设计基础

【学习目标】
- 了解程序设计的基础知识。
- 掌握 Python 程序设计的基本操作方法。
- 掌握 Python 的表达式与运算符。
- 掌握 Python 的控制流程。
- 掌握 Python 的常用函数。

10.1 程序设计概述

程序设计中的"程序"一词特指计算机程序，即计算机为完成某项任务所执行的一系列有序的指令集合。程序设计是为解决特定问题而使用某种程序设计语言编写程序的过程，是软件构造活动中的重要组成部分。用户要学习程序设计，首先需要了解程序设计的基础知识，为后面的实践操作打下基础。下面将介绍主流的程序设计语言、程序设计的一般流程、程序设计方法，以及程序基本结构等知识。

10.1.1 程序设计语言

程序设计离不开程序设计语言，它是人类用来与计算机沟通的工具，是指挥计算机进行运算或工作的指令集合。

1. 程序设计语言的发展

最早的程序设计语言是机器语言，计算机只能直接执行机器语言编写的程序，而直接用机器语言编写程序非常困难，效率也非常低。为了解决这个问题，诞生了各种各样的程序设计语言，这些程序设计语言更加接近人类的语言和思维。从程序设计语言的发展历程来看，程序设计语言可以分为以下5代。

（1）第一代程序设计语言——机器语言

机器语言（Machine Language）是计算机指令的集合，它由 1 和 0 两种符号构成，是计算机能够直接阅读与执行的基本语言。任何程序或语言在执行前都必须被转换为机器语言。

（2）第二代程序设计语言——汇编语言

汇编语言（Assembly Language）通过指令符号来编制程序。这种指令符号是计算机指令的英文缩写，因而较机器语言的二进制指令代码更容易学习和记忆。汇编语言也是面向机器的语言，使用汇编语言编写的程序通用性和可读性都较差。但汇编语言在一定程度上克服了机器语言难学、难记、难修改的缺点，同时保持了编程质量高、占用空间少、执行速度快的优点。

（3）第三代程序设计语言——高级语言

高级语言（High-level Language）是相当接近人类使用语言的程序设计语言，并且高级语言完全与计算机的硬件无关，程序员在编写程序时无须了解计算机的指令系统。这样，程序员在编写程序时就不用考虑计算机硬件的差异，因而编程效率极大提高。由于高级语言与具体的计算机硬件无关，因此使用高级语言编写的程序通用性强、可移植性高、易学、易读、易修改。高级语言被广泛应用于商业、科学、教学、娱乐等众多领域。

（4）第四代程序设计语言——非过程化语言

非过程化语言（Non-procedural Language）的特点是程序员不必关心问题的解法和处理问题的具体过程，只需说明所要完成的目标和条件，就能得到想要的结果，而其他的工作都由系统来完成。相比于高级语言，非过程化语言使用起来更加方便，但是非过程化语言目前只适用于部分领域，其通用性和灵活性不如高级语言。

（5）第五代程序设计语言——人工智能语言

人工智能语言目前刚刚起步，也是未来程序设计语言的发展方向。人工智能语言是一类适应于人工智能和知识工程领域的、具有符号处理和逻辑推理能力的程序设计语言。使用人工智能语言可以处理非数值计算、知识处理、推理、规划、决策等具有智能的各种复杂问题。

2. 主流的程序设计语言

20 世纪 60 年代以来，世界上出现的程序设计语言已有上千种之多，但是只有很少一部分得到了广泛的应用。目前主流的程序设计语言有以下 6 种。

- C：C 语言是一种面向过程的、抽象化的通用程序设计语言，广泛应用于底层开发。C 语言能以简易的方式编译、处理低级存储器，是仅产生少量的机器语言，并且不需要任何运行环境支持便能运行的高效率程序设计语言。C 语言描述问题比汇编语言迅速，且工作量小、可读性好，易于调试、修改和移植，而代码质量与汇编语言相当。C 语言主要用于开发系统软件、应用软件、设备驱动程序、嵌入式软件。

- C++：C++语言是对 C 语言的继承，它既可以进行 C 语言的过程化程序设计，又可以进行以抽象数据类型为特点的基于对象的程序设计，还可以进行以继承和多态为特点的面向对象的程序设计。C++语言的应用领域与 C 语言基本相同。

- C#：C#语言是 Microsoft 公司发布的一种面向对象的、运行于.NET Framework 之上的高级程序设计语言。C#语言借鉴了 Java 语言、C 语言和 C++语言的一些特点。

- Java：Java 语言是一种面向对象的程序设计语言，不仅吸收了 C++语言的各种优点，还摒弃了 C++语言里难以理解的多继承、指针等概念。Java 语言具有功能强大和简单易用两个优势，同时还具有简单性、面向对象、分布式、安全性、平台独立与可移植性、多线程、动态性等特点，可以编写桌面应用程序、Web 应用程序、分布式系统和嵌入式系统应用程序等。

- JavaScript：JavaScript 语言在 Web 应用程序上有着非常大的需求，主要目的是解决服务器端语言遗留的速度问题，为客户提供更流畅的浏览效果。JavaScript 语言主要是为网页添加动态功能，以提供增强的用户界面和动态网站。

- Python：Python 语言是一种面向对象的解释型计算机程序设计语言。自从 20 世纪 90 年代初诞生至今，Python 语言已被逐渐应用于系统管理任务的处理和 Web 编程。Python 语言语法简洁、清晰，具有丰富且强大的库，能够把用其他语言制作的各种模块很轻松地联结在一起。

10.1.2 程序设计的一般流程

程序设计的一般流程主要包括：分析问题，设计程序，程序编码的编辑、编译和连接，测试程序，编写程序文档。其中，前两个步骤非常重要，可以为后面的步骤节省很多时间和精力。

1. 分析问题

分析问题也就是分析编写该程序的目的、要解决的实际问题，并将这个实际问题抽象为一个计算机可以处理的模型。分析问题主要明确以下 5 点。

- 要解决的问题目标是什么？
- 问题的输入是什么？已知什么？还要添加什么？使用什么格式？
- 期望的输出是什么？需要什么类型的报告、图表或信息？
- 数据具体的处理过程和要求是什么？
- 要建立什么样的计算模型？

2. 设计程序

在这一阶段需要使用伪代码（伪代码是指用与自然语言十分接近的语句写出的一种算法描述语言）。在描述整个模型的实现过程时，每一句伪代码对应一个简单的程序操作。对简单的程序来说，程序员可以直接按顺序列出程序需要执行的操作，从而产生伪代码。但对复杂一些的程序来说，程序员则需要先将整个模型分割成几个大的模块，必要时还需要将这些模块分割为多个子模块，然后用伪代码来描述每个模块的实现过程。

3. 程序编码的编辑、编译和连接

现在的程序设计语言一般都有一个集成开发环境，能够自带编辑器，用户在其中可以输入程序代码，并可对输入的程序代码进行复制、删除、移动等编辑操作。编辑完成后，可以将程序代码以源程序的形式进行保存。

保存的源程序并不能被计算机直接运行，必须通过编译程序将源程序翻译为目标程序。在编译的过程中，编译程序会检查源程序的语法和逻辑结构。检查无误后，将生成目标程序。

此时，生成的目标程序不能被执行，还需要通过连接程序将目标程序和程序中所需要的系统中固有的目标程序模块（例如，调用的标准函数，执行的输入、输出操作的模块）连接后生成可执行文件。

4. 测试程序

测试程序的目的是找出程序中的错误。这样就需要在程序中通过编译，在没有语法和连接错误的基础上，让程序试运行多组数据，以查看程序是否能达到预期的结果。这些测试数据应是以"任何程序都是有错误的"假设为前提精心设计出来的。

5. 编写程序文档

程序文档相当于一个产品说明书，对今后程序的使用、维护、更新都有很重要的作用，主要包括程序使用说明书和程序技术说明书。

- 程序使用说明书：程序使用说明书是为了让用户清楚该程序的使用方法，其内容包括程序运

行需要的软件和硬件环境、程序的安装和启动的方法、程序的功能，需要输入的数据类型、格式和取值范围，文件数量、名称、内容、存放的路径等。

● 程序技术说明书：程序技术说明书是为了方便程序员进行程序维护，其内容包括程序各模块的描述，程序使用硬件的有关信息，主要算法的解释和描述，各变量的名称、作用、程序代码清单等。

10.1.3　程序设计方法

程序设计的方法主要有结构化程序设计和面向对象程序设计两种。

1. 结构化程序设计

结构化程序设计是以模块化设计为中心，将待开发的软件系统划分为若干个相互独立的模块，通过完成每一个模块的工作来完成软件系统的开发。在结构化程序设计中，都采用了自顶向下，逐层细化的设计方法；所有程序都可以由顺序、选择和循环 3 种基本控制结构构造。

● 用顺序方式对过程分解，确定各部分的执行顺序。
● 用选择方式对过程分解，确定某个部分的执行条件。
● 用循环方式对过程分解，确定某个部分进行重复的开始和结束的条件。

结构化程序中的任意基本结构都具有唯一入口和唯一出口，而且模块的相互独立可以将复杂的软件系统划分成多个简单的模块，这样开发者可以通过积木式的扩展来设计软件。

2. 面向对象程序设计

面向对象程序设计是一种模拟人类的思维方式将客观世界中的实体抽象为问题域中对象的软件开发方式。这里抽象出来的对象并不能完全反映客观事物的一切具体特征，只是对事物变化规律和具体特征的抽象描述，且与人们认识世界、解决现实问题的方法和过程在结构上更加一致。我们可以这样理解面向对象程序设计，其程序核心是由对象组成的，每个对象包含着对用户公开的特定功能和隐藏的实现部分，且很多对象来自公共库，程序员也可以自定义对象。

10.1.4　程序基本结构

无论程序是简单还是复杂，其结构都是由顺序结构、选择结构和循环结构这 3 种基本结构组合而成的。

1. 顺序结构

顺序结构表示程序中的各个操作是按照它们在源代码中的排列顺序从前往后依次执行，不跳过任何一条语句，所有语句都会被执行到，其流程如图 10-1 所示。这类基本结构最简单，顺序结构的程序虽然能解决计算、输出等问题，但不能做判断、再选择。

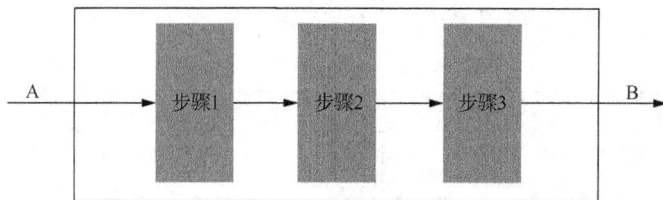

图 10-1　顺序结构程序

2. 选择结构

选择结构表示程序的处理步骤出现了分支，需要根据某个特定条件选择其中一个分支执行，选择结构有单选择、双选择和多选择 3 种类型，其流程如图 10-2 所示。

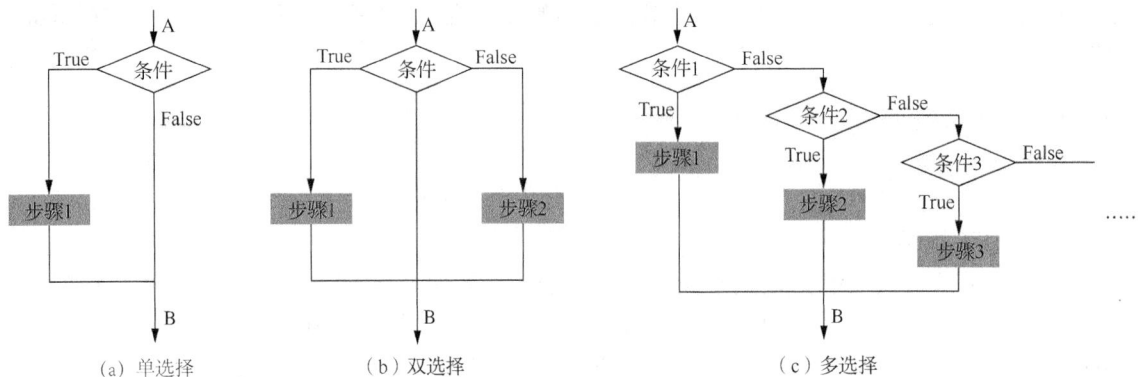

(a) 单选择 　　　　　(b) 双选择 　　　　　(c) 多选择

图 10-2　选择结构程序

3. 循环结构

循环结构表示程序反复执行某个或某些操作，直到满足特定条件时结束。循环结构有当型循环和直到型循环两种。

- 当型循环：先判断条件，当条件为 True（真）时执行循环体，并在循环结束时自动返回到循环入口处，再次判断循环条件；如果条件为 False（假），则退出循环体，到达流程出口处。其流程如图 10-3 所示。
- 直到型循环：从入口处直接执行循环体，循环结束时判断条件，如果条件为 True（真），则返回入口处继续执行循环体，直到条件为 False（假）时退出循环体到达流程出口处。其流程如图 10-4 所示。

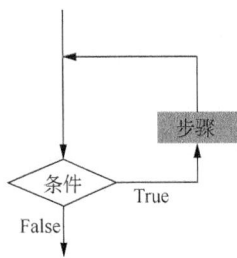

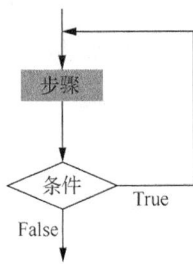

图 10-3　当型循环 　　　　　**图 10-4　直到型循环**

任务 1——搜索 Python 的应用领域

Python 是目前主流的计算机程序设计语言，它在现代信息社会中有非常广泛的应用。下面请在网络中搜索 Python 有哪些重要的应用领域，并将其填写到表 10-1 中。

表 10-1　Python 的应用领域

应用领域	应用说明	应用实例
人工智能	Python 语言是目前公认学习人工智能的基础语言。很多开源的机器学习项目都是基于 Python 语言编写的	用于身份认证的人脸识别系统

10.2　Python 基础

在众多程序设计语言中，Python 被认为是极接近人类所使用语言的语言。Python 既支持面向过程编程，也支持面向对象编程，学习起来比较容易。下面就介绍 Python 的基础知识。

10.2.1　搭建 Python 的开发环境

"工欲善其事，必先利其器。"搭建开发环境被誉为编程或者开发的开始。一个稳定、易上手的开发环境对开发者而言是非常重要的，它能够帮助初学者更好地学习，帮助非初学者加快开发速度。

1. 安装 Python

目前，Python 的最新版是 3.10.4（截至 2022 年 9 月）。用户可直接在 Python 官网上下载 Python 安装程序，然后进行安装。这里安装 Python 3.10.4，其具体操作如下。

① 双击下载好的安装程序，打开安装向导对话框。保持选中 "Install launcher for all users (recommended)" 复选框不变，单击选中 "Add Python 3.10 to PATH"（将 Python 安装路径添加到环境变量 PATH 中）复选框，单击 "Install Now" 按钮，如图 10-5 所示。

安装 Python

② 将 Python 安装到系统提供的默认安装路径中，显示安装进度，如图 10-6 所示。

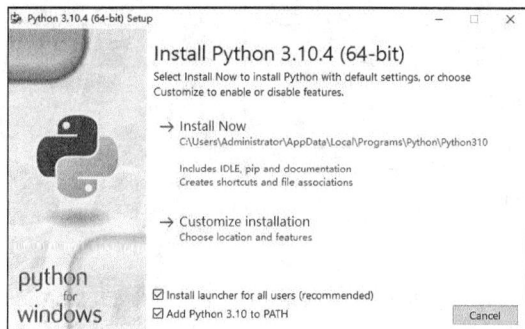

图 10-5　安装向导对话框

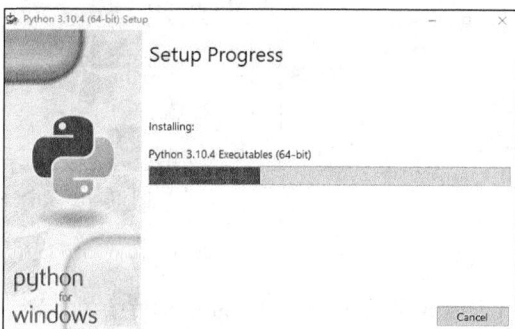

图 10-6　安装 Python

③ 安装完成后，将打开 "Setup was successful" 对话框，表示安装成功，单击 "Close" 按钮退出安装，如图 10-7 所示。

④ 安装成功后，还需要查看安装的程序是否能正常运行（这里以 Windows 10 操作系统为例）。按 "Win+R" 组合键打开 "运行" 对话框，在 "打开" 文本框中输入 "cmd"，然后单击 "确定" 按钮，如图 10-8 所示。

⑤ 打开 "命令提示符" 窗口，在其中输入 "python" 并按 "Enter" 键。此时将显示 Python 的版本信息并进入 Python 命令行（3 个大于符号 ">>>"），说明 Python 的开发环境已经安装成功了。

图 10-7　安装成功

⑥ 此时可直接输入 Python 指令，例如，输入 print("hello python")指令可以输出指定字符串 hello python，如图 10-9 所示。

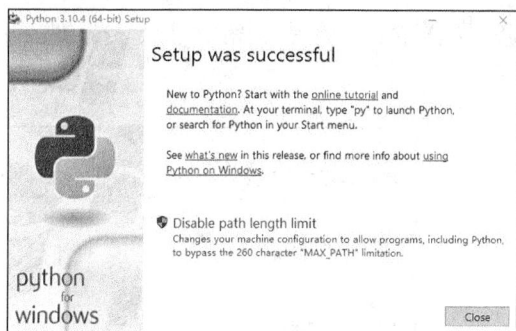

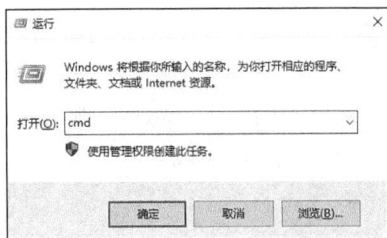

图 10-8 "运行"对话框

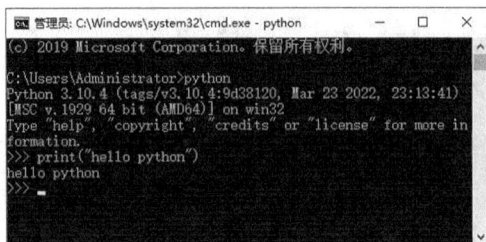

图 10-9 输入 Python 指令

2. 了解 Python 程序的运行方式

Python 程序的运行方式有交互式和文件式两种。

（1）交互式

交互式是通过在 Python 的集成开发环境（IDLE）中直接输入 Python 代码的方式来运行程序。选择"开始"/"Python 3.10"/"IDLE(Python 3.10 64-bit)"菜单命令，打开"IDLE Shell 3.10.4"窗口。在提示符">>>"后输入 Python 代码，然后按"Enter"键，即可得到运行结果，如图 10-10 所示。

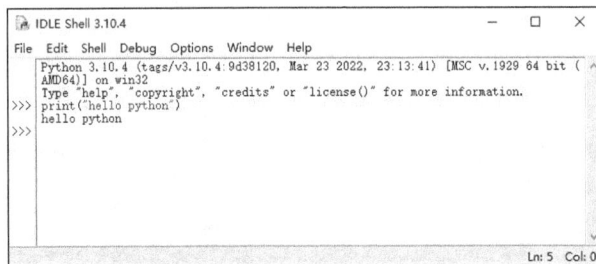

图 10-10 "IDLE Shell 3.10.4"窗口

（2）文件式

文件式是首先编写 Python 程序文件，然后运行程序的方式。其具体操作如下。

编写并运行 Python 程序

① 打开"IDLE Shell 3.10.4"窗口，选择"File"/"New File"命令，打开程序编辑窗口，在其中输入代码"print("我的第一个 Python 程序")"，如图 10-11 所示。

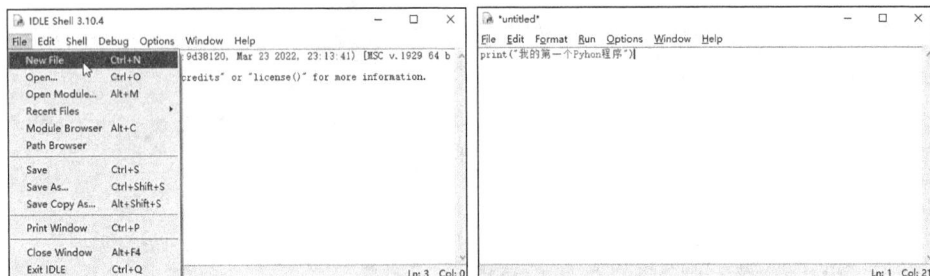

图 10-11 输入程序代码

② 选择"File"/"Save"命令，在打开的"另存为"对话框中将程序保存为"first.py"格式的文件，如图 10-12 所示。

③ 此时即可在程序编辑窗中展示保存程序文件的相关信息，选择"Run"/"Run Module"命令运行程序，如图 10-13 所示。

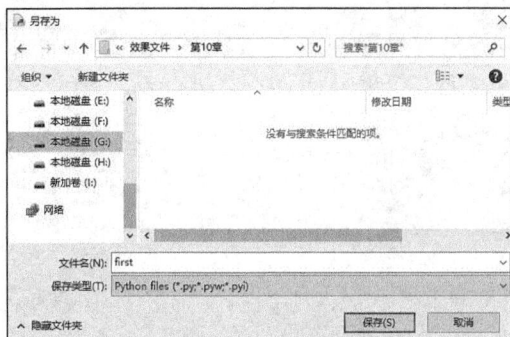

图 10-12　"另存为"对话框

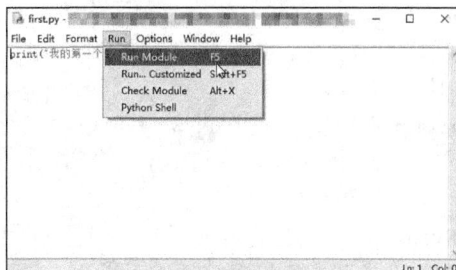

图 10-13　选择程序操作

④ 在"IDLE Shell 3.10.4"窗口中将显示程序的运行结果，如图 10-14 所示。

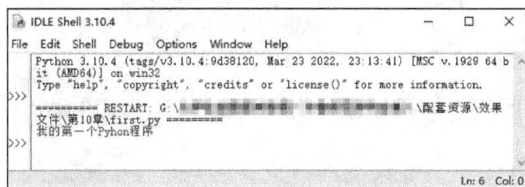

图 10-14　运行结果

10.2.2　标识符、关键字与变量

标识符、关键字与变量都是 Python 程序设计语言的基本语法内容。下面分别进行介绍。

1. 标识符及 Python 编写规范

标识符是程序员自己规定的具有特定含义的词。在 Python 中，类、对象、变量、方法、函数等名称都需要使用标识符来表示。为了提高程序代码的可读性和可维护性，程序员在编写 Python 程序时需要遵循以下一些规范。

（1）标识符命名规则

Python 中标识符的命名必须遵循以下规则。

- 标识符可以由数字、字母、下画线（＿）组成。
- 数字不能作为标识符的首字母。
- 标识符中不可以包含空格、@、%、$等特殊字符。
- 标识符不能使用 Python 的关键字。
- 标识符的长度没有限制。
- Python 中的标识符对字母的大小写敏感，如 name、Name、NAME 是不同的标识符。

（2）代码缩进

Python 使用代码的缩进来体现代码之间的逻辑关系，通常以 4 个空格为基本缩进单位。同一个语句块或者程序段的缩进量应相同。

（3）注释

注释是程序代码中的说明性文字，一般用于对代码进行说明，因此不会被执行。适当的注释可以增加程序的可读性。Python 中的注释有单行注释和多行注释两种。

- 单行注释：使用"#"表示注释的开始。例如：

```
#这是第 1 个单行注释
print("Hello,Python!") #这是第 2 个单行注释
```

- 多行注释：Python 中使用 3 个双引号（"""）或者 3 个单引号（'''）来进行多行注释。例如：

```
'''
这是多行注释的第 1 行
这是多行注释的第 2 行
'''
```

（4）代码折行处理

Python 中代码是逐行编写的，并且每行代码的长度不受限制，但过长的代码不利于阅读，因此程序员可以采用每行代码都使用引号的方式将单行代码分割成多行。例如：

```
#代码折行处理
print("学会敬业夯实人生基础；"
"学会主动获得先机之匙；"
"学会诚信赢得相互信赖。")
```

运行程序，输出结果如下：

```
学会敬业夯实人生基础；学会主动获得先机之匙；学会诚信赢得相互信赖。
```

2. 关键字

Python 语言把一些具有特殊用途的单词作为关键字。这些关键字中有的表示数据类型，有的表示程序结构，但不能用作标识符。Python 中有 33 个关键字，如表 10-2 所示。

表 10-2 Python 的关键字

序号	关键字	序号	关键字	序号	关键字	序号	关键字
1	and	10	else	19	in	28	return
2	as	11	except	20	is	29	try
3	assert	12	finally	21	lambda	30	True
4	break	13	for	22	nonlocal	31	while
5	class	14	from	23	not	32	with
6	continue	15	False	24	None	33	yield
7	def	16	global	25	or		
8	del	17	if	26	pass		
9	elif	18	import	27	raise		

3. 变量

变量是指程序在执行的过程中其值可以发生改变的量。在 Python 程序中，每个变量在使用前都必须赋值，赋值后的变量才会被创建。为变量赋值的语法结构如下。

```
变量名=值
```

在 Python 中，变量没有具体的数据类型，但程序员可以根据 Python 中保存的值的数据类型而对其类型随意切换。

例如：

```
x = "年龄" #给变量 x 赋字符串型的值
print(x) #输出变量 x 的值
print(type(x)) #输出变量 x 的数据类型
x = 28 #给变量 x 赋整型的数值
print(x) #输出变量 x 的值
print(type(x)) #输出变量 x 的数据类型
```

运行程序，输出结果如下：

```
年龄
<class 'str'>
28
<class 'int'>
```

这里的变量 x 首先赋值为"年龄"，由于"年龄"为字符串型值，因此变量 x 即为字符串型；然后赋值为 28，由于 28 为整型数值，因此变量 x 就变为整型了。

10.2.3　数据类型

Python 中的数据类型可以分为基本数据类型和复合数据类型两大类。

1. **基本数据类型**

Python 的基本数据类型包括整数数据类型（int）、浮点数数据类型（float）、布尔数据类型（bool）和字符串数据类型（str）4 种。

- 整数数据类型：用来存储不含小数点的数据。其与数学上的整数意义相同，如-100、-2、-1、0、1、2、100 等。

- 浮点数数据类型：指带有小数点的数字，也就是数学上所指的实数。除了用一般小数点表示，也能使用科学记数法进行表示，如 6e-2，表示 $6×10^{-2}$。

- 布尔数据类型：它是一种表示逻辑的数据类型，只有 True（真）与 False（假）两个值。布尔数据类型通常用于流程控制和逻辑判断，其可以使用数值 1 或 0 来表示 True 或 False。

- 字符串数据类型：一般用于存储一连串的文本字符。用户使用时需要用单引号或双引号将其引起来，如"立德树人"和"我的第一本'Python'参考书"等。

2. **复合数据类型**

Python 的复合数据类型包括列表（list）、元组（tuple）、字典（dict）和集合（set）4 种。

- 列表：列表是一个数据的集合，用中括号[]表示，如 list1=[]、score=[98, 85, 76, 64,100]等。列表中的数据有顺序性，用户可以通过序号（从 0 开始）获取某个元素的值，如 score[0]的值为 98。同时，列表是可变的，用户可以修改列表的长度和其中元素的值。

- 元组：元组与列表一样都是数据的集合，用小括号()表示，如 tupledata=('733249', 'Michael',185)等，也可以通过序号获取其中元素的值。与列表不同的是，元组是不可变的，即一旦建立，就不能任意更改其中元素的个数与元素值，所以元组也被称为不能更改的序列。

- 字典：字典中的元素放置于大括号{}内，以"键值对"的形式呈现，如 dic={'length':4, 'width':8, 'height':12}，其中每一个元素就是一个键值对，冒号前面的字符串是元素的关键字，冒号后面为元素的值。字典中的数据不具有顺序性，因此不能使用序号进行访问，只能使用元素的关键字进行访问，如 dic.length 的值为 4。

- 集合：集合与字典一样将元素放在大括号{}内；不过集合没有键，只有值，类似数学里的集合，如 animal={"tiger", "sheep", "elephant"}。集合可以进行并集（|）、交集（&）、差集（-）或对称差集（^）等运算。另外，集合里的元素没有顺序之分，而且相同元素不可重复出现。

10.2.4　方便实用的输入/输出指令

任何程序都有输入与输出操作，其可通过输入操作接收用户的数据，再通过输出操作将运算后的结果返回给用户。Python 的输入与输出操作主要通过 input 指令（输入）和 print 指令（输出）实现。

1. input 指令

input 指令用来让用户由键盘输入的数据传送给指定变量的指令。其语法结构如下。

```
变量= input(提示字符串)
```

2. print 指令

print 指令是 Python 用来输出指定的字符串或数值的指令，默认情况下是指输出到屏幕。其语法结构如下。

```
print(项目1[,项目2,…,sep=分隔字符,end=结束字符])
```

- 项目 1,项目 2,…：print 指令可以输出多个项目，项目之间必须以逗号","隔开。
- sep：分隔字符。使用 print 指令输出多个项目时，项目之间必须以分隔符区隔，默认的分隔符为空格。
- end：结束字符。它是指当所有项目都输出完后自动加入的字符，默认为换行符"\n"。

print 语句还可以配合 format 指令对输出的内容进行格式化操作，其语法结构如下。

```
print(字符串.format(参数1,参数2,…))
```

例如：

```
print("尊敬的{0}{1}，您好！".format("吴明","先生"))
```

输出结果如下：

```
尊敬的吴明先生，您好！
```

其中{0}表示使用参数 1、{1}表示使用参数 2，依次类推。如果{}内省略数字编号，就会依照顺序依次填入。

在{}内也可以使用参数名称，例如：

```
print("{name}{month}月工资为{wages}元。".format(name="李四",month=3,wages=5000))
```

输出结果如下：

```
李四 3 月工资为 5000 元。
```

任务 2——在 Linux 平台安装 Python

在国内外的主要高端服务器和工作站上使用 Linux 操作系统已很普遍，Linux 操作系统在运行的安全性、稳定性和高效性等方面胜过 Windows 操作系统。Linux 操作系统也是国产自主可控操作系统（银河麒麟操作系统、鸿蒙操作系统）的主要方向，因此我们应该承担起使用和推广 Linux 操作系统的责任。下面在 Linux 操作系统中安装 Python，安装后测试效果如图 10-15 所示。

操作提示：

（1）安装 gcc 编译器，安装其他依赖包。

（2）下载 Python 的最新 Linux 操作系统版本，并将其解压缩到一个空文件夹。

（3）执行配置文件，编译，安装。

（4）建立软连接，并测试是否可用。

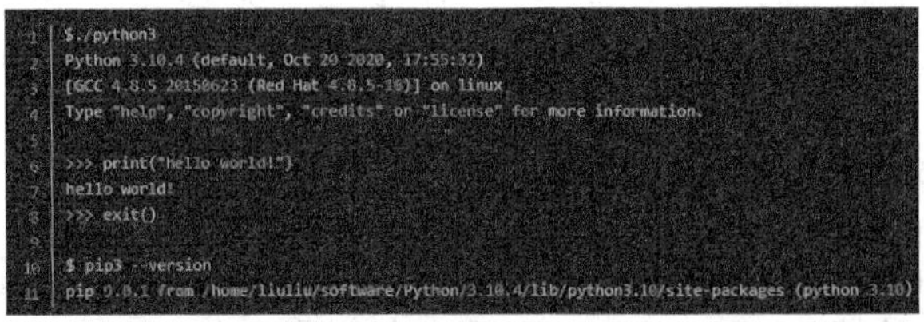

图 10-15　在 Linux 操作系统中安装并测试 Python

10.3 表达式与运算符

计算机程序中的表达式与数学公式一样,由运算符与操作数组成。例如,A=(B+C*2) / (D+30) * 7 是一个表达式,其中=、+、*和/符号称为运算符,而变量 A、B、C、D 及常数 2、30、7 都属于操作数。Python 中的运算符总共有算术运算符、赋值运算符、关系运算符、逻辑运算符、位运算符和移位运算符六大类。下面分别进行介绍。

10.3.1 算术运算符和赋值运算符

算术运算符是程序设计语言中使用率最高的运算符之一,常用于四则运算。Python 中各种算术运算符如表 10-3 所示。

表 10-3 算术运算符

算术运算符	说明	实例
+	加法	a+b
-	减法	a-b
*	乘法	a*b
**	乘幂（次方）	a**b
/	除法	a/b
//	整数除法	a//b
%	取余数	a%b

赋值运算符即"="符号,它会将其右侧的常数、变量或表达式的值赋予左侧的变量。例如:

```
n=10 #执行后 n 的值为 10
n=n+3 #执行后 n 的值为 13
```

其中第 1 句是将常数 10 的值赋予变量 n,此时 n 的值为 10。第 2 句是将表达式 n+3 的值赋予 n,此时 n 的值为 10,n+3 的值为 13,执行后 n 的值变为 13。

赋值运算符可以搭配某个运算符,而形成"复合赋值运算符",例如:

```
a+=1 #相当于 a=a+1
a-=1 #相当于 a=a-1
```

Python 中的复合赋值运算符如表 10-4 所示(n 的初始值为 2)。

表 10-4 复合赋值运算符

复合赋值运算符	说明	运算	赋值运算	结果
+=	加	n=n+1	n+=1	3
-=	减	n=n-1	n-=1	1
*=	乘	n=n*2	n*=2	4
/=	除	n=n/2	n/=2	1.0
**=	次方	n=n**3	n**=3	8
//=	整除	n=n//3	n//=3	0
%=	取余数	n=n%3	n%=3	2

10.3.2 关系运算符和逻辑运算符

关系运算符用于比较两个数值的大小关系,并产生布尔型的比较结果,通常用于条件控制语句。如果比较结果成立,则表达式的值为 True（真）,用所有非 0 的数值表示。如果不成立,则表达式的值为 False（假），用数值 0 表示。

关系运算符共有 6 种，如表 10-5 所示。

表 10–5　关系运算符

关系运算符	说明	用法	实例（A=10，B=4）
>	大于	A>B	10>4，结果为 True（1）
<	小于	A<B	10<4，结果为 False（0）
>=	大于或等于	A>=B	10>=4，结果为 True（1）
<=	小于或等于	A<=B	10<=4，结果为 False（0）
==	等于	A==B	10==4，结果为 False（0）
!=	不等于	A!=B	10!=4，结果为 True（1）

逻辑运算符用于在两个表示式之间进行逻辑运算，运算结果只有 True（真）与 False（假）两种。它经常与关系运算符结合使用，用于控制程序流程。逻辑运算符如表 10-6 所示。

表 10–6　逻辑运算符

逻辑运算符	说明	实例
and（与）	左、右两边的值都为 True 时，结果为 True，否则为 False	a and b
or（或）	只要左、右两边有一边的值为 True 时，结果为 True，否则为 False	a or b
not（非）	True 变成 False，False 变成 True	not a

10.3.3　运算符优先级

一个表达式中往往包含了多种不同的运算符。运算符的优先级会决定程序执行的顺序，其对执行结果有很大的影响。在一个表达式中程序会按照运算符优先级从高到低的顺序依次执行，相同优先级的按从左到右的顺序执行；如果要改变默认的执行顺序，程序员可以使用括号"()"将需要优先执行的部分括起来。Python 中各种运算符的优先级如表 10-7 所示。

表 10–7　Python 中各种运算符的优先级

优先级	运算符	说明
1	**	幂运算
2	~、+、-	按位取反、正号、负号
3	*、/、%、//	乘、除、取余数、整数除法
4	+、-	加法、减法
5	>>、<<	右移、左移
6	&	按位与
7	^、|	按位异或、按位或
8	<=、<、>、>=	小于或等于、小于、大于、大于或等于
9	==、!=	等于、不等于
10	=、%=、/=、//=、-=、+=、*=、**=	赋值运算符
11	not、and、or	逻辑运算符

任务 3——利用运算符输出结果

根据本节所学的知识，将表 10-8 中的程序一一输出结果，并说明其使用的是 Python 中的哪一种运算符。

表 10-8　Python 程序输出结果及使用的运算符

程序	结果	运算符
x=5 y=6 print('x**y=',x**y)		
x=12 y=18 print('x>=y is',x>=y)		
x=True y=False print('x or y is',x or y)		

10.4　控制流程

在 Python 中，用于控制流程的语句主要有条件语句和循环语句两种。下面分别进行介绍。

10.4.1　条件语句

使用条件语句可以通过判断一个条件表达式的真（True）、假（False）来分别执行不同的代码。条件语句主要有 if、if…else 和 if…elif…else 这 3 种语句。

1．if 语句

if 语句的语法结构如下。

```
if 条件表达式:
    代码块
```

当条件表达式的值为 True 时，执行代码块中的语句；当条件表达式的值为 False 时，跳过代码块，直接执行后面的语句。例如：

```
score=float(input("请输入你的分数："))
if score>=60:
    print("合格。")
```

运行结果如下：

```
请输入你的分数：60
合格。
```

当输入的分数大于或等于 60，则会输出"合格。"文本，否则不会显示任何内容。

2．if…else 语句

使用单 if 语句，只会在条件为 True 时，执行相应代码，而在条件为 False 时不执行任何语句。有时需要当条件为 True 或为 False 时各自执行不同的代码，此时可使用 if…else 语句，其语法结构如下。

```
if 条件表达式:
    代码块 1
else:
    代码块 2
```

当条件表达式的值为 True 时，执行代码块 1 中的代码；当条件表达式的值为 False 时，执行代码块 2 中的代码。例如：

```
score=float(input("请输入你的分数: "))
if score>=60:
    print("合格。")
else:
    print("不合格。")
```

运行结果如下:

```
请输入你的分数: 30
不合格。
```

当输入的分数大于或等于 60,则会输出"合格。"文本,否则将输出"不合格。"文本。

3. if…elif…else 语句

使用 if…else 语句只能通过一个条件分两种情况来执行不同的代码,但在实际编程中可能会遇到更多的情况需要处理,此时可使用 if…elif…else 添加更多的条件,以区分更多的情况。if…elif…else 的语法结构如下。

```
if 条件表达式 1:
    代码块 1
elif 条件表达式 2:
    代码块 2
else:
    代码块 3
```

如果还有更多的条件,程序员可以继续使用 elif 语句添加条件表达式。例如:

```
score=int(input("请输入你的分数: "))
if score>=90:
    print("你是最棒的,一定要保持。")
elif score>=80:
    print("不错,继续努力,更上一层楼。")
elif score>=60:
    print("努力吧,还有很大的上升空间。")
else:
    print("加油! 下次你一定能行。")
```

运行结果如下:

```
请输入你的分数: 77
努力吧,还有很大的上升空间。
```

当输入的分数大于或等于 90 时,程序会输出"你是最棒的,一定要保持。"文本;当输入的分数大于或等于 80,且小于 90 时,程序会输出"不错,继续努力,更上一层楼。"文本;当输入的分数大于或等于 60,且小于 80 时,程序会输出"努力吧,还有很大的上升空间。"文本;当输入的分数小于 60 时,程序会输出"加油! 下次你一定能行。"文本。

10.4.2 循环语句

在实际编程中,经常会遇到需要重复执行某一操作的情况,如在屏幕上显示 100 个 A,并不需要写 100 次 print 语句,这时只需要利用循环语句重复运行 100 次 print 语句即可。在 Python 中提供了 for 和 while 两种循环语句。

1. for 循环

for 循环是程序设计中较常使用的一种循环语句,其循环次数是固定的,它常用于程序设计上需要执行的循环次数为固定的情况。

Python 的 for 循环主要通过访问某个序列项目来实现，其语法结构如下。

```
for 元素变量 in 序列项目:
    循环体
```

序列项目由多个数据类型相同的数据所组成，序列中的数据称为元素或项目。for 语句在执行时，首先会依次访问序列项目中的每一个元素，每访问一次就将该元素的值赋予元素变量并执行一遍循环体中的代码。例如：

```
week=["星期一","星期二","星期三","星期四","星期五","星期六","星期日"]
for day in week:
    print(day,end=" ")
```

运行结果如下：

```
星期一 星期二 星期三 星期四 星期五 星期六 星期日
```

为了更加方便和灵活地使用 for 循环，程序员可以使用 range() 函数搭配 for 语句来构建循环。range() 函数的功能是生成一个整数序列，其语法结构如下。

```
range([起始值,]终止值[,间隔值])
```

- 起始值：必须为整数，默认值为 0，可以省略。
- 终止值：必须为整数，不可省略。
- 间隔值：计数器的增减值，必须为整数，默认值为 1，不能为 0。

range() 函数的使用方式如表 10-9 所示。

表 10–9　range() 函数的使用方式

参数数量	说明	实例	结果
1 个参数	生成 0 到终止值（不包含）的整数序列，每次增加 1	range(4)	[0,1,2,3]
2 个参数	生成起始值到终止值（不包含）整数序列，每次增加 1	range(2,5)	[2,3,4]
3 个参数	生成起始值到终止值（不包含）整数序列，每次增加间隔值	range(2,6,2)	[2,4]

例如：

```
print("计算 n!")
n=input("请输入 n 的值: ")
total=1
print(n+"!=",end="")
for x in range(2,int(n)+1):
    total*=x
print(total)
```

运行结果如下：

```
计算 n!
请输入 n 的值: 5
5!=120
```

其中 range(2,int(n)+1) 将生成 2~n 的整数序列，整个 for 循环将执行 n-1 次，变量 total 的值为 $1×2×3×\cdots×n$。

在 for 语句中还可以嵌套 for 语句，从而形成多层次的 for 循环结构。在 for 循环结构中，外层循环每执行一次，内层循环就会全部循环一次。

2. while 循环

while 循环主要通过一个条件表达式来判断是否需要进行循环，其语法结构如下。

211

```
while 条件表达式:
    循环体
```

当程序遇到 while 循环时，会先判断条件表达式的值，如果为 True，则执行一次循环体中的代码；完成后程序会再次判断条件表达式的值，如果仍然为 True 就继续执行循环，直到条件表达式的值为 False 时退出循环。例如：

```
n=int(input("请输入一个大于 0 的整数: "))
print("反向输出的结果: ",end="")
while n!=0:
    print(n%10,end="")
    n//=10
```

运行结果如下：

```
请输入一个大于 0 的整数: 12345
反向输出的结果: 54321
```

该程序中的 while 循环每执行一次，将输出 n 除以 10 的余数，再将 n 整除 10，当只剩 1 位数时，再整除 10，n 的值将变为 0，此时将退出循环。

任务 4——打印九九乘法表

利用本节所学的知识，打印九九乘法表，效果如图 10-16 所示。

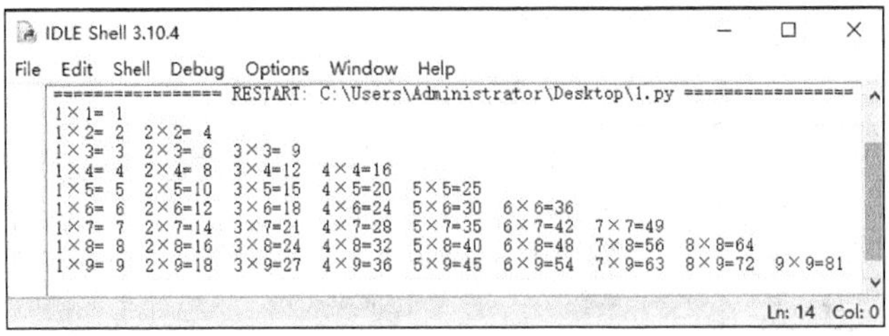

图 10-16　打印九九乘法表

操作提示：

以下为参考代码。

```
for x in range(1, 10):
    for y in range(1, x+1):
        print("{0}×{1}={2:^3}".format(y, x, x * y), end=" ")
    print()
```

10.5　函数

函数是把具有独立功能的代码块组织成一个小模块。用户在程序设计时对其进行调用，从而提高编写代码的效率。

10.5.1　参数传递

程序中的变量存储在系统内存的某个地址上，当程序员修改某个命令的值时，不会改变它存储的地址。而函数在传递参数时，会将主程序中的变量（实参）的值传递给函数中的变量（形参），然后进行相应的处理。

大部分程序设计语言以传值和传址两种方式传递参数。

- 传值：传值是将实参的值传递给函数的形参，这样，在函数内部修改形参的值，不会影响实参的值。
- 传址：传址是将实参的内存地址传递给形参，这样，在函数内部修改形参的值，同样会影响到原来的实参值。

Python 中的函数是根据变量的类型来判断是传值还是传址的。当实参是不可变对象（如数值、字符串）时，Python 就使用传值的方式传递参数；当实参是可变对象（如列表、字典）时，Python 就使用传址的方式传递参数。

10.5.2　常见 Python 函数

Python 中的函数有内置函数、库函数和自定义函数 3 种。

1．内置函数

内置函数是 Python 本身所提供的函数，这些函数可以直接在程序中调用。Python 中较为常用且实用的内置函数包括数值函数、字符串函数及与序列型相关函数等，如表 10-10 所示。

表 10–10　常见的 Python 内置函数

函数名称	说明
int(x)	转换为整数
bin(x)	转整数为二进制，以字符串返回
hex(x)	转整数为十六进制，以字符串返回
oct(x)	转整数为八进制，以字符串返回
float(x)	转换为浮点数
abs(x)	取绝对值，x 可以是整数、浮点数或复数
round(x)	将数值四舍五入
chr(x)	取得 x 的字符
ord(x)	返回字符 x 的 unicode 编码
str(x)	将数值 x 转换为字符串
sorted(list)	将列表 list 由小到大排序
max(参数列)	取最大值
min(参数列)	取最小值
len(x)	返回元素的个数
find(sub[, start[, end]])	用来寻找字符串的特定字符
index(sub[, start[, end]])	返回指定字符的索引值
count(sub[, start[, end]])	以切片用法找出子字符串的出现次数
replace(old, new[, count])	以 new 子字符串取代 old 子字符串
startswith(x)	判断字符串的开头是否与设定值相符
endswith(x)	判断字符串的结尾是否与设定值相符
split()	依据设定字符来分割字符串
join(iterable)	将 iterable 的字符串连成一个字符串
strip()、lstrip()、rstrip()	移除字符串左、右的特定字符
capitalize()	只有第一个单字的首字符大写，其余字符皆小写

续表

函数名称	说明
lower()	全部大写
upper()	全部小写
title()	采用标题式大小写，每个单字的首字大写，其余皆小写
islower()	判断字符串是否所有字符皆为小写
isupper()	判断字符串是否所有字符皆为大写
istitle()	判断字符串首字符是否为大写，其余皆小写

2. 库函数

库函数有 Python 的标准函数库函数和第三方开发的模块库函数，提供了许多非常实用的函数。在使用这类函数之前，程序必须先使用 import 语句引入该函数模块，如要使用随机函数，就需要使用 import random 引入随机函数库。

3. 自定义函数

自定义函数是由程序员自行编写的函数。程序员首先需定义该函数，然后才能调用它。在 Python 中定义函数要使用关键字 def，其语法结构如下。

```
def 函数名称(参数1，参数2，…)：
    程序代码块
    return 返回值1，返回值2，…
```

函数名称的命名必须遵守 Python 标识符名称的规范。自定义函数可以没有参数，也可以有 1 个到多个参数。程序代码块中的语句必须进行缩排。最后通过 return 语句将返回值传给调用函数的主程序，返回值也可以有多个；如果没有返回值，则可以省略 return 语句。

函数定义完成后，还需要在程序中进行调用。调用自定义函数的语法结构如下。

```
函数名称(参数1，参数2，…)
```

例如：

```
score1=float(input("输入语文分数："))
score2=float(input("输入数学分数："))
score3=float(input("输入英语分数："))
def getTotalAndAverage (x,y,z):
    total=x+y+z
    average=total/3
    return total,average
total,average=getTotalAndAverage (score1, score2, score3)
print("总分为{}，平均分为{}".format(total,average))
```

运行结果如下：

```
输入语文分数：96
输入数学分数：93
输入英语分数：91.5
总分为280.5，平均分为93.5
```

从上面的例子可以看出，自定义函数 getTotalAndAverage() 可用于计算并返回 3 个数的和以及平均数。

任务 5——计算三角形的面积

利用本节所学的知识，自定义一个计算三角形面积的函数，效果如图 10-17 所示。

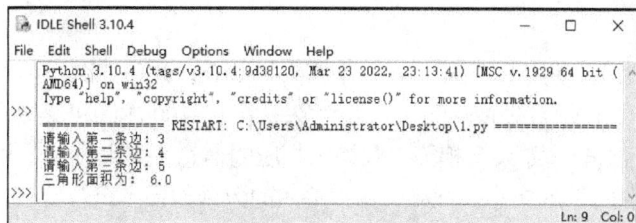

图 10-17　计算三角形的面积

操作提示：

以下为参考代码。

```
import math
def tri_area(x,y,z):
#海伦公式: p=(x+y+z)/2, S=sqrt(p*(p-x)(p-y)(p-z))
  if(x+y>z and x+z>y and z+y>x):
      p=(x+y+z)/2
      temp=p*(p-x)*(p-y)*(p-z)
      S=math.sqrt(temp)
      print("三角形面积为: ",S)
  else:
      print("对不起，您输入的边长大小不能构成三角形! ")
if __name__=="__main__":
    a=float(input("请输入第一条边: ",))
    b=float(input("请输入第二条边: ",))
    c=float(input("请输入第三条边: ",))
    # print(type(a))
    tri_area(a,b,c)
```

课后练习

1. 登录程序

利用本章所学的知识，使用 Python 开发一个登录程序，效果如图 10-18 所示（配套资源：\效果文件\第 10 章\登录程序.py）。要求用户有 3 次输入账号、密码的机会，错误 3 次账号将锁定。

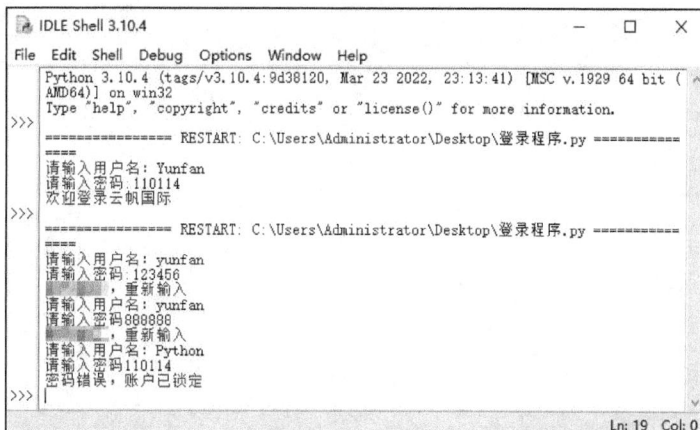

图 10-18　登录程序

2. 猜数字游戏

利用本章所学的知识，使用 Python 开发一个猜数字游戏，效果如图 10-19 所示（配套资源：\效果文件\第 10 章\猜数字.py）。首先使用随机函数生成一个 1～100 的随机整数，然后接收用户输入的数据，并与随机整数相比较。如果不相等，则输出相应的信息，并继续接收用户输入的数据；如果相等，则输出"你猜对了。"的信息。此外，用户输入的数据如果不符合要求，需要给出与源数对比后相应的提示信息。

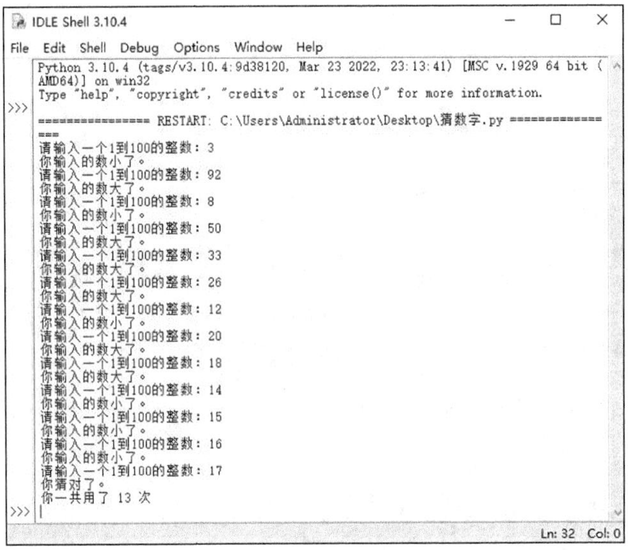

图 10-19　猜数字游戏